缠中说禅
股市趋势技术分析

桂雪会◎编著

人民邮电出版社

北京

图书在版编目（CIP）数据

缠中说禅股市趋势技术分析 / 桂雪会编著. -- 北京：
人民邮电出版社，2023.5
ISBN 978-7-115-61269-4

Ⅰ. ①缠… Ⅱ. ①桂… Ⅲ. ①股票投资－投资分析
Ⅳ. ①F830.91

中国国家版本馆CIP数据核字(2023)第038289号

内 容 提 要

缠论，集技术分析理论的大成，内容博大精深。本书按逻辑顺序，深入浅出地讲解K线及K线的标准化处理，分型，笔，线段，走势中枢，走势类型，走势级别，三类买卖点，背驰和盘整背驰，区间套及转折，走势的多义性，走势分解，缠论的哲学本质，中阴中枢，走势结构的两重表里关系，市场分析、预测和机会等内容。

另外，本书还站在交易实战的角度，综合运用定义、原理、定理，对走势与买卖点进行动态分析，详细介绍了短线反弹、中枢震荡、第三类买点、中小资金高效买卖法等具体的交易策略。

本书内容全面、丰富，适合股票、期货市场的专业投资机构和大中小个人投资者阅读，也可作为各类投资教育机构的培训用书。

◆ 编　著　桂雪会
　　责任编辑　李士振
　　责任印制　周昇亮

◆ 人民邮电出版社出版发行　　北京市丰台区成寿寺路 11 号
　　邮编　100164　　电子邮件　315@ptpress.com.cn
　　网址　https://www.ptpress.com.cn
　　北京七彩京通数码快印有限公司印刷

◆ 开本：700×1000　1/16
　　印张：26　　　　　　　　　　2023 年 5 月第 1 版
　　字数：458 千字　　　　　　　2025 年 10 月北京第 6 次印刷

定价：108.00 元

读者服务热线：(010)81055296　印装质量热线：(010)81055316
反盗版热线：(010)81055315

自序

21 世纪初，笔者在某大厂从事程序员（软件工程师）相关的工作时，经常听到 35 岁的职业瓶颈问题，也在工作的间隙中思考：当笔者 35 岁或某天不能再从事具体的编程工作时，笔者该何去何从？同时，笔者也相信当时服务的大厂会走上国外同行那样的投资并购之路，因此笔者在职攻读了包括财务会计、管理会计、宏观经济学、微观经济学、货币银行学、组织和战略等课程在内的工商管理硕士（MBA）学位。在攻读学位期间，笔者服务的大厂正在进行流程管理、人力资源管理等诸多方面的变革，这种理论学习和实践相结合的机会，让 MBA 课程物有所值。

MBA 课程结束后，笔者被外派欧洲，故又听从导师的建议，充分利用欧洲工作节奏相对较慢、有一定自主时间的契机，完成了特许金融分析师（CFA）课程的学习。在完成 CFA 课程后，笔者发出了"CFA 教授的基本面分析理论和资产配置方法真好，可以操作大资金跑赢 GDP 增速，但在低级别择时上帮助有限"的感慨。是故，笔者又再次系统地学习特许市场技术分析师（CMT）需要掌握的各类技术分析理论、工具和方法，以及 CMT课程没有包括的缠中说禅技术分析理论。

八年前，笔者再次研读缠中说禅技术分析理论，并用计算机程序实现其涉及的各种算法。在此过程中，笔者深刻认识到，缠中说禅技术分析理论完全构建在不同的思维框架下，集技术分析理论的大成，是技术分析的基础理论。笔者当时就想，一定要重新组织和重写技术分析方面的内容，使其更易于阅读和学习，惠及更多的个人投资者和专业机构，并让缠论这个发源于我国的投资理论走向全球。

最近几年，笔者加入某主板上市公司，成为管理团队的一员后，对基本面、比价关系、技术面、消息面等之间的关系有了更深入的理解，对技术分析的理解更上一层楼，因此便着手写作本书。

在组织文字、准备图例并最终形成本书的过程中，笔者既部分使用了缠论原著的内容，也查阅了其他缠友留下的文章和走势图，在此，笔者对缠师，以及各位缠友致以崇高的敬意，感谢他们无私的分享。同时，笔者也借此机会，对笔者的家人表示深深的感谢，没有家人的支持，本书也不可能顺利出版。

鉴于缠中说禅技术分析理论博大精深，加之笔者水平有限，以及工作量巨大、时间周期长等因素，本书难免有疏漏之处，恳请各位读者批评指正。

桂雪会于上海

2023 年 3 月

缠论，是缠中说禅技术分析理论的简称。对其作者，笔者更愿意尊称其为禅师。本书以缠论原著为基础，在完全分类思想方法的指引下，按正常课程该有的逻辑顺序，由浅入深地讲解了形态学、动力学、多义性和走势分解、缠论的绝对性和哲学本质、走势与买卖点的动态分析、缠论交易等内容。

第 1 章主要内容是形态学。本章是笔者基于自己若干年前在实现缠中说禅技术分析算法和工具时形成的文稿，经进一步完善修订而成的。

第 2 章主要内容是动力学。与力度相关，包括背驰的定义、MACD 对背驰的辅助判断、区间套、走势转折的力度与级别、背驰级别和当下走势类型级别的分类、小转大以及走势类型分解原则等方面的内容。其中"MACD 对背驰的辅助判断"是广大缠友特别关心的内容，也是众多缠友疑惑之处，笔者统一梳理和规整，方便各位读者学习、查阅。在背驰之后，笔者通俗地讲解了区间套方法，以及转折的力度、级别、方式等相关内容。

第 3 章的主要内容是多义性和走势分解。在这一章中，笔者首先介绍了多义性的定义和来源；其次介绍了综合运用形态学、动力学的相关知识，在结合律的约束下，充分利用多义性带来的优势，对走势进行同级别分解和非同级别分解；最后对各类概念进行了再理解。

第 4 章的主要内容是缠论的绝对性和哲学本质。在这一章中，笔者首先从价格和信息、价格和理智、价格和时间等的关系出发，介绍了缠中说禅技术分析理论的绝对性、理论边界和有效性；其次就市场预测这一经久不衰的现象展开讨论，引入人性的贪、嗔、痴、疑、慢，从而转到对缠论哲学本质的探讨；最后对走势必完美这一缠论的精髓进行了再理解。

第 5 章的主要内容是走势与买卖点的动态分析。在这一章中，笔者首先用实际的走势作为例子，讲解了多义性和结合律在一个级别上的综合运用；其次介绍了高级别走势和低级别买卖点的关系，并用真实的走势作为例子，进行多级别买卖点综合分析示范；再次基于走势生长和演变，讲解中阴中枢、中阴中枢应对之策等内容；最后用中医看病作为类比，讲述了走势结构的两重表里关系及其应用。

第6章的主要内容是如何综合运用缠论进行分析和交易。交易之前，必然要进行准备，故而首先介绍了如何避免患得患失、如何改变操作惯性、买卖不同构、资金管理、交易节奏、两种基本操作、走势的当下性，以及理论和操作的关系；其次介绍了市场分析、市场预测与市场机会方面的内容，包括分型结构的心理因素、分型结构的辅助操作、当下和中枢关系的完全分类、中枢震荡监视器、背驰和非背驰的完全分类，以及完全分类指导下的操作实例，分类层次、级别、操作和节奏，走势预测，两种获利机会和A股综合投资策略；再次则介绍了如何回避市场风险和政策风险；最后则介绍了缠论的具体操作策略，包括保护本金、操作短线反弹、利润最大定理、中枢震荡策略、第三类买点策略、区间套方法下的第一类买点策略，即中小资金高效买卖法等具体的操作策略。

第1章至第6章的内容由浅入深、完整自洽，是缠中说禅技术分析理论的主体。如果用金庸先生笔下的武林世界做比喻，那么，形态学、动力学、多义性这3章的内容就是武术入门的基本功，有了这些基本功，不仅可以强身健体，而且可以保家护院。在练好基本功之后，接下来要关注武德，即本书第4章的内容——缠论的绝对性和哲学本质；有了武德，才能学习高级招式，以便随机应变，即学习本书第5章——走势与买卖点的动态分析；有了随机应变的能力之后，便可以进入市场，开始交易了，即可以开始学习本书第6章——缠论交易。

目录

第1章 形态学

第 2 章 动力学

第 3 章 多义性和走势分解

第 4 章 缠论的绝对性和哲学本质

第 5 章　走势与买卖点的动态分析

第 1 章
形态学

1.1 K 线及 K 线的标准化处理

K 线图或其他类似的走势图，是一切技术分析的基础，也是一切技术分析的对象，故本节将会首先介绍 K 线及 K 线图的定义。然后介绍缺口这一 K 线图上普遍又比较特殊的现象，并给出简单的定义。接着，本节介绍了相邻两根 K 线的关系，分为有包含关系和没有包含关系两大类。当两根 K 线有包含关系时，某种意义上表达着犹豫的情绪，走势不太明了；反之，当两根 K 线没有包含关系时，则走势简洁明了，表示多空双方没有犹豫。接下来，本节重点介绍了 K 线包含关系处理，或者说站在 K 线走势方向这一视角，重点介绍了 K 线标准化处理的目的、步骤、结果，并通过一个例子，完整地介绍 K 线标准化处理的步骤。本节的最后，还简要介绍了 K 线标准化处理过程中隐含的基本规则，这些规则，在缠中说禅技术分析理论中得到了广泛的应用。

1.1.1 K 线及 K 线图的定义

单根 K 线针对一个特定的时间周期，例如一天，用开盘价、最高价、最低价和收盘价进行绘制。具体来说，把开盘价和收盘价之间的部分画成矩形实体，再用较细的线将最高价和最低价分别与矩形实体连接。最高价和实体之间的线称为上影线，最低价和实体间的线称为下影线。在股票市场和期货市场，如果收盘价高于开盘价，则 K 线称为阳线，通常画成红色；反之，如果收盘价低于开盘价，则 K 线称为阴线，通常画成绿色。由于 K 线有阴阳之分，K 线图也叫阴阳图。K 线如图 1.1-1 所示。

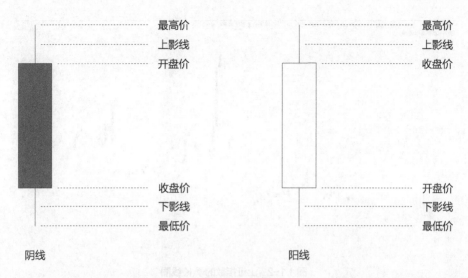

图1.1-1　K线

用同样的方法，如果用 1 分钟的价格数据绘制 K 线，就称为 1 分钟 K 线；用一个月的价格数据绘制 K 线，就称为月 K 线。将多根 K 线按时间顺序组合起来，就形成了 K 线图。K 线是一种特殊的市场语言，不同的形态有不同的含义，我们可以从这些形态的变化中摸索出一些有规律的东西。为识别和利用这些规律，人们对 K 线和 K 线组合进行了各种定义，如一字线、十字线、大阴线、大阳线、锤子线、上吊线、吞没线、孕线、乌云盖顶、三只黑乌鸦、红三兵等。总体而言，从 K 线形态的性质而言，可分为反转形态、持续形态两大类；从组成 K 线形态的 K 线根数而言，可以分为单日形态、双日形态、三日形态或多日形态。如图 1.1-2 所示，是上证指数的季 K 线图。

分时 5秒 15秒 1分钟 3分钟 5分钟 15分钟 30分钟 60分钟 日线 周线 月线 10分钟 45日线 季线 多周期 更多>

999999 上证指数(季线)

6124.04

=95.79

图1.1-2　上证指数的季K线图

因为按上述方法绘制出来的单根 K 线，其形状颇似一根蜡烛，故 K 线图也被称为蜡烛图，在本书中，K 线图、蜡烛图、走势图三个名词会混用，它们表达的是同一个意思。

1.1.2　缺口

缺口是指受到利好或者利空消息的影响，股价大幅上涨或者大幅下跌，导致日 K 线图出现当日最低价超过前一交易日最高价或者当日最高价低于前一交易日最低价的图形形态的一种现象。这里的"日"，可以是 30分钟、60 分钟、周、月等其他时间单位。换言之，缺口是指两根 K 线的价格之间没有交集，即在某个价格区间没有任何交易，显示在趋势图上是一个真空区域，缺口通常又称为跳空。当股价出现缺口，经过几天或若干根K 线，甚至更长时间的变动，然后反转，回到原来缺口的价位，让没有交易的价格区间发生交易，我们将这一现象称为缺口的封闭，或者叫作缺口回补、回补缺口。缺口分普通缺口、突破缺口、持续性缺口与衰竭性缺口等四种。其中，普通缺口会被回补，持续性缺口又称为度量缺口。关于缺口理论，此处不展开讲解，大家只需理解缺口的定义，本书后面的章节将介绍缠中说禅技术分析理论对缺口的处理方法。缺口如图 1.1-3 所示。

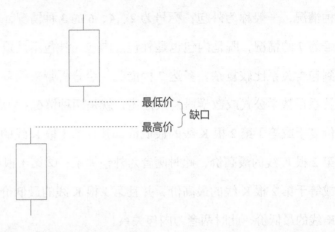

图 1.1-3 缺口

1.1.3 相邻两根 K 线的关系

人们在一根 K 线上，仅使用开盘价、收盘价、最高价、最低价等 4 个价位，就能形成 n 种组合，这里的 n，代表十几甚至几十，那么，两根相邻的 K 线形成的组合，就有 n 乘以 n 种情况，即高达数百种甚至数千种，这给我们的分析带来极大的困难，甚至到了不可分析的地步。

为避免这种困难，缠中说禅技术分析理论，仅使用最高价、最低价这两个重要的价格。注意，这有别于传统的技术分析，传统的技术分析观点认为：在 K 线图中，最重要的是开盘价、收盘价以及它们之间的交易区域。因为不使用开盘价、收盘价，故 K 线也就不分阴阳了。同时，除非特别说明，一般情况下我们也不考虑 K 线的长短或幅度问题，即不考虑最高价和最低价之间的价差，无论是高 50%，还是高 0.5%，甚至最高价和最低价完全相等，我们都认为这两根 K 线无差异。经过这些简化后，我们再来考虑两根相邻 K 线之间的组合数目，就可以发现组合数目大幅减少，总体来说，大致可以分为两大类。

第一大类是前后两根 K 线有包含关系。所谓包含，就是一根 K 线完全在另外一根 K 线里面，具体情况如图 1.1-4 所示。其中标号为 1、3、5 的 3 种情况，一般称为外包；标号为 2、4、6 的 3 种情况，一般称为内包；标号为 7 的情况，既是内包也是外包。内包、外包不是重点，重点是要认识到包含关系比较复杂，多达 7 种情况，给分析带来很多不便和麻烦。包含关系用数学公式或数学语言来描述，就是两种情况：①第 1 根 K 线的最低价高于或等于第 2 根 K 线的最低价，并且第 1 根 K 线的最高价低于或等于第 2 根 K 线的最高价，此时两者为外包关系；②第 1 根 K 线的最高价高于或等于第 2 根 K 线的最高价，并且第 1 根 K 线的最低价低于或等于第 2 根 K 线的最低价，此时两者为内包关系。

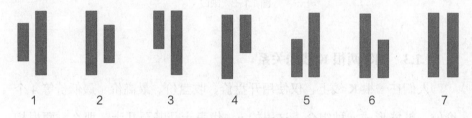

1　　2　　3　　4　　5　　6　　7

图 1.1-4　两根 K 线 7 种包含关系

　　第二大类是前后两根 K 线没有包含关系。根据前后两根 K 线的关系，如果不考虑这两根 K 线之间是否有缺口，有且仅有向上关系和向下关系两种情况。针对没有包含关系的两根 K 线，用数学公式或数学语言来描述，就是：①第 1 根 K 线的最低价低于第 2 根 K 线的最低价，并且第 1 根 K 线的最高价低于第 2 根 K 线的最高价，此时两者为向上关系；②第 1 根 K 线的最高价高于第 2 根 K 线的最高价，并且第 1 根 K 线的最低价高于第 2 根 K 线的最低价，此时两者为向下关系。当然，即便把两根 K 线之间是否有缺口放入考虑的范围之内，根据向上关系和向下关系的定义，对没有包含关系的两根 K 线，它们之间依然只有向上和向下两种关系，不过也就 6 种具体情况，这还是把一根 K 线的最高价等于另一根 K 线的最低价这种情况也考虑在内的，严格来说，这种情况应该归入没有缺口的情况里面。因此，根据定义，两根没有包含关系的 K 线，有且仅有向上和向下两种关系。这种简洁性，可以给我们的分析带来很多便利。具体的 6 种情况如图 1.1-5 所示。

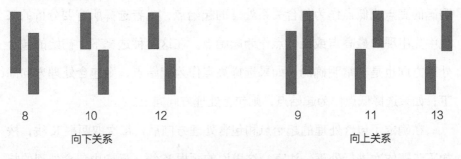

8　　　10　　　12　　　　　　9　　　11　　　13

向下关系　　　　　　　　　　　　向上关系

图 1.1-5　两根 K 线 6 种非包含关系

1.1.4　K 线的标准化处理

本小节是本节最重要的内容，特别是关于 K 线标准化处理的步骤，更是本节的重中之重，读者务必仔细阅读，争取完全理解和全面掌握。

1. K 线标准化处理的目的

K 线的标准化处理，也就是 K 线的包含关系处理，其目的非常简单，具体如下。

（1）简化 K 线之间的关系，并明确方向。

（2）过滤掉一些杂乱信息，使得分析更简单。

2. K 线标准化处理的步骤

为了进行 K 线的标准化处理，或者说为了进行 K 线包含关系处理（笔者注：包含关系处理简称包含处理），首先需要确定的就是包含处理的起始点和包含处理方向。全面的处理方式是选择所有要分析的 K 线中的第 1 根 K 线作为起始点，这种选择的好处是对所有要分析的 K 线都会进行处理，不会遗漏有价值的信息；但这种选择也可能存在一点点小麻烦，就是最开始的几根 K 线，如果有复杂的包含关系，则包含处理的初始方向不太好确定。当人工手动进行处理时，因为后续的方向是一目了然的，故很简单；但当用计算机自动处理时，就会因为这一点点小麻烦，要多做一些工作。当然，一般而言，可以从所有要分析的 K 线中，选择最早出现的非常明确的高点或低点作为包含关系处理的起始点，或者选择所有要分析的 K 线中先出现的最高点或最低点作为起始点。在这两种选择下，初始的包含处理方向也是非常明确的，如果选择高点作为起始点，则包含处理方向向下；如果选择低点作为起始点，则包含处理方向向上。

在确定了包含处理的起始点和包含处理方向后，每次取两根 K 线，按如下步骤依次进行处理。注意，这里说的两根 K 线，最初由包含处理的起始点所在 K 线和紧随其后的一根 K 线构成，经过一次下述步骤后，则由下述步骤得到的新 K 线和紧随其后的下一根还未进行包含关系处理的 K 线构成。

（1）如果这两根 K 线没有包含关系，则无须进行包含处理，仅需根据这两根 K 线重新确定包含处理方向，并把第 2 根 K 线当作新 K 线。具体的做法是：①如果第 2 根 K 线的高点高于第 1 根 K 线的高点，并且第 2 根 K 线的低点高于第 1 根 K 线的低点，则新的包含处理方向向上；②如果第 2 根 K 线的高点低于第 1 根 K 线的高点，并且第 2 根 K 线的低点低于第 1 根 K 线的低点，则新的包含处理方向向下；并且在重新确定完包含处理方向后，把第 2 根 K 线当作新 K 线。除此两种情况外，没有第三种情况。简单来说，如果这两根 K 线没有包含关系，则只需根据第 1 根 K 线和第 2 根 K 线的关系重新确定包含处理关系，并把第 2 根 K 线当作新 K 线。

（2）如果这两根 K 线有包含关系，则需要进行包含处理，将这两根 K 线合并成一根新 K 线，但此时，包含处理方向保持不变。具体的做法是：①如果包含处理方向向上，则选择两根 K 线高点中更高的价格，作为新 K 线的高点；选择两根 K 线低点中更高的价格，作为新 K 线的低点；②如果包含处理方向向下，则选择两根 K 线高点中更低的价格，作为新 K 线的高点；选择两根 K 线低点中更低的价格，作为新 K 线的低点。除此两种情况外，没有第三种情况。简单来说，如果这两根 K 线有包含关系，则只需把第 1 根和第 2 根 K 线，在包含处理方向向上时按高低点都取"高高"，把两根 K 线合并成一根新 K 线，或在包含处理方向向下时按高低点都取"低低"，把两根 K 线合并成一根新 K 线，并保持包含处理方向不变。

（3）经过上述（1）或（2）的处理后，必然会得到一根新 K 线和一个新的包含处理方向，然后便转入下一次处理，即用新 K 线和下一根还未进行处理的 K 线，按新得到的包含处理方向，重复上面两个步骤继续处理 K 线包含关系，直到所有要处理的 K 线都处理完成。

3. K 线标准化处理的示例

笔者尽可能避免用数学语言，而是使用大白话进行处理过程的描述，目的仅仅是方便大家理解。为帮助读者进一步理解，下面用图例并配合文字描述进行举例。

第一个例子，原始 K 线图上，有 5 根 K 线，整个处理过程中，既有内包关系，也有外包关系，既有向上的包含处理方向，也有向下的包含处理方向，相对复杂和全面，后面会详细描述处理过程、结果及最后确定的包含处理方向。第二个例子，则相对简单，作为一个小练习，留给各位读者自行完成，而且各位读者也可自行假定随着行情的变化，新生成的 K 线的高低点范围，然后继续进行包含关系处理。两个例子的原始 K 线图如图 1.1-6 所示。

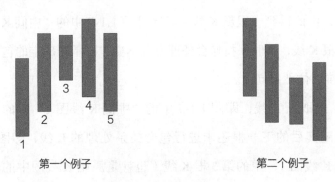

第一个例子　　　　　　　　　第二个例子

图 1.1-6　原始 K 线图

针对第一个例子，具体处理步骤和结果如下。

首先，我们要确定包含关系处理的起始点和处理方向。因为原始 K 线图中的第 1 和第 2 根 K 线是向上关系，或者说第 1 根 K 线的低点是最低的，且后面有 K 线的高点高于第 1 根 K 线的高点，故而我们能很容易得出结论，即我们选择第 1 根 K 线作为处理的起始点，且包含处理方向向上。

在确定了包含处理的起始点是第 1 根 K 线、包含处理方向向上后，我们正式开始对所有 K 线进行包含关系处理，或者说进行 K 线标准化处理。为让描述更便于阅读和理解，笔者用数字编号描述包含关系处理过程。

（1）在原始 K 线图中，选取起始点所在的 K 线和紧随其后的一根 K 线，即第 1、第 2 根 K 线。很明显，这两根 K 线没有包含关系，此时无须进行包含关系处理，仅需根据第 1、第 2 根 K 线的关系，重新确定包含处理方向为向上，并把第 2 根 K 线当作新 K 线。

（2）选取新 K 线，即原始 K 线图中的第 2 根 K 线，和紧随其后的下一根还未进行包含关系处理的 K 线，即原始 K 线图中的第 3 根 K 线组成新的两根 K 线，并应用上一步重新确定的包含处理方向，对这两根 K 线进行包含关系处理。具体情况是，新 K 线即原始 K 线图上的第 2 根 K 线，和第 3 根 K 线，两者有明显的包含关系，需要将这两根 K 线合并成一根新 K 线。因为上一步重新确定的包含处理方向是向上，故取这两根 K 线高点中更高的价格作为新 K 线的高点，取这两根 K 线低点中更高的价格作为新 K 线的低点，由此得到一根新 K 线，具体是图 1.1-7 中的"中间 K 线图 1"中的第 2 根 K 线，同时保持包含处理方向不变，即重新确定的包含处理方向保持不变，依然是向上。

（3）选取新 K 线，即图 1.1-7 中的"中间 K 线图 1"中的第 2 根 K 线，和紧随其后的下一根还未进行包含关系处理的 K 线，即图 1.1-7 中的"中间 K 线图 1"中的第 3 根 K 线（也就是原始 K 线图中的第 4 根 K 线），组成新的两根 K 线，并应用上一步重新确定的包含处理方向，对这两根 K 线进行包含关系处理。为描述方便，此处用图 1.1-7 中的"中间 K 线图 1"中的第 2、第 3 根 K 线进行描述。具体情况是，图 1.1-7 中的"中间 K 线图 1"中的第 2 根 K 线和第 3 根 K 线，两者有明显的包含关系，需要将这两根 K 线合并成一根新 K 线。因为上一步重新确定的包含处理方向是向上，故取这两根 K 线高点中更高的价格作为新 K 线的高点，取这两根 K 线低点中更高的价格作为新 K 线的低点，由此得到一根新 K 线，具体是图 1.1-7 中的"中间 K 线图 2"中的第 2 根 K 线，同时保持包含处理方向不变，即重新确定的包含处理方向保持不变，依然是向上。

（4）选取新 K 线，即图 1.1-7 中的"中间 K 线图 2"中的第 2 根 K 线，和紧随其后的下一根还未进行包含关系处理的 K 线，即图 1.1-7 中的"中间 K 线图 2"中的第 3 根 K 线（也就是图 1.1-7 中的"中间 K 线图 1"中的第 4 根 K 线，或原始 K 线图中的第 5 根 K 线），组成新的两根 K 线，并应用上一步重新确定的包含处理方向，对这两根 K 线进行包含关系处理。为描述方便，此处用图 1.1-7 中的"中间 K 线图 2"中的第 2、第 3 根 K 线进行描述。具体情况是，图 1.1-7 中的"中间 K 线图 2"中的第 2 根 K 线和第 3 根 K 线，这两根 K 线没有包含关系，此时无须进行包含关系处理，仅需根据图 1.1-7 中的"中间 K 线图 2"中的第 2 和第 3 根 K 线的关系，重新确定包含处理方向，由于第 3 根 K 线的高点低于第 2 根 K 线的高点，且第 3 根 K 线的低点低于第 2 根 K 线的低点，故重新确定的包含处理方向为向下，并把第 3 根 K 线当作新 K 线。至此，原始 K 线图中的 5 根 K 线全部进行了包含关系处理，并得到进行过包含关系处理的最终 K 线图，最新的包含处理方向是向下。随着行情的继续发展，如果后续有新的 K 线生成，只需在此基础上，继续执行包含关系处理的相关步骤，即可正确地对新生成的 K 线进行包含关系处理。

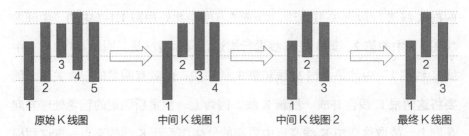

图1.1-7　第一个例子的K线包含关系和处理

针对第二个例子，图1.1-8中最左边是原始K线图，最右边是包含关系处理的结果。具体处理过程，作为一个小练习，请读者仿照第一个例子即图1.1-7的处理过程，自行完成。

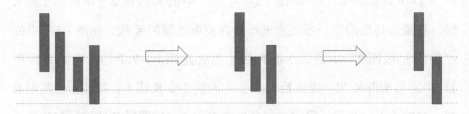

图1.1-8　第二个例子的K线包含关系和处理

4. K线标准化处理的结果

选定了起始点，并经过上述K线包含关系处理步骤处理的K线图中，任何相邻的两根K线，其关系要么向上，要么向下，再也不会有K线包含的情况出现，即经过K线标准化处理，相邻两根K线之间的关系变得非常简洁明了，其关系要么向上，要么向下，再也不会出现包含关系等复杂的情况。这个处理结果是唯一的，即任何人进行处理，得到的结果都是相同的，一旦有不同的情况存在，就说明至少有一个人处理错了，或者所有人都处理错了。

本书后面的内容，除特别明确指出是未经包含关系处理的原始K线之外，所有关于K线的描述，均是经过包含关系处理之后的K线，即进行过标准化处理的K线。对经过包含关系处理，即标准化处理后得到的K线，我们可以称之为缠中说禅K线。

1.1.5 K线标准化处理中隐含的基本规则

在上述K线标准化处理步骤中，虽然没有进行明确的说明，但却隐含了几个基本规则，现简述如下。如果你理解不了，或者不想详细了解，也可以忽略本部分内容，但最好还是记住如下规则，因为这些基本规则无处不在。

（1）结合律。

在缠中说禅技术分析理论中，结合律就是一个元素或构件，必须且只能用一次，不能用两次。例如，由开高低收四个价格构成的K线是一个常见的元素，在进行K线包含关系处理时，一根K线就只能用一次，且必须用一次。结合律是缠中说禅技术分析理论中最基础的定律，被广泛应用。

（2）时间不可逆。

时间不可逆，即我们回不到过去。在缠中说禅技术分析理论中，时间不可逆，基本等同于交易不可逆，即上一个交易日的交易，一定发生在今天之前，故而在进行K线包含关系处理时一定要按照顺序，即一根K线接一根K线进行处理；此外时间不可逆，还表达了交易是算数的，不会被取消，即价格充分有效，这也是缠中说禅技术分析理论适用范围的一个基本条件，或者说是缠中说禅技术分析理论的应用前提之一。

（3）K线的完成和未完成。

K线的完成，是指K线的指定时间周期已经结束，例如日K线的完成，指该日的交易已经全部完成，即交易已经结束，反之，则K线未完成。理论上，所有参加包含关系处理的K线，应该是已经完成的K线，因为对于未完成的K线，随着交易的进行，下一秒就可以改变其最高价或最低价，使得其和前一根K线的关系由有包含关系转变为没有包含关系，或者由没有包含关系转变为有包含关系。但在实践中，为了快速反映现状，也可以对最后一根未完成的K线进行包含关系处理，但每当一个新的价格出现，特别是当前K线出现新的高价或低价之后，一定要重新进行一次包含关系处理，以便反映新的高价或低价带来的影响。

1.2 分型

从本节开始，我们将逐步介绍缠中说禅技术分析理论中的各个概念及其应用。本节介绍的分型，简单易懂，内容也比较少，但切不可就此轻视分型。分型是缠论中一个非常重要的概念，特别是在辅助分析、判断和选择交易时机时，有比较广泛的应用，例如在上涨过程中，如果没有形成顶分型，则可以继续持有股票，等形成了顶分型再说。

1.2.1 相邻3根K线之间的关系

经过包含关系处理后的相邻3根K线之间的关系，一共有4种，分别为上升K线、下降K线、顶分型、底分型，除此之外，再无其他关系，具体如图1.2-1所示。

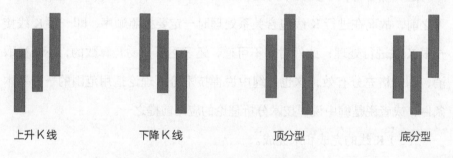

上升K线　　　　　下降K线　　　　　顶分型　　　　　底分型

图1.2-1　相邻3根K线之间的关系

其中，上升K线中的3根K线的高点依次升高，低点也依次升高；下降K线中的3根K线的高点依次降低，低点也依次降低。顶分型、底分型中的3根K线的关系相对复杂一点。

1.2.2 分型的定义

在上述相邻3根K线的组合图形中，除上升K线和下降K线外，其他两种被称为顶分型、底分型的组合在市场走势图中普遍存在，是缠中说禅技术分析理论中一个重要的概念，分别定义如下。

顶分型：第 2 根 K 线的高点是相邻 3 根 K 线高点中最高的，而低点也是相邻 3 根 K 线的低点中最高的。顶分型的最高点称为顶。

底分型：第 2 根 K 线的低点是相邻 3 根 K 线低点中最低的，而高点也是相邻 3 根 K 线的高点中最低的。底分型的最低点称为底。

顶分型的最高点叫该分型的顶，底分型的最低点叫该分型的底，由于顶分型的底和底分型的顶通常情况下是没有意义的，所以顶分型的顶和底分型的底就可以简称为顶和底。也就是说，当我们以后说顶和底时，就分别是说顶分型的顶和底分型的底。

1.2.3　分型识别的例子

仅需严格按分型的定义，就可以很简单地识别出所有分型，没有什么难度。假定图 1.2-2 是 K 线标准化处理后的走势图，我们可以很容易识别出共有 17 个顶底分型，其中 1、3、5、7、9、11、13、15、17 是顶分型，2、4、6、8、10、12、14、16 是底分型。

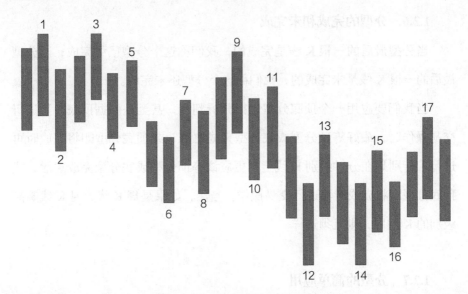

图 1.2-2　K 线标准化处理后的走势图

1.2.4 分型出现的原因

一个顶分型之所以出现，是因为卖的分力最终战胜了买的分力，就行情的持续发展而言，至少是卖的分力暂时战胜了买的分力。而其中，买的分力最少有三次努力，而卖的分力最少有三次阻击。

一个底分型之所以出现，是因为买的分力最终战胜了卖的分力，就行情的持续发展而言，至少是买的分力暂时战胜了卖的分力。而其中，卖的分力最少有三次努力，而买的分力最少有三次阻击。

1.2.5 分型的级别

分型是有级别的，级别的大小不同，分型所呈现的意义和力度就不太一样。这里所说的级别，更多是指形成单根 K 线的时间周期，如小时、日、周、月等。显然，周 K 线顶底分型传递的意义，要比 1 小时 K 线顶底分型传递的意义重大得多。

1.2.6 分型的完成和未完成

当分型最后的一根 K 线是完成的，我们称这个分型已经完成；当分型最后的一根 K 线是未完成的，我们称这个分型还未完成。

当我们要应用一个顶底分型进行分析判断，甚至是依据顶底分型进行交易操作时，最好等顶分型或底分型完成之后，或顶底分型即将完成时再进行；特别是在分钟级别 K 线上，更应该等顶分型或底分型完成之后，或顶底分型即将完成时再进行交易操作。当然，如果是周 K 线、月 K 线等高级别的 K 线图，则无须这样。

1.2.7 分型的简单应用

在实际操作中，如果在操作级别的 K 线图上，如日 K 线图，没有形成顶分型，那就可以继续持有股票，等形成顶分型后再说；如果没有形成底分型，那就可以持观望态度，等形成底分型后再说。

1.3　笔

在上一节，笔者介绍了缠中说禅技术分析理论的第一个概念：分型。本节，笔者将在分型的基础上介绍缠中说禅技术分析理论的第二个概念：笔。笔本质上是一种满足特定要求的走势，笔的概念比较直观和简单易懂，内容也比较少。因为画笔的基础是分型，然后又用笔去画线段，故而笔是缠中说禅技术分析理论中一个承上启下的概念，笔者会在本书的下一节介绍线段的概念。说笔是承上启下的概念，还有一个原因，那就是缠论没有使用笔去构建中枢和走势类型，关于中枢和走势类型的概念，笔者会在本书后面的章节介绍。但切不可就此轻视笔，原因有二：其一，笔是构建线段的基础；其二，笔在交易中还是很有用的，特别是对无法很好掌握线段概念和画法的人，笔通常就成了他们交易的基础和对象。

1.3.1　走势的方向

按通常的理解，走势的方向分为向上、向下和横盘三种，它们的具体定义如下。

向上：如果最近一个高点比前一个高点高，且最近一个低点比前一个低点高，则我们说当前的走势方向向上。

向下：如果最近一个高点比前一个高点低，且最近一个低点比前一个低点低，则我们说当前的走势方向向下。

横盘：如果最近一个高点比前一个高点高，且最近一个低点比前一个低点低；或者最近一个高点比前一个高点低，且最近一个低点比前一个低点高，则我们说当前走势的方向是横盘。横盘的本质是当前走势的方向还不明朗。

1.3.2 笔的定义

在缠中说禅技术分析理论中，笔是一种过渡性质的走势，用分型和 K 线数来定义。满足如下具体规范要求的走势，就可称为缠中说禅笔，简称笔。

（1）笔是顶分型的顶和底分型的底之间的走势。注意，必须是从底分型到顶分型的走势，或从顶分型到底分型的走势；不可以是从顶分型到顶分型的走势，也不可以是从底分型到底分型的走势。

（2）顶分型和底分型之间至少还有一根独立 K 线，这根 K 线既不属于顶分型，也不属于底分型。注意这里的 K 线，是经过包含关系处理后的 K 线。

（3）在同一笔中，顶分型中最高那根 K 线的区间至少要有一部分高于底分型中最低那根 K 线的区间。为方便交流，笔者把这个规则简称为在同一笔中，顶不能在底中。

笔作为一种顶和底之间的走势，必然有且只有向上和向下两个方向；从顶开始到底结束的笔，我们称之为向下笔；从底开始到顶结束的笔，我们称之为向上笔。向下笔和向上笔具体如图 1.3-1 所示。

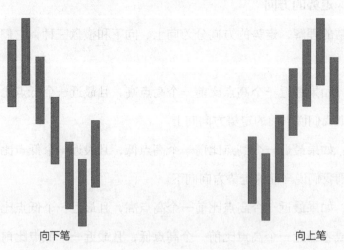

向下笔   向上笔

图 1.3-1　向下笔和向上笔

对于图 1.3-2 中两个顶底分型的组合，因为顶分型和底分型之间没有独立 K 线，所以它们都不满足笔的定义，不是笔。

顶底分型组合　　　　　　　　　　底顶分型组合

图 1.3-2　顶底分型组合和底顶分型组合

如果我们放松笔规范对独立 K 线的要求，允许顶底分型之间没有独立的 K 线，即顶分型和底分型直接相连，但在 K 线包含关系处理之前，顶底之间如果最少存在一次 K 线的包含关系，即从顶到底最少有 5 根 K 线，此时的笔，我们称之为"新笔"。为方便区分，对满足独立 K 线要求的笔，我们称之为"老笔"。一般情况下，无论是老笔还是新笔，我们统称为笔。根据定义可知，老笔是新笔的子集，满足老笔定义就一定满足新笔定义，或者说老笔比新笔要求高、要求严。

注意，新笔是在保持老笔其他两个规范要求不变的前提下，将独立 K 线要求降低为：没有进行包含关系处理之前，从顶到底最少有 5 根 K 线；进行包含关系处理后，顶底分型之间可以没有独立 K 线，但不能出现共用 K 线的情况。

按新笔的定义，图 1.3-2 中"顶底分型组合""底顶分型组合"两图，如果在进行 K 线包含关系处理之前，顶底之间最少存在一次 K 线的包含关系，即从顶到底最少有 5 根 K 线，则上述两图可以分别称为向下笔和向上笔。

下面用一个例子来描述新笔和老笔的区别。原始 K 线图和 K 线标准化处理后走势图如图 1.3-3 所示。

原始 K 线图   K 线标准化处理后走势图

图 1.3-3   原始 K 线图和 K 线标准化处理后走势图

图 1.3-3 中，按老笔定义，因为 K 线标准化处理后，顶分型和底分型之间没有独立 K 线，不满足顶底分型之间有独立 K 线的要求，故不是笔。按新笔要求，虽然顶底分型之间没有独立 K 线，但在 K 线标准化处理之前，顶底之间存在一次 K 线的包含关系（第 3 根 K 线被第 4 根 K 线包含），即从顶到底有 5 根 K 线；在 K 线标准化处理之后，顶分型和底分型之间没有共用 K 线，满足新笔的要求，是新笔。

是应用新笔的定义，还是应用老笔的定义呢？新笔和老笔虽然在形态要求上有一些差异，但在力度上两者没有太大差异，都可以使用。无论是用新笔，还是用老笔，都可以，重要的是一旦选择了某种定义，就应一直应用这种定义。除非你精通缠论、事件驱动等分析方法，否则笔者不建议在新笔和老笔的定义中来回切换。当然，在初学时也可以先用老笔定义，即要求顶分型和底分型之间有独立 K 线，这样就避免了当顶分型和底分型之间没有独立 K 线时，要再看顶底之间的 K 线是不是有包含关系。建议在对老笔的划分有了一定的实践经验之后，再用新笔定义。

1.3.3   笔划分唯一性证明

根据笔的定义，笔的起止点必须是一顶一底，而且顶和底之间至少有一根 K 线不属于顶分型与底分型。同时，还有一个最基本的要求，就是在同一笔中，顶分型中最高 K 线的区间至少要有一部分高于底分型中最低 K

线的区间。因此，在确定笔的过程中，必须要满足上面的条件，这样可以唯一确定出笔的划分结果。

这个划分的唯一性用反证法很容易证明，假设有两个都满足条件的划分，这两个划分要有所不同，必然是两个划分从第（$N-1$）笔以前都是相同的，从第 N 笔开始出现第一个不同，N 可以等于 1，此时代表从一开始就不同。那么第（$N-1$）笔结束的位置的分型，显然对两个划分的性质是一样的，都是顶或底。对于是顶的情况，那么第 N 笔，其底对两个划分必然对应不同的底分型，否则这笔对两个划分就是相同的，这显然矛盾。由于分型的划分是唯一的，因此，这两种不同的划分里在第 N 笔对应的底分型，在顺序上必然有前后高低之分，而且在这前后两个底之间不可能还存在一个能和前底构成一笔的顶，否则这里就不是一笔了。

当前面的底高于后面的底，那么前面的划分显然是错误的，因为按这种划分，该笔是没有完成的，一个底不经过一个顶后就有一个更低的底，这是典型的笔没完成的情况。

当前面的底不高于后面的底，在下一个顶分型出现前，如果有底分型的底低于前面的底，那么，这两种划分都不正确，所划分的笔都没完成；如果没有一个底分型的底低于前面的底，那么下一个顶分型的顶，必然高于前面的底，此时，前面的底和这个顶分型就是新的（$N+1$）笔，因此，第 N 笔和第（$N+1$）笔就有了唯一的划分结果，这和第 N 笔开始有不同划分相矛盾。

综上所述，当第（$N-1$）笔结束的位置的分型是顶时，其后第 N 笔和第（$N+1$）笔的划分结果是唯一的。同理，关于第（$N-1$）笔结束的位置的分型是底的情况，可以用类似方法证明。

1.3.4 笔的划分步骤、算法和结果

基于笔划分唯一性证明，我们很容易有如下笔划分步骤。注意，下述关于笔划分步骤和算法的描述都按老笔定义进行。

（1）K线标准化处理。对于K线标准化处理的步骤和算法，具体请参考"K线及K线的标准化处理"。

（2）识别出所有顶底分型。在K线标准化处理的结果上，根据分型的定义，找出所有的顶分型和底分型。这里的分型，只要满足分型的定义即可，不存在是否共用K线这样的要求。

（3）确定所有符合笔规范要求的分型。这里的重点，是确保所有的顶分型和底分型之间没有共用K线。对于有共用K线的两个分型，包括顶分型和底分型、顶分型和顶分型、底分型和底分型三种情况，要按走势方向和高低点关系依次去掉其中的一个分型。

（4）处理相邻同性质的分型。如果前后两分型是同一性质的，对于顶，前面的低于后面的，可以只保留后面的，将前面的忽略；对于底，前面的高于后面的，可以只保留后面的，将前面的忽略。不满足上面情况的，例如相等的，都可以先保留。

（5）在顶底分型中划分笔。经过上述步骤的处理后，余下的分型，如果相邻的是顶和底，那么就可以划为一笔。如果相邻的分型性质一样，同时为顶分型，或者同时为底分型，那么前顶必然不低于后顶，前底必然不高于后底，而在连续的顶后，必然会出现新底，把连续的顶中的第一个和新出现的底连在一起，形成新的一笔，而中间的那些顶都可以忽略；在连续的底后，必然会出现新顶，把连续的底中的第一个和新出现的顶连在一起，形成新的一笔，而中间的那些底都可以忽略。

经过上面的几个步骤，所有的笔都可以唯一地划分出来。换言之，所有走势图，都可以按笔划分的步骤和算法，用笔进行唯一分解，即把复杂的走势图，唯一地分解为向上笔和向下笔的组合，让走势变得清晰明了。

1.3.5 笔划分步骤举例及具体说明

此处共举两个例子对笔划分步骤进行说明，我们先看例子一。在例子一中，我们假定顶分型 1 和顶分型 3 的价格相等，底分型 12 和底分型 14 的价格相等，具体走势如图 1.3-4 所示。

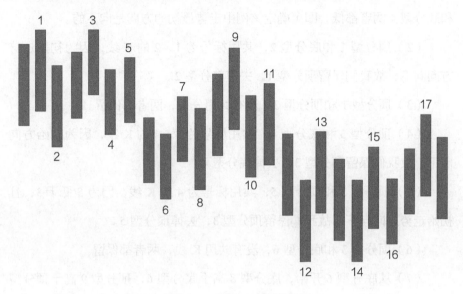

图 1.3-4　例子一 K 线走势图

1.　K 线标准化处理

为减少篇幅，假定上述走势图是 K 线标准化处理后的走势图，对于 K 线标准化处理的步骤和算法，具体请参考 "K 线及 K 线的标准化处理"。

2.　识别出所有顶底分型

这一步，仅需严格按分型的定义识别出所有分型，没有什么难度。具体到本例，我们很容易识别出共有 17 个顶底分型，其中 1、3、5、7、9、11、13、15、17 是顶分型，2、4、6、8、10、12、14、16 是底分型。为保证例子的全面性，同时假定 1、3 两个顶分型的价格相等，12、14 两个底分型的价格相等。

3.　确定所有符合笔规范要求的分型

一般而言，因为任何走势都是有方向的，我们需要先根据常识确定走势的方向，然后在这个方向的指引下，去掉那些不符合笔规范要求的顶底分型，即去掉共用 K 线的顶分型和底分型中的一个，只保留符合规范要求的顶底分型，具体如下。

（1）顶分型 5 比顶分型 1 和顶分型 3 两者都低，底分型 6 比底分型 2 和底分型 4 两者都低，即可确定该例中走势最初的方向是向下的。

（2）顶分型 1 和底分型 2，共用标号为 1、2 的 K 线，因为初始走势方向向下，故我们保留顶分型 1，去掉底分型 2。

（3）顶分型 1 和顶分型 3，没有共用分型，两者都保留。

（4）顶分型 3 和底分型 4，共用标号为 3、4 的 K 线，因为初始方向向下，故我们保留顶分型 3，去掉底分型 4。

（5）顶分型 3 和顶分型 5，共用标号为 4 的 K 线，因为 5 低于 3，且初始走势方向向下，故我们保留顶分型 3，去掉顶分型 5。

（6）顶分型 3 和底分型 6，没有共用 K 线，两者都保留。

（7）从底分型 6 开始，底分型 8 高于底分型 6，顶分型 9 高于顶分型 7，走势方向从底分型 6 开始转折向上。

（8）底分型 6 和顶分型 7，共用标号为 6、7 的 K 线。因为走势方向已经从底分型 6 开始转折向上，故我们去掉顶分型 7，保留底分型 6。

（9）底分型 6 和底分型 8，两者共用标号为 7 的 K 线，因为 6 低于 8，且走势方向向上，故我们保留底分型 6，去掉底分型 8。

（10）底分型 6 和顶分型 9，没有共用 K 线，两者都保留。

（11）从顶分型 9 开始，底分型 12 低于底分型 10，顶分型 11 低于顶分型 9，走势方向从顶分型 9 开始转折向下。

（12）顶分型 9 和底分型 10，共用标号为 9、10 的 K 线，因为走势方向从顶分型 9 开始转折向下，故我们保留顶分型 9，去掉底分型 10。

（13）顶分型 9 和顶分型 11，两者共用标号为 10 的 K 线，因为 11 低于 9，且走势方向向下，故我们保留顶分型 9，去掉顶分型 11。

（14）顶分型 9 和底分型 12，没有共用 K 线，两者都保留。

（15）从底分型 12 开始，因为底分型 16 高于底分型 12 和 14，顶分型 17 高于顶分型 13 和 15，走势方向从底分型 12 开始转折向上。

（16）底分型 12 和顶分型 13，共用标号为 12、13 的 K 线。因为走势方向已经从底分型 12 开始转折向上，且底分型 12 是转折点，故我们去掉顶分型 13，保留底分型 12。

（17）底分型 12 和底分型 14，没有共用 K 线，两者都保留。

（18）底分型 14 和顶分型 15，共用标号为 14、15 的 K 线。因为走势方向已经转折向上，且底分型 12 和底分型 14 相等，顶分型 15 低于顶分型 13，故我们去掉顶分型 15，保留底分型 14。

（19）底分型 14 和底分型 16，共用标号为 15 的 K 线，因为底分型 14 低于底分型 16，且走势方向向上，故我们保留底分型 14，去掉底分型 16。

（20）底分型 14 和顶分型 17，没有共用 K 线，两者都保留。

经过上述步骤，我们去掉了 2、4、8、10、16 共五个底分型和 5、7、11、13、15 共五个顶分型，保留了 1、3、9、17 共四个顶分型和 6、12、14 共三个底分型，即剩下 1、3、6、9、12、14、17 共七个顶底分型。经过此步骤得到的走势图具体如图 1.3-5 所示。

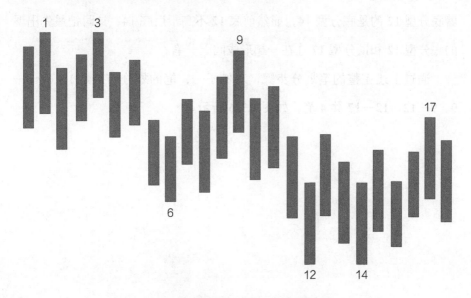

图 1.3-5　仅保留符合笔规范要求的分型

4. 处理相邻同性质的分型

对剩下的 1、3、6、9、12、14、17 共七个顶底分型，1 和 3 同为顶分型，因为 1 不低于 3，故 1 和 3 两个顶分型都保留；3 和 6 是不同类型的分型，无须处理；6 和 9 是不同类型的分型，无须处理；9 和 12 是不同类型的分型，无须处理；12 和 14 均是底分型，因为 12 等于 14，故 12 和 14 两个底分型都保留；14 和 17 是不同类型的分型，无须处理。总体而言，对我们所举的这个例子，在这一步我们不用做任何变动，依然保留 1、3、6、9、12、14、17 共七个顶底分型。

5. 在顶底分型中划分笔

经过上述步骤后，对剩下的 1、3、6、9、12、14、17 共七个顶底分型，1 和 3 同为顶分型，显然前顶 1 不低于后顶 3，且其后出现底分型 6，这时把最先出现的顶分型 1 和底分型 6 连在一起形成向下一笔，并忽略顶分型 3；接着底分型 6 的是顶分型 9，两者是不同性质的分型，故把底分型 6 和顶分型 9 连在一起形成向上一笔；接着顶分型 9 的是底分型 12，两者是不同性质的分型，故把顶分型 9 和底分型 12 连在一起形成向下一笔；接着底分型 12 的是底分型 14，显然前底 12 不高于后底 14，这时把最先出现的底分型 12 和顶分型 17 连在一起形成向上一笔。

通过上述完整的笔划分步骤，对例子一，笔的划分结果是 1—6、6—9、9—12、12—17 共 4 笔，如图 1.3-6 所示。

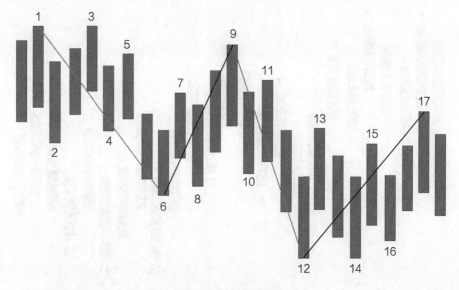

图 1.3-6 笔划分结果

我们再来看例子二。在例子二中，除假定顶分型 1 和顶分型 3 的价格相等、底分型 12 和底分型 14 的价格相等之外，再进一步假定顶分型 13 和顶分型 15 的价格相等，除此之外，再无其他差别。因为例子二多了顶分型 13 和顶分型 15 的价格相等这个小差异，所以笔划分过程中也出现了一些小差异，这些具体的差异在下面有简要的描述。建议读者先自行仿照例子一的划分过程，完成例子二的笔划分，然后和下面的差异描述进行对比，看是否相同，如果不相同，则需要进一步找出不同点，然后理解是什么导致了不同，应该如何做才正确，这也算是留给读者的一个小作业。

例子二的 K 线走势图具体如图 1.3-7 所示。

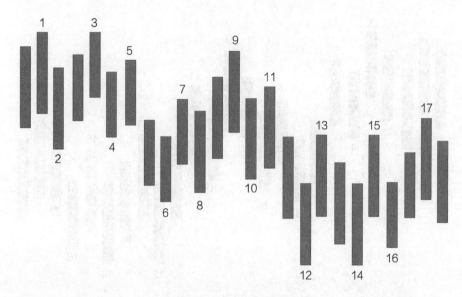

图 1.3-7　例子二 K 线走势图

例子一和例子二，因为例子二多了顶分型 13 和顶分型 15 相等这个差异，笔的划分步骤，虽然大体相同，但还是有一点点小差异。设置这些小差异，也是为了读者更好地理解笔的划分过程和算法。其差异点主要表现在以下几个方面。

第一个小差异，出现在"确定所有符合笔规范要求的分型"这一步的第（15）小步。这里进一步假定顶分型 13 和顶分型 15 相等，哪怕底分型 16 和顶分型 17 没有出现，只要顶分型 15 所在的 K 线完成，因为底分型 12 和底分型 14 相等，即 14 不低于 12，顶分型 13 和顶分型 15 相等，即 15 不低于 13，我们暂时就可以认为走势方向从底分型 12 开始转折向上。

第二个小差异，出现在"确定所有符合笔规范要求的分型"这一步的第（18）小步。底分型 14 和顶分型 15，共用标号为 14、15 的 K 线。因为走势方向已经转折向上，且底分型 12 和底分型 14 相等，顶分型 13 和顶分型 15 相等，故我们去掉底分型 14，保留顶分型 15。

第三个小差异，出现在"确定所有符合笔规范要求的分型"这一步的第（19）小步。顶分型 15 和底分型 16，共用标号为 15、16 的 K 线。因为走势方向已经从底分型 12 开始转折向上，且底分型 16 高于底分型 12，故我们去掉底分型 16，保留顶分型 15。

第四个小差异，出现在"确定所有符合笔规范要求的分型"这一步的第（20）小步。顶分型 15 和顶分型 17，没有共用 K 线，两者都保留。

经过"确定所有符合笔规范要求的分型"这一步，在例子二中，我们保留了 1、3、6、9、12、15、17 共七个分型，和例子一的差异仅在于是保留底分型 14，还是保留顶分型 15。

第五个小差异，出现在"处理相邻同性质的分型"这一步。12 和 15 是不同类型的分型，无须处理；15 和 17 同为顶分型，且 15 低于 17，我们需要去掉顶分型 15，保留顶分型 17。经过这一步，我们只保留 1、3、6、9、12、17 共六个分型，即相比于例子一，在这一步中，我们多去掉了一个分型。

第六个小差异，出现在"在顶底分型中划分笔"这一步。接着底分型 12 的是顶分型 17，两者是不同性质的分型，故把底分型 12 和顶分型 17 连在一起形成向上一笔。

例子一和例子二，在笔划分的过程中，仅有上述六个小差异。虽然有这六个小差异，但笔划分的结果还是一致的，即都是 1—6、6—9、9—12、12—17 共 4 笔。其实，在例子二中，可以继续改变假定，只要保持顶分型 17 不低于顶分型 13 和顶分型 15、底分型 12 不高于底分型 14 和底分型 16 这两个条件，分型 13、14、15、16 之间的高低关系无论是什么样的，其分解的过程与结果，和例子二的分解过程与结果都完全一样，这也是用缠论对走势分解，其分解结果具有唯一性的一种间接说明。

1.3.6　笔起止点和高低点关系的思辨及选择

在前面"笔的定义""笔的划分步骤、算法和结果"等相关小节中，都没有明示一笔的起止点和该笔高低点的关系，如果按上述笔的划分步骤和算法，一些笔的最高点和最低点，没有落在笔的起始点或结束点上。

结合笔在缠中说禅技术分析理论中的作用，我们可以给笔增加一个规则：笔的最高点和最低点，一定要全部落在笔的起始点或结束点上，该规则可以简称为"笔的起止点就是笔的高低点"。增加这一规则主要基于以下两个原因。

（1）在现实的分析和交易中，一般只用月K线、季K线、年K线这样高级别的K线做初步的分析和判断，很少会用这样高级别的K线做出具体交易决策；通常而言，一般都是基于1分钟、5分钟、30分钟、60分钟、日K线这些比较低级别的K线做出具体交易决策。

（2）即便在月K线、季K线、年K线这样高级别的K线图上应用"笔的起止点就是笔的高低点"这一规则要求，也没有什么不妥。

笔者建议在1分钟、5分钟、30分钟、60分钟等分钟级别的K线图上尽量遵循这一规则要求，但在周K线、月K线、季K线、年K线这样高级别的K线图上，可以不遵循。

为方便描述，我们先假定所有K线都经过了包含关系的标准化处理，即本段中的K线，是指经过包含关系处理后剩下的K线。虽然绝大多数人都认可在低级别K线图上"笔的起止点就是笔的高低点"这个规则，但对这么简单的一句话，也有不同的理解，以从底分型开始到顶分型结束的向上笔为例，就可能有以下两种理解。①在这向上一笔中，所有K线的最低点，都不能低于笔开始的底分型；所有K线的最高点，都不能高于笔结束的顶分型。②在这向上一笔中，按笔划分步骤，首先要按"顶分型和底分型不能共用K线"规则排除一些顶分型或底分型，然后对所有剩下的没有共用K线的顶底分型，再应用"底分型的低点不能低于笔开始的底分型，顶分型的高点不能高于笔结束的顶分型"规则。除这两种理解外，说不定还有更多的理解，下面只讨论这两种埋解。

简单来说，这两种理解的区别在于规则的应用时机选择：第一种理解不选择时机，要求无条件应用；第二种理解则是在排除一些顶底分型后，再应用规则。

为了描述方便和更好地理解，我们用如下真实的例子进行说明。在图 1.3-8 中共 14 个位置，其中位置 7 和位置 9 的价格一样，均低于位置 5 的价格，位置 4 的价格低于位置 6 的价格，位置 6 的价格低于位置 8 的价格。对于 1—2、2—3、10—11、11—12、12—13 和 13—14 这 6 笔的划分是没有异议的，有不同划分意见的在于 3—10 这个区间，即有划分为 1 笔和划分为 3 笔两个不同的意见，就是上述两个不同的理解导致的。如果按第一种理解，因为位置 5 高于位置 7 和位置 9，那么 4—7 或者 4—9 都不能划分为 1 笔，最终只能划成 3—10 这 1 笔。如果按第二种理解，显然，在排除掉一些不符合规范要求的分型时，3 和 4 是符合规范要求的分型，都应该被保留，此时 4 和 5（在包含关系处理后，下同）共用 K 线，故 5 要排除掉，6、7、8、9 都符合规范要求，都要保留。那么因为 5 被排除，只在 3、4、6、7、8、9 和 10 之间应用"笔的起止点就是笔的高低点"等规则划分笔，3—10 则可以划为 3—4、4—7、7—10 这 3 笔。

图 1.3-8　走势及按第一种理解的笔划分结果

到底是选择第一种理解还是选择第二种理解，不同的人有不同的观点和选择。在实际应用中，重要的是选定具体的标准后，要在所有地方无差别地应用，不要变来变去。

1.3.7　顶不能在底中的思辨和选择

在"笔的定义"中，我们提到"在同一笔中，顶不能在底中"这个规则，这个规则来自"在同一笔中，顶分型中最高那根 K 线的区间至少要有一部分高于底分型中最低那根 K 线的区间"。我们能否根据这句话，得出"在同一笔中，底不能在顶中"这样的结论呢？不同的人，依然有不同的理解。有人认为"在同一笔中，底不能在顶中"这样的结论是合理的；有人认为不需要这样的结论，一是因为原著中没有类似的话，二是因为长期而言，股票走势是向上的，换句话说，从长期而言，股票上涨的力度会比下跌的力度大，即顶不能在底中，但底可以在顶中。当然，可能还有更多其他的笔者不知道的理解。

笔者认为这两种理解都可以，故在本书中，"顶不能在底中"和"底不能在顶中"这两个规则，用户是可以根据自己的理解进行应用的。

1.3.8　笔划分过程中隐含的基本规则

在上述笔的划分步骤中，虽然没有进行明确的说明，但却隐含了结合律、时间不可逆、分型的完成和未完成这三个基本规则。这三个规则和"K线标准化处理中隐含的基本规则"小节介绍的核心思想完全一致，但为了帮助读者更好地理解，这里再介绍一遍，具体如下。

（1）结合律。

在缠中说禅技术分析理论中，结合律就是一个元素或构件，必须且只能用一次，不能用两次。例如，在笔划分的过程中，顶分型和底分型是划分笔的基础构件，则对每一个具体步骤而言，每个分型都必须用　次，且只能用一次。结合律是缠中说禅技术分析理论中最基础的定律，被广泛应用。

（2）时间不可逆。

时间不可逆，即我们回不到过去。在缠中说禅技术分析理论中，时间不可逆，基本等同于交易不可逆，即上一个交易日的交易，一定发生在今天之前，故而在进行笔划分的过程中，处理顶分型和底分型的关系时，一定要按照顺序，即一个分型接一个分型进行处理；此外时间不可逆，还表达了交易是算数的，不会被取消，即价格充分有效，这也是缠论适用范围的一个基本条件。

（3）分型的完成和未完成。

分型的完成，是指分型的第三根 K 线的指定时间周期已经结束，例如日 K 线上分型的完成，指第三根 K 线所在交易日的交易已经全部完成，即交易已经结束，反之，则分型未完成。理论上，所有参与笔划分的分型，都应该是已经完成的分型。考虑到笔的方向和笔的延续时间比较长，最近一根 K 线的改变，通常并不会改变笔的方向，故在实践中，为了快速反映现状，在笔方向上，最后一个分型未完成，甚至最后一个潜在的分型的第二根 K 线未完成，都可以认为当前的笔延续到了最近一个分型或最近一个潜在分型的顶或底上。但每当出现新的高价或新的低价，我们就要进行一次笔划分，以便反映新的高价或低价带来的影响。

1.3.9 笔划分结果的基本应用

在缠中说禅技术分析理论中，笔的基本作用就是，把复杂的走势图，唯一地分解为向上笔和向下笔的组合，并且是向上一笔接着向下一笔，向下一笔接着向上一笔，如此循环往复。然后再用笔作为基本的组件，进一步划分线段，线段划分相关内容，将在下一节介绍。

走势图在唯一地分解为向上笔和向下笔的组合后，混沌不清的走势会变得清晰明了，这为我们把握过去的走势和转折点、当前的方向、未来可能转折的时点提供了相当大的帮助。

图 1.3-9 是自上海证券交易所开设至 2022 年 5 月 6 日，上证指数的月 K 线走势用笔划分步骤和算法唯一分解的结果。感兴趣的读者可以自行按照笔划分的步骤和算法，从头至尾自己划分两遍，一遍是按老笔定义划分，一遍是按新笔定义划分，这算是留给读者的一道作业题，这有利于读者提高自身水平。相信经过若干次的练习，读者能看一眼走势图，就能得出笔划分的结果。读者完成对上证指数月 K 线图划分笔后，可以和图 1.3-9 进行比较。在本书后续的章节中，我们会继续用上证指数月 K 线图举例，详细内容可以参考"上证指数月 K 线分笔、分段的思辨"小节。

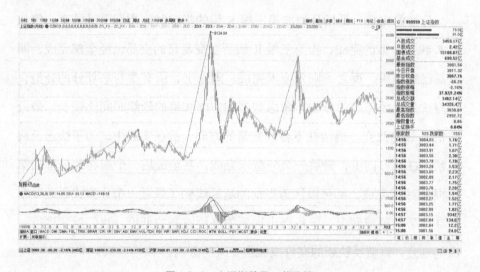

图 1.3-9 上证指数月 K 线分笔

1.3.10 笔划分结果的可变性

一笔的基础是顶分型和底分型，一些瞬间的交易，就足以影响其结构。例如，突然有人打错单，那么全天走势的分析就大变样了。在短时间周期 K 线上，大家经常能看见一些持续性不强的"大涨"或"大跌"，这种随机出现的"大涨"或"大跌"，就能导致走势变样。在 1.3.5 小节的例子中，无论是例子一，还是例子二，我们假定是 10 秒 K 线，或者假定是 1 分钟 K 线，如果有人在底分型 8 这个位置打错单，或者有正常的大笔卖出，则可能把价格打到比底分型 6 更低的位置。在底分型 8 低于底分型 6 的基础上，以底分型 8 是否低于底分型 12 的价格为标准，又可分两种情况：第一种情况是底分型 8 高于底分型 12，则两个例子对应的走势都被分解为 1—12 和 12—17 这两笔；第二种情况是底分型 8 不高于底分型 12，则两个例子对应的走势都只有 1—8 这一笔，从最低点 8 开始的向上笔还无法生成。感兴趣的读者可以按笔划分步骤在这两种假定下自行划分笔。

读者要认识到笔划分结果的可变性，是市场走势的一种真实反映。我们需要做的：一是用时间周期比较长的 K 线图，以便尽可能地避免这种可变性；二是找到其他的方法应对这种可变性，甚至进一步利用这种可变性；三是要认识到时间不可逆，即 K 线和分型一旦完成就不会再变了。

1.4　线段

前文介绍了 K 线标准化处理、分型的概念、笔的定义和笔划分步骤，在此基础上，本节将介绍线段这个概念，同时重点介绍线段的划分步骤和划分算法。

在现实中，线段及线段划分，是很多缠友学习缠中说禅技术分析理论过程中的一座大山。之所以说是一座大山，具体来说，是因为如下几点。

一是关于线段的内容比较多，而且分布散乱，需要自行确定阅读顺序并花大量时间阅读。

二是很多概念在定义之前就得到广泛的使用，这导致很多缠友看到精确的定义之前形成了一些误解。

三是将线段、中枢、走势类型等很多概念掺杂在一起，增加了缠友学习缠论的难度。

在本书中，笔者将尝试从上述三个原因出发，用尽可能简单的语言，聚焦线段的定义和线段的划分步骤、算法，一步一步带领大家翻越这座大山。

在开始与线段相关的具体介绍之前，请大家务必了解，在本节中，笔者定义和描述线段、介绍线段的笔破坏、定义线段的特征序列、处理特征序列包含关系、定义特征序列分型、具体介绍线段划分的算法等，都是基于笔这个概念的，本节各个例子中，如果没有特别说明，任何两个端点之间的连线，都是一笔。

1.4.1 线段的规范要求和定义

所谓线段，是至少由连续三笔组成，且最开始三笔必须有重叠部分的一种走势。线段至少有三笔，但并不是连续的三笔就一定构成线段，这三笔必须有重叠的地方，否则不能构成线段。

线段作为一种走势，自然就像笔一样有方向，以向上笔开始的线段一定结束于向上笔，以向下笔开始的线段一定结束于向下笔，不存在开始于向上笔，结束于向下笔的线段。由于向上笔的开始分型是底分型，而向下笔的结束分型也是底分型，因此，一个线段，不可能是从底到底或从顶到顶，这是很基本的概念。线段最少有三笔，但可以多于三笔，因为以向上笔开始的线段结束于向上笔，以向下笔开始的线段结束于向下笔，故线段有3、5、7、9、11……这样的奇数笔。

满足"最开始三笔必须有重叠部分"的规范要求，从向上笔开始到向上笔结束的线段，我们称之为向上线段；满足"最开始三笔必须有重叠部分"的规范要求，从向下笔开始到向下笔结束的线段，我们称之为向下线段。

1.4.2　线段的基本形态

线段的基本形态如图 1.4-1 所示。注意图 1.4-1 中，各形态线段最开始的三笔都有重叠部分，满足线段的规范要求，第一个和第二个是向上线段的基本形态，第三个和第四个是向下线段的基本形态。

图 1.4-1　线段的基本形态

1.4.3　不能构成线段的连续三笔

不能构成线段的连续三笔如图 1.4-2 所示。

图 1.4-2　不能构成线段的连续三笔

图 1.4-2 中的连续三笔，之所以不能构成线段，是因为这三笔没有重叠部分，不满足"最开始三笔必须有重叠部分"的规范要求。

1.4.4　线段的笔破坏

对以向上笔开始的向上线段，所谓线段的笔破坏，简单来说，就是假定该向上线段在某个点结束（不管是真结束，还是没有结束），对这个点，我们称之为假定转折点，然后在这个假定转折点后面，出现了向下的一笔，这一笔的低点碰到了该假定转折点前面某一向上笔的结束点。对以向下笔开始的向下线段，所谓线段的笔破坏，简单来说，就是假定该向下线段在某个点结束（不管是真结束，还是没有结束），对这个点，我们称之为假定转折点，然后在这个假定转折点后面，出现了向上的一笔，这一笔的高点碰到了该假定转折点前面某一向下笔的结束点。

我们用"低"字的汉语拼音的第一个声母 d 代表底分型的底，用"高"字的汉语拼音的第一个声母 g 代表顶分型的顶。

对于从向上笔开始的，其中的顶底分型 $d_1g_1d_2g_2d_3g_3...d_ng_n$ 构成这样的系列，其中 d_i 代表第 i 个底，g_i 代表第 i 个顶。如果我们能找到 i 和 j（j 大于等于 $i+2$），使得 d_j 的价格小于等于 g_i 的价格，那么称向上线段被笔破坏。在实际操作中，一般假定 g_j 是转折点，找到一个比 j 小的 i，如果 g_j 后面的底 d_{j+1} 低于 g_j 前面的顶 g_i，则我们判断向上线段出现了笔破坏。

具体例子，请参考图 1.4-3。当我们假定 g_2 是转折点，因为 d_3 的价格低于 g_1 的价格，且 3 等于 1+2，故 g_2d_3 这一笔破坏了 d_1g_1、g_1d_2、d_2g_2 这三笔开始的向上线段；同时，再假定 g_5 是转折点，因为 d_6 的价格等于 g_3 的价格（当然在图中 d_6 的价格也低于 g_4 的价格），6 大于 3+2，故 g_5d_6 这一笔也破坏了 d_1g_1、g_1d_2、d_2g_2 这三笔开始的向上线段。

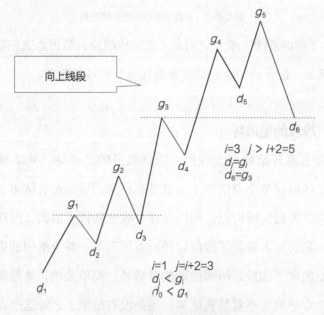

图 1.4-3　向上线段的走势图

假定转折点前面某一向上笔，一般是该假定转折点之前最高一笔的结束点，如向下笔 g_2d_3 碰到向上笔 d_1g_1 的高点（假定向上线段在 g_2 结束），当然也可以不是最高一笔，如向下笔 g_5d_6 碰到了向上笔 d_3g_3 的高点（假定线段在 g_5 结束，注意，这里仅仅是假定，不代表线段真的在 g_5 结束），但一定不能是该假定转折点前倒数第一笔，也就是说，不能说向下笔 g_2d_3 碰到向上笔 d_2g_2 的高点就是笔破坏，因为这种情况是一定存在的，没有任何意义，这也是要求 j 大于等于 $i+2$ 的原因所在。

在图 1.4-4 中，对于从向下笔开始的，其中的顶底分型构成 g_1d_1 $g_2d_2g_3d_3$ …g_nd_n 这样的系列，其中 d_i 代表第 i 个底，g_i 代表第 i 个顶。如果找到 i 和 j（j 大于等于 $i+2$），使得 g_j 价格大于等于 d_i 的价格，那么称向下线段被笔破坏。在实际操作中，一般假定 d_j 是转折点，找到一个比 j 小的 i，如果 d_j 后面的顶 g_{j+1} 高于 d_j 前面的底 d_i，则我们判断向下线段出现了笔破坏。

具体例子，请参考图 1.4-4。当我们假定 d_3 是转折点，因为 g_4 的价格高于 d_2 的价格，且 4 等于 2+2，故 d_3g_4 一笔破坏了 g_1d_1、d_1g_2、g_2d_2 这三笔开始的向下线段。

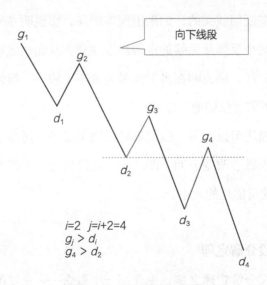

图 1.4-4　向下线段的走势图

假定转折点前面某一向下笔，一般是该假定转折点之前最低一笔的结束点，当然也可以不是最低一笔。例如，假定向下线段在 d_3 结束，其后的向上笔 d_3g_4 碰到之前的向下笔 g_2d_2 的低点，但一定不能是该假定转折点前倒数第一笔，也就是说，不能说向上笔 d_3g_4 碰到向下笔 g_3d_3 的高点就是笔破坏，因为这种情况是一定存在的，没有任意意义，这也是要求 j 大于等于 $i+2$ 的原因所在。

1.4.5　线段笔破坏的实质

可能读者会问，线段笔破坏的实质是什么呢？

对向上线段而言，从假定转折点开始，至当下，根据线段笔破坏的定义，线段要么被笔破坏，要么还没有被笔破坏，这是在当下就能马上确认、不存在任何歧义的，如果出现笔破坏，那说明在当下回调力度已经比较大了，值得对这个回调及后续的走势加以注意，如果没有出现笔破坏，那说明在当下回调力度还比较小，持有还是比较安全的。

同理，对向下线段而言，从假定转折点开始，至当下，根据线段笔破坏的定义，线段要么被笔破坏，要么还没有被笔破坏，这是在当下就能马上确认、不存在任何歧义的，如果出现笔破坏，那说明在当下反弹力度比较大，值得对这个反弹及后续的走势加以注意，从而决定是否要参与，如果没有出现笔破坏，那说明在当下反弹力度还比较小，继续空仓还是比较合理的，或者不需要急切地抄底。

由上面的描述可以知道，线段笔破坏的实质是市场当下对原走势的反抗力度，或者说线段改变方向，即"向上线段转为向下线段、向下线段转为向上线段"的可能性的大小。

1.4.6　线段分解定理

在介绍线段分解定理之前，先介绍一个概念——充要条件，充要条件是充分必要条件的简称。如果我们能从 A 推出 B，则说 A 是 B 的充分条件，B 是 A 的必要条件；如果同时能从 B 推出 A，则 B 也是 A 的充分条件，A 也是 B 的必要条件。简单来说，如果能从命题 A 推出命题 B，而且也能从命题 B 推出命题 A，则称 A 是 B 的充分必要条件，且 B 也是 A 的充分必要条件。在逻辑学和数学中一般用"当且仅当"来表示充分必要条件。

缠中说禅线段分解定理：线段被破坏，当且仅当至少被有重叠部分的连续三笔的其中一笔破坏。因为只要前三笔有重叠部分，那么必然会形成线段，换言之，线段终结的充要条件，就是形成新的反方向的线段。即只有新线段形成，原线段才被确认。

线段分解定理，可以由线段和线段笔破坏两个定义证明。具体证明这里就不展开了，读者如果能证明，或者能理解线段分解定理最好，如果不能证明或理解，也没有关系，只需记住"线段破坏的充要条件，就是被另一个线段破坏"这一结论，或者记住更简单的"线段被线段破坏"结论。后文会将这一结论，或者说将线段分解定理具体化，读者如果能一步一步跟着做几遍，对线段分解定理就会有很好的理解。

1.4.7　线段的描述

1. 线段的描述

根据线段定义，所有线段，无非两种：①从向上笔开始，到向上笔结束；②从向下笔开始，到向下笔结束。为描述线段，我们用"上"字拼音的第一个字母 S 代表向上笔，用"下"字拼音的第一个字母 X 代表向下笔。

那么，以向上笔开始的线段，可以用笔的序列 $S_1X_1S_2X_2S_3X_3...S_nX_n$ 来表示；以向下笔开始的线段，可以用笔的序列 $X_1S_1X_2S_2X_3S_3...X_nS_n$ 来表示，分别如图 1.4-5 和图 1.4-6 所示。

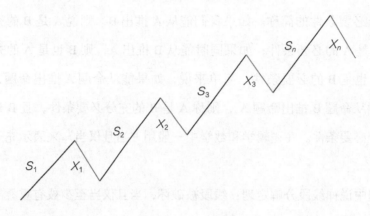

图1.4-5 向上线段

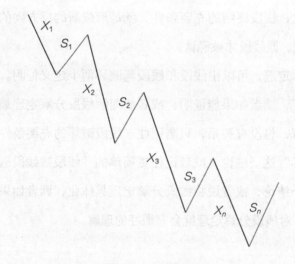

图1.4-6 向下线段

2. 线段的特征序列和特征序列元素

在向上的线段 $S_1X_1S_2X_2S_3X_3...S_nX_n$ 中，任何连续的向上两笔 S_i 与 S_{i+1}，如 S_2 和 S_3 之间，一定有重合区间，但所有向下笔组成的序列 $X_1X_2...X_n$，任何连续的向下两笔 X_i 与 X_{i+1}，如 X_1 与 X_2 之间，并不一定有重合区间。在向下的线段 $X_1S_1X_2S_2X_3S_3...X_nS_n$ 中，任何连续的向下两笔 X_i 与 X_{i+1}，如 X_2 和 X_3 之间，一定有重合区间，但所有向上笔组成的序列 $S_1S_2...S_n$，任何连续的向上两笔 S_i 与 S_{i+1}，如 S_1 与 S_2 之间，并不一定有重合区间。考虑到这个事实，我们用线段的特征序列和特征序列元素来代表线段，同时给出如下定义。

序列 $X_1X_2...X_n$ 是以向上笔开始线段的特征序列，其中 X_1 至 X_n 的每一个元素，均称为特征序列元素；序列 $S_1S_2...S_n$ 是以向下笔开始线段的特征序列，其中 S_1 至 S_n 的每一个元素，均称为特征序列元素。

上述定义，通俗的理解就是，向上线段中所有向下笔组成的序列，是向上线段的特征序列；向下线段中所有向上笔组成的序列，是向下线段的特征序列。向上线段的特征序列和向下线段的特征序列分别如图 1.4-7 和图 1.4-8 所示。

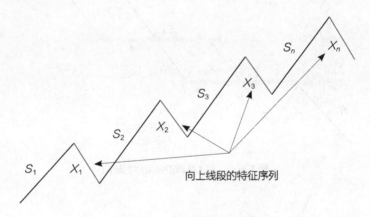

图 1.4-7　向上线段的特征序列

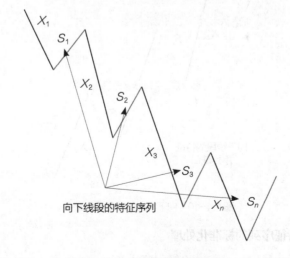

图 1.4-8　向下线段的特征序列

3. 线段特征序列缺口

在线段的特征序列中，如果相邻的两个特征序列元素不重叠，例如向上线段的特征序列元素 X_i 和 X_{i+1} 不重叠，或者向下线段的特征序列元素 S_i 和 S_{i+1} 不重叠，这个不重叠的区间就称为该序列的一个缺口，即线段特征序列缺口。向上线段和向下线段的特征序列缺口分别如图 1.4-9 和图 1.4-10 所示。

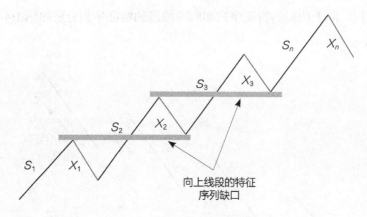

图 1.4-9　向上线段的特征序列缺口

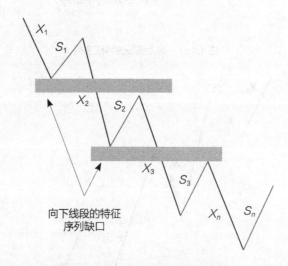

图 1.4-10　向下线段的特征序列缺口

4. 线段特征序列的标准化处理

关于特征序列，把每一元素 S_n 或 X_n，看成是一根 K 线，那么如同一般

K 线图中一样，也存在所谓的包含关系，也可以类似按"K 线的标准化处理"小节介绍的方法，对这些特征序列进行包含关系处理，或者叫标准化处理。

首先，特征序列元素包含关系标准化处理的前提是这些元素都在同一个特征序列里，如果是两个不同的特征序列里的元素，讨论包含关系或标准化处理是没意义的。换句话来说，特征序列的元素要探讨包含关系，首先必须是同一特征序列里的元素，这在理论上十分明确，当然也很好理解。同时，特征序列里的元素的方向，和其对应的线段的方向是刚好相反的，例如，一个向上线段后接着一个向下线段，前者的特征序列元素是向下的，后者的特征序列元素是向上的，因此，根本不可能存在包含关系。综上所述，只有属于同一特征序列里的元素之间，才能进行包含关系处理。

其次，线段特征序列元素包含关系的标准化处理方向，一般而言，是根据特征序列是属于哪个线段来确定的：对向上线段，走势方向向上，对其特征序列元素包含关系的处理方向也是向上，即按"高高规则"进行包含关系处理；对向下线段，走势方向向下，对其特征序列元素包含关系的处理方向也是向下，即按"低低规则"进行包含关系处理。所谓高高规则，就是对有包含关系的两个元素，进行包含关系处理形成新元素时，取这两个元素中较"高"的高点做新元素的高点，取这两个元素中较"高"的低点作为新元素的低点；同理，所谓低低规则，就是对有包含关系的两个元素，进行包含关系处理形成新元素时，取这两个元素中较"低"的高点做新元素的高点，取这两个元素中较"低"的低点作为新元素的低点。但线段特征序列包含关系处理方向的确定，也有例外的情况，那就是在线段划分的第二种情况下，如果属于第二个线段第二特征序列元素没有回补第一个线段的特征序列缺口，此时为了考虑力度的呈现，还是按第一个线段的方向确定第二特征序列包含关系处理的方向。关于线段划分的第二种情况、第二个线段的第二特征序列等概念的详细定义，详见后文，此处只需要记住线段特征序列包含关系处理方向确定的一般规则，以及该规则有例外情况即可。

再次，需要注意的是，在进行线段特征序列元素包含关系的标准化处理时，一旦确定包含关系处理方向，在本次包含关系处理时就不再变更包含关系处理方向，这和 K 线包含关系处理时由当前两根 K 线的方向确定下一根 K 线包含关系处理方向是不一样的。

最后，在明确了必须是同一特征序列里的元素才能进行包含关系处理，而且明确了包含关系处理方向和包含关系处理规则之后，我们就有了线段特征序列包含关系处理的大框架。但与任何两根 K 线之间没有从属关系不同，线段的特征序列元素是从属于线段的，故而线段特征序列包含关系处理还是有一些特殊的地方。至于有哪些特殊的地方，具体请参考后续章节中关于第一特征序列元素、第二特征序列元素包含关系处理的相关内容，在此不展开。

经过非包含关系处理的特征序列，成为标准特征序列。后文中若没有特别说明，所称的特征序列都是指标准特征序列。

5. 线段特征序列分型

在进行特征序列的标准化处理后，把得到的线段的标准特征序列，如向上线段中的 X_1、X_2、X_3...X_n 特征序列，或向下线段中的 S_1、S_2、S_3...S_n 特征序列中的每一元素 X_i 或 S_i，看成是一根根 K 线，参照一般 K 线图关于顶分型与底分型的定义，同样可以定义特征序列的顶分型和底分型。

在实际判断中，我们会假定某一笔的结束点就是线段的转折点，即该点前后线段的方向不同，具体有下面几种情况。这几种情况的区分标准是前一线段是否被笔破坏、是否被假定转折点后的第一笔破坏。关于线段笔破坏的定义，请参考本小节前面的"线段的笔破坏"小节内容。简单起见，此处以向上笔开始的向上线段为例子进行说明，对于以向下笔开始的向下线段，处理方式是相同的。

第一种情况，在前一个线段还没有被笔破坏时，说明假定转折点后走势转折力度小，我们认为假定转折点后面的元素和假定转折点之前的元素在同一特征序列中，因此，可以进行线段特征序列元素包含关系处理。包含关系处理后的标准特征序列，在假定转折点的位置存在构成特征序顶分型或特征序列底分型的可能。这里描述的情况如图 1.4-11 所示。

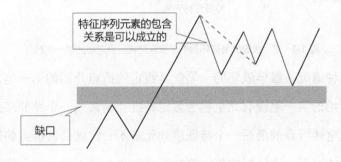

图 1.4-11　线段没有被笔破坏

第二种情况，当前一线段被笔破坏，且最早破坏的一笔不是转折点开始的第一笔。在这种情况下，假定转折点前的最后一个特征序列元素与假定转折点后的第一个特征序列元素之间肯定有缺口，即这两者肯定不存在包含关系，而且后者与最早破坏那笔通常不存在包含关系，否则该缺口就不可能被封闭，破坏那笔也就不可能破坏前一线段的走势。这里的逻辑关系很明确，线段要被笔破坏，那么其最后一个特征序列的缺口必须被封闭，否则就不存在被笔破坏的情况。这种情况下，包含关系处理后的标准特征序列，在假定转折点的位置存在构成特征序顶分型或特征序列底分型的可能。这里描述的情况如图 1.4-12 所示。

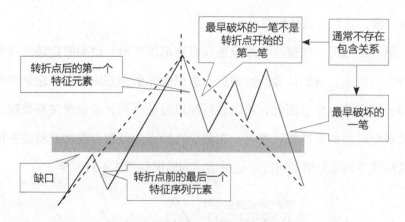

图 1.4-12 线段被笔破坏但不是被假定转折点之后的第一笔破坏

第三种情况，最早破坏的一笔就是假定转折点开始的第一笔，但假定转折点开始的第一笔没有完全包含假定转折点前最后一个特征序列元素，注意，假定转折点前最后一个特征序列元素不一定就是转折点前倒数第二笔。这种情况下，这转折的第一笔在严格意义上并不属于前一线段的特征序列，也不属于后一线段的特征序列，而是属于待定状态，因为一旦该笔延伸出三笔以上并形成新的线段，再谈论前一线段特征序列的包含关系就没意义了。这时，对假定转折点前后两个特征序列元素而言，不应再被认为是同一特征序列的元素，因此是不能进行包含关系处理的。但假定转折点后的特征序列元素，肯定是同一性质的东西：①若是原线段的延续，那么就同在原线段的特征序列中；②若是新线段，那么就同在新线段的非特征序列中。总归都是同一类性质的东西，即假定转折点后的第1、3、5、7……笔之间，是可以应用包含关系的。换句话说，在最早破坏的一笔就是转折点开始的第一笔时，要以转折点为分界线，把前一线段特征序列分成前后两部分，分别进行包含关系处理，然后再合并起来。合并起来之后，假定转折点前后两个特征序列元素的包含关系存在两种情况：①假定转折前的特征序列元素包含假定转折点后的特征序列元素，这时可以仿照后文第四种情况中介绍的方法定义特殊的特征序列顶分型或底分型；②假定转折点前后两个特征序列元素没有包含关系，此时在假定转折点的位置存在

构成特征序列顶分型或特征序列底分型的可能，这里描述的情况如图 1.4-13
所示。

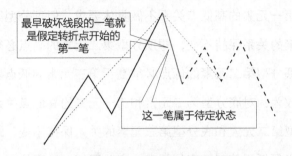

最早破坏线段的一笔就是假定转折点开始的第一笔

这一笔属于待定状态

图 1.4-13 线段被假定转折点后的第一笔破坏

但需要说明的是，因为最早破坏线段的一笔就是假定转折点开始的
第一笔，说明对原线段转折的力度比较大，我们在进行线段特征序列后半
部分的包含关系处理时，始终要牢记这个转折的力度，不能因为线段特
征序列后半部分进行包含关系处理后，在假定转折点，又重新出现了特征
序列缺口，而忽略了这个转折的力度。在后面的章节，有这个情况的具体
例子。

第四种情况，就是最早破坏线段的一笔就是假定转折点开始的第一
笔，而且假定转折点开始的第一笔完全包含假定转折点前最后一个特征序
列元素，注意，假定转折点前最后一个特征序列元素不一定就是转折点前
倒数第二笔。此时，和第三种情况下一样，要以转折点为分界线，把前一
线段特征序列分成前后两部分，分别进行包含关系处理。但在这里，因为
假定转折点后的第一个特征序列元素完全包含假定转折点前最后一个特征
序列元素，说明对原线段转折的力度特别大，那当然不能用包含关系破坏
这种力度的呈现。我们在进行线段特征序列后半部分的包含关系处理时，
始终要牢记这个转折的力度，不能因为线段特征序列后半部分进行包含关
系处理后，在假定转折点，又重新出现了特征序列缺口，而忽略了这个转
折的力度。故而，对这种情况下的特征序列分型，为了满足假定转折点前

后元素不能进行包含关系处理和保证力度的呈现这两个条件，需要对标准的顶底分型定义做出一定的修改。对顶分型的认定标准修改为：对顶分型第二元素和第一元素的高低点关系不做具体要求，但顶分型第二元素和顶分型第三元素的关系保持不变，即顶分型第二元素的高点必须高于第三元素的高点，顶分型第二元素的低点必须高于第三元素的低点。对底分型的认定标准修改为：对底分型第二元素和第一元素的高低点关系不做具体要求，但底分型第二元素和底分型第三元素的关系保持不变，即底分型第二元素的低点必须低于第三元素的低点，底分型第二元素的高点必须低于第三元素的高点。即在上述两个条件的约束下，我们定义了特殊的特征序列分型，其特殊之处是只考察第二元素和第三元素是否满足分型定义中对第二元素和第三元素的要求。这里描述的情况如图 1.4-14 所示。

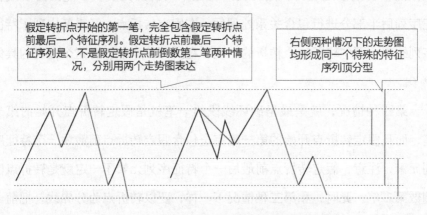

图1.4-14　存在包含关系的特殊特征序列顶分型

上面对几种特征序列分型情况的说明，其实也回答和解释了"为什么可以定义特征序列的分型？"这一问题，并为应用特征序列分型进行线段划分指明了具体做法。

考察线段特征序列和特征序列的顶底分型，是线段划分步骤中必不可少的步骤，在这里，我们只是先给出线段特征序列分型的定义、特征序列分型的四种情况和图例，具体应用特征序列和特征序列顶底分型进行线段划分的过程和方法见后文。一般而言，以向上笔开始的线段，只考察特征序列的顶分型，以向下笔开始的线段，只考察特征序列的底分型。

6. 线段描述的图例

图 1.4-15 所示的是一个向上的线段，可以由笔序列 $S_1X_1S_2X_2S_3X_3S_nX_n$ 进行描述，其中 $X_1X_2X_3X_n$ 是这个向上线段的特征序列，在 X_1 和 X_2 之间、X_2 和 X_3 之间均有缺口，这两个缺口均是这个向上线段的特征序列缺口。注意，在这个向上的线段中，X_3 和 X_n 之间没有缺口，也没有特征序列的顶分型。

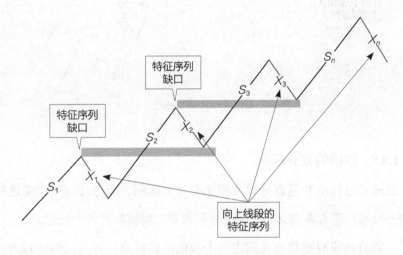

图 1.4-15　向上线段

图 1.4-16 所示的是一个向下的线段，可以由笔序列 $X_1S_1X_2S_2X_3S_3X_nS_n$ 进行描述，其中 $S_1S_2S_3S_n$ 是这个向下线段的特征序列，在 S_1 和 S_2 之间、S_2 和 S_3 之间均有缺口，这两个缺口均是这个向下线段的特征序列缺口。注意，在这个向下的线段中，S_3 和 S_n 之间没有缺口，也没有特征序列底分型。

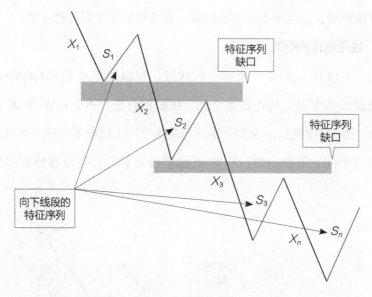

图1.4-16　向下线段

1.4.8　线段的划分标准

线段划分标准和笔划分标准相比有重大区别，为方便理解和描述线段的划分标准，笔者再定义第一特征序列和第二特征序列两个概念。

在划分线段时通常会先假定一个线段的转折点，并且说假定转折点前的线段是第一个线段，假定转折点后的线段是第二个线段，第一个线段的特征序列被称为第一特征序列，第二个线段的特征序列被称为第二特征序列。一般而言，假定转折点之前的线段可以简称为原线段，假定转折点之后的线段可以简称为新线段，因此第一特征序列就是原线段的特征序列，第二特征序列就是新线段的特征序列。

基于线段的定义、线段的基本形态、线段的笔破坏、线段特征序列、特征序列标准化、特征序列缺口、特征序列顶底分型、第一特征序列、第二特征序列等概念和定义，结合特征序列顶底分型四种情况的详细描述，显然在原线段的标准特征序列中，对由线段假定转折点前后相邻的三个特征序列元素构成的特征序列分型，根据特征序列分型第一元素和第二元素间是否存在特征序列缺口，可以有且只有如下两种情况。有鉴于此，笔者在此把"线段破坏的充要条件就是被另一个线段破坏"具体化，并给出这两种情况下线段划分的具体标准。

第一种情况，第一特征序列分型第一元素和第二元素间不存在特征序列缺口。

具体来说，在向上线段的特征序列顶分型中，顶分型的第一元素和第二元素间不存在特征序列缺口，向上线段在特征序列顶分型的高点处结束，该高点就是向上线段的终点；在向下线段的特征序列底分型中，底分型的第一元素和第二元素间不存在特征序列的缺口，向下线段在特征序列底分型的低点处结束，该低点就是向下线段的终点。线段划分的第一种情况，分别如图 1.4-17 和图 1.4-18 所示。

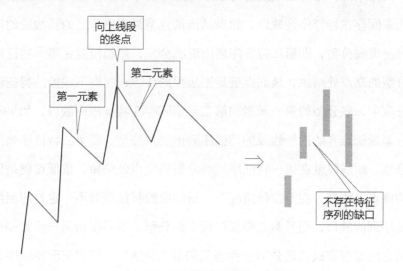

图 1.4-17　向上线段划分的第一种情况

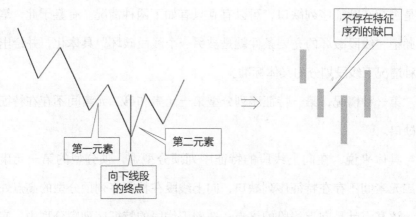

图1.4-18 向下线段划分的第一种情况

第二种情况，第一特征序列分型第一元素和第二元素间存在特征序列缺口。

具体来说，在向上线段的特征序列顶分型中，顶分型的第一元素和第二元素间存在特征序列缺口，如果从该顶分型最高点开始的新线段的特征序列出现底分型，即第二特征序列出现底分型，原线段就在第一特征序列顶分型的高点处结束，该高点就是原线段的终点；在向下线段的特征序列底分型中，底分型的第一元素和第二元素间存在特征序列缺口，如果从该底分型最低点开始的新线段的特征序列出现顶分型，即第二特征序列出现顶分型，原线段就在第一特征序列底分型的低点处结束，该低点就是原线段的终点。注意，在第二种情况下，新线段的特征序列不一定封闭原线段特征序列的缺口，而且第二特征序列中的分型，不再根据第一元素和第二元素之间是否有缺口区分第一种情况和第二种情况，只要出现特征序列顶分型或特征序列底分型，就可以确定原线段在第一特征序列分型的顶或底所在的位置结束。线段划分的第二种情况，分别如图1.4-19和图1.4-20所示。

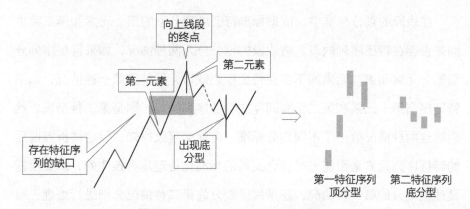

图 1.4-19　向上线段划分的第二种情况

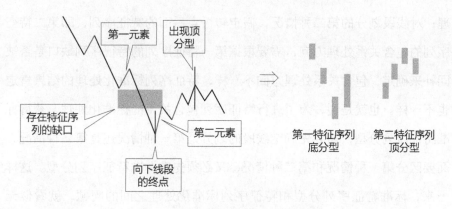

图 1.4-20　向下线段划分的第二种情况

上面两种情况，给出了具体的线段划分标准。需要注意的是，原线段出现特征序列的分型，只是线段结束的前提条件，而不是最终条件。

1.4.9　线段划分的步骤和算法

显然，根据线段的划分标准，线段的划分是在本节前面介绍的各种概念和定义的基础上，通过考察线段特征序列分型来实现的。一般而言，以向上笔开始的向上线段，只考察特征序列的顶分型，以向下笔开始的向下线段，只考察特征序列的底分型。因为线段是由笔组成的，后续描述的线段划分步骤和算法，假定已经正确划分了笔。为了降低学习的难度，这里将用简单直白的语言来描述。

在线段的划分标准中，依据标准特征序列分型的第一元素和第二元素间是否存在特征序列缺口，将线段的划分分为两种情况，如果特征序列分型第一元素和第二元素间不存在特征序列缺口，那就是第一种情况，如果特征序列第一元素和第二元素间存在特征序列缺口，则是第二种情况，然后对这两种情况给出了不同划分标准。由前文可以得知，假定转折点前后的特征序列元素是否能进行包含关系的标准化处理是有条件的，即要根据是线段划分的第一种情况，还是线段划分的第二种情况分别进行处理：对线段划分的第一种情况，假定转折点前后的特征序列不能进行包含关系处理；对线段划分的第二种情况，假定转折点后面的特征序列，即第二特征序列的包含关系处理方向，需要根据第一特征序列的特征序列缺口是否被回补来确定，包含关系处理方向不一样，特征序列标准化处理的结果肯定也不一样。也就是说，为了进行特征序列包含关系的标准化处理，获得标准特征序列分型，需要先确定线段的划分是第一种情况还是第二种情况，而要区分第一种情况和第二种情况，又必须先有标准特征序列分型。这样一来，标准特征序列分型和特征序列标准化处理之间的问题，就看似无解了。

为了解决这个问题，我们还得对"为什么可以定义特征序列的分型呢？"这个问题进行讨论和回答。通过对这个问题的讨论和回答，即对特征序列分型的四种情况进行仔细分析，我们可以发现，特征序列分型的四种情况是用线段的笔破坏作为区分条件的，如果假定转折点后的第一笔没有破坏原线段，无论在该假定转折点最终是否能形成特征序列分型，都必然有特征序列缺口，即此时必然是线段划分的第二种情况，换句话说，只要假定转折点后的第一笔没有破坏原线段，则必然是线段划分的第二种情况；如果假定转折点后的第一笔破坏了原线段，那么假定转折点前后的特征序列元素的性质可能不同，但假定转折点前的特征序列元素的性质都相同，假定转折点后的那些元素也具有相同的性质，均可以进行包含关系和标准化处理，即原线段的特征序列，以假定转折点为分界线分为左右两个序列，左边的特征序列元素可以进行包含关系的标准化处理，右边的那些元素也可以进行包含关系的标准化处理。在假定转折点左右两边都进行标准化处理后，再把左右两边放在一起，来看假定转折点处是否有特征序列缺口、是否有标准的顶底分型和特殊形态的顶底分型。

基于上述分析，我们就有了解决标准特征序列分型和特征序列标准化处理之间的问题的突破口，那就是假定转折点后的第一笔。特征序列的分型中，第一元素就是该假定转折点前线段的最后一个特征元素，第二个元素最初可以认为就是从这转折点开始的第一笔，显然，这两者之间是同方向的，因此，如果这两者之间有缺口，那么就必然是第二种情况，如果没有缺口，就可能是第一种情况，然后就分左右两侧分别进行特征序列包含关系的标准化处理，再合在一起，看是否形成标准特征序列分型并根据标准特征序列分型的定义来考察就可以了。

在做完这些分析后，就可得出线段划分的步骤。为了方便理解，这里重点描述线段划分的大步骤，对每一大步骤里面更具体的步骤，在后续的章节进行详细的讲解。针对要划分线段的 K 线图，假定已经正确地划分好了笔，从方便线段划分操作的角度出发，线段划分的完整步骤如下。

第一步，选择待划分的线段，即选择原线段。如果是第一次进行这一步，也就是说，还没有划分过线段，则针对要划分线段的 K 线图，找一个明显的高点或低点，使得该高低点开始的连续 3 笔有重叠区间，以便满足线段定义的要求，然后将该高点或低点开始的 3 笔，作为待划分的原线段；最好的情况是，该线段之后，还明显形成了一个反向线段，以便能确认原线段，当然，选择的原线段后面，没有明显的反向线段也没有关系，但前 3 笔一定要有重叠区间，当不存在有重叠区间的 3 笔，则暂时不能划分线段。如果不是第一次进行这一步，即进行过一次或多次线段划分，已经确定了一个或多个线段，就要从已经划分好的线段中，选择最后一个线段的结束点之后第 1 笔开始的连续 3 笔，组成待划分的原线段。注意这 3 笔，必然满足线段的基本定义，即必然有重叠的部分，如果没有重叠部分，则说明前面的线段划分有错误，因为前面的线段，必然是被后面这个线段确认后才结束的。一般而言，实际划分线段时，可以从 K 线图中近期的最高点或最低点开始，没有必要从上市第一天开始划分，当然，从上市的第一天开始划分也是可以的。

第二步，确定第一特征序列并将其分为左右两部分。首先确定假定转折点，针对待划分的原线段，如果是第一次进行这一步，则假定这个线段第 3 笔的结束点是转折点，否则根据第七步确定的假定转折点，一般是第 5、7、9、11……这样奇数笔的结束点，即将待划分线段的第 $2n+1$ 笔的结束点作为假定转折点，注意 n 大于等于 1。其次确定原线段的特征序列，即确定第一特征序列。然后以假定转折点为分界线，将第一特征序列分为左右两部分，注意，要将假定转折点后的第一笔放入特征序列的右半部分。

第三步，确定第一特征序列顶分型或底分型的第一元素。对第一特征序列的左半部分特征序列元素，进行包含关系的标准化处理，形成标准特征序列，并将这左半边标准特征序列的最后一个元素，作为第一特征序列顶分型或底分型的第一元素。具体处理步骤，请参考后续章节的描述。

第四步，确定第一特征序列顶分型或底分型的第二元素。将假定转折点后的第一笔，暂时作为第一特征序列顶分型或底分型的第二元素。由此，我们就得到了假定转折点潜在的特征序列顶分型或底分型的第一元素和第二元素，第一元素可以理解为特征序列顶分型或底分型的第一根 K 线，第二元素可以理解为特征序列顶分型或底分型的第二根 K 线。如果假定转折点后没有反向的一笔，那自然也就没有第一特征序列顶分型或底分型的第二元素，整个线段划分步骤就此终止。此时，原线段延续到假定转折点。

第五步，区分线段划分的第一种情况和第二种情况。如果第一特征序列顶分型或底分型的第二元素和第一元素之间有缺口，那就是线段划分的第二种情况，转到第六步 B 按线段划分的第二种情况进行处理；如果第一特征序列顶分型或底分型的第二元素和第一元素之间没有缺口，那就暂时认为是线段划分的第一种情况，转到第六步 A 按线段划分的第一种情况进行处理。注意，对第一特征序列，以向上笔开始的向上线段，只考察特征序列的顶分型，以向下笔开始的向下线段，只考察特征序列的底分型。

第六步 A，处理线段划分的第一种情况。对第一特征序列右半部分元素，按原线段的包含方向，进行包含关系的标准化处理；然后将处理后的左右两部分特征序列合并在一起，形成完整的、标准的第一特征序列。对包含关系处理后的第一特征序列，如果没有形成特征序列顶分型或底分型，则说明原线段延续，此时转到第七步继续进行线段划分处理；如果假定转折点处形成了特征序列顶分型或底分型且有特征序列缺口，则转到第六步 B 进行处理；如果假定转折点处形成了特征序列顶分型或底分型但没有特征序列缺口，则原线段在假定转折点结束，此时转到第七步继续进行线段划分处理。更具体的处理步骤，请参考后续章节的描述。

第六步 B，处理线段划分的第二种情况。确定假定转折点后新线段的特征序列，即确定第二特征序列，并对该特征序列进行包含关系的标准化处理。然后考察标准化处理后的第二特征序列是否形成特征序列顶分型或底分型，如果形成特征序列顶分型或底分型，则第一个线段在假定转折点结束；如果没有形成特征序列顶分型或底分型，则原线段延续。无论原线段是在假定转折点结束还是延续，均转到第七步继续进行线段划分处理。注意，对第二特征序列分型，如果原线段是以向上笔开始的向上线段，此时第二特征序列所在线段就是向下线段，第二特征序列只考察底分型；如果原线段是以向下笔开始的向下线段，此时第二特征序列所在线段就是向上线段，第二特征序列只考察顶分型。更具体的处理步骤，请参考后续章节的描述。

第七步，继续进行线段划分处理。在经过第六步 A 和第六步 B，即在经过第一种情况和第二种情况的处理后，要么原线段已经在假定转折点结束，要么原线段还在延续。如果原线段已经结束，则转到第一步继续处理，直到所有的线段都划分完毕。如果原线段还在延续，则将假定转折点向前推进两笔，然后转到第二步继续处理，直到所有的笔都处理完成。所谓的向前推进两笔，是假定随着时间流逝，线段又多了两笔，然后看线段是否在这个新的转折点结束。

上面这个完整的线段划分步骤，虽然已经尽力精简，如没有对特征序列包含关系的标准化处理等具体内容，但为保证线段划分步骤的完整性、精确性，描述依然略显复杂和麻烦。不过，上述完整的线段划分步骤，有利于帮助我们理解线段的划分过程和关键点。当我们理解了划分线段的完整过程和关键点，我们可以通过简化、调整、合并相关步骤，形成更加简洁的线段划分步骤，以帮助我们记忆和交流。

简洁的线段划分步骤如下。首先，选择待划分的第一个线段，并确定线段的第一特征序列和假定转折点。其次，以假定转折点为分界线，将第一特征序列分为左右两部分，并按第一个线段确定的包含方向，对左右两部分特征序列进行包含关系的标准化处理，然后将包含关系处理后的左右两部分特征序列合并在一起，形成完整的标准特征序列。然后，根据假定转折点前后两个标准特征序列元素之间是否有缺口，区分线段划分是属于第一种情况还是第二种情况。最后，如果是第一种情况且形成特征序列分型，则线段在假定转折点结束，如果是第一种情况且没有形成特征序列分型，则线段延续；如果是第二种情况，则形成并对第二特征序列进行包含关系的标准化处理，考察第二特征序列是否形成特征序列分型，如果有第二特征序列分型，则第一个线段在假定转折点结束，否则第一个线段延续。

无论是看起来比较复杂的描述，还是看起来比较简洁的描述，本质上都是一样的，都是线段划分标准的细化，它们对线段划分的结果都是一样的。很多人认为第二种情况很复杂，其实从上面的描述可知，第一种情况才是真复杂，因为第一种情况可能转化为第二种情况，但学习完本节剩下的内容，会进一步发现第一种情况的复杂之处不仅限于此。

根据线段划分标准、线段划分步骤等的描述，线段划分中，最重要的就是考察标准特征序列分型，为方便描述，我们将标准化处理后的第一特征序列分型记为 Y，该分型的三个元素分别记为 Y_1、Y_2、Y_3；将标准化处理后的第二特征序列分型记为 E，该分型的三个元素分别记为 E_1、E_2、E_3。所谓特征序列缺口，就是 Y_2 和 Y_1 之间存在缺口，如果 Y_2 和 Y_1 之间存在缺口，就是线段划分的第二种情况，否则就是线段划分的第一种情况。对第一种情况，只要 Y 的三个元素 Y_1、Y_2、Y_3 形成分型，那原线段就结束；对第二种情况，只要 E 的三个元素 E_1、E_2、E_3 形成标准的分型，那原线段也结束。

显然，和 K 线图可以唯一地划分为笔的连接一样，根据上述线段划分标准、划分步骤和算法，任何 K 线图都可以唯一地划分为一个个线段的连接。

1.4.10　第一特征序列元素包含关系处理

在前文，笔者明确指出，考察标准化处理后的第一特征序列分型 Y 是线段划分的关键步骤之一，该分型 Y 有三个元素 Y_1、Y_2 和 Y_3，如果 Y_2 和 Y_1 之间存在缺口，就是线段划分的第二种情况，否则就是线段划分的第一种情况。进一步分析，Y_1 就是假定转折点左边特征序列的最后一个元素，Y_2 就是假定转折点右边特征序列的第一个元素。为了得到标准化处理后的第一特征序列分型 Y 及其三个元素 Y_1、Y_2 和 Y_3，我们必须对第一特征序列进行标准化处理。

根据前文可知，待划分的原线段的特征序列，即第一特征序列，在第一种情况下，假定转折点左右两侧的特征序列元素不能直接进行包含关系处理，但可以分别进行特征序列元素包含关系的标准化处理，然后再把标准化处理后的左右两个特征序列合并在一起，形成一个完整的标准化处理后的特征序列；在第二种情况下，假定转折点左右两侧的特征序列元素可以进行包含关系处理，这时假定转折点必然存在特征序列缺口，自然也可先分为左右两个特征序列，再分别进行特征序列元素包含关系的标准化处理，然后再把标准化处理后的左右两个特征序列合并在一起，形成一个完整的标准化处理后的特征序列。为方便描述，我们称假定转折点左边的特征序列为左特征序列，称假定转折点右边的特征序列为右特征序列。

简单起见，以向上笔开始的向上线段为例子讲解划分的标准，对于以向下笔开始的向下线段，处理方式是相同的。对一个以向上笔开始的向上线段，可以用笔的序列 $S_1X_1S_2X_2S_3X_3...S_iX_iS_{i+1}X_{i+1}S_{i+2}X_{i+2}...S_nX_n$ 来表示，其中 $X_1X_2X_3...X_iX_{i+1}X_{i+2}...X_n$ 是向上线段的特征序列，我们假定向上笔 S_{i+1} 的结束点是线段的转折点，那么线段的特征序列可以分为左右两部分，左半部分是 $X_1X_2X_3...X_i$，右半部分是 $X_{i+1}X_{i+2}X_{i+3}...X_n$，并将标准化处理后的左右特征序列分别记为 $BX_1BX_2...BX_i$、$BX_{i+1}BX_{i+2}...BX_n$。第一特征序列元素包含关系处理步骤和算法，具体描述如下。

首先，我们先进行假定转折点左边的特征序列包含关系处理，即对左特征序列 $X_1X_2X_3...X_i$ 进行包含关系的标准化处理，以便得到标准化处理后的特征序列 $BX_1BX_2...BX_i$。根据特征序列分型相关章节的描述可知，所谓特征序列缺口的实质，或者说区分第一种情况和第二种情况的标准，就是假定转折点后的第一个标准特征序列元素 BX_{i+1} 有没有对线段进行笔破坏，如果有笔破坏，就是第一种情况，否则就是第二种情况。从这个实质出发，根据线段笔破坏的定义，对向上线段，我们只需找到向上线段假定转折点，即 S_{i+1} 笔结束点之前、高点最高的向下笔 X_g（g 小于等于 i），如果

BX_{i+1} 的低点低于或等于向下笔 X_g 的高点，那就是 BX_{i+1} 笔破坏了原线段，否则 BX_{i+1} 笔就没有破坏原线段，由此可以区分第一种情况和第二种情况。换言之，对左特征序列是否进行标准化处理并不重要，重要的是获得左特征序列的最高点或最低点，这可支持我们判断线段划分的第一种情况和第二种情况。注意对向上线段是获取左特征序列的最高点，对向下线段是获取左特征序列的最低点。如果出于某种需要，一定要对左特征序列进行包含关系的标准化处理，这里也给出一个具体的算法供大家使用。还是以向上线段对左特征序列 $X_1X_2X_3...X_i$ 进行包含关系的标准化处理为例，具体算法是：如果 X_1 和 X_2 有包含关系，则按高高规则进行标准化处理，即取 X_1 和 X_2 两者高点中更高的那个高点作为 BX_1 的高点，取 X_1 和 X_2 两者低点中更高的那个低点作为 BX_1 的低点，由此形成标准特征序列元素 BX_1；如果 X_1 和 X_2 没有包含关系，但 X_1 的高点高于 X_2 的高点，则依然按高高规则进行标准化处理，即取 X_1 的高点作为 BX_1 的高点，取 X_1 和 X_2 两者低点中更高的那个低点作为 BX_1 的低点，由此形成标准特征序列元素 BX_1；除这两种情况之外，一定是 X_2 的高点高于 X_1 的高点且两者没有包含关系，此时，X_1 就是 BX_1，X_2 就是 BX_2。用这一步得到的最后一个标准特征序列元素 BX_1 或 BX_2，继续和 X_3 进行包含关系的标准化处理，如此循环往复，直到最后一个特征序列元素处理完毕，如此便可得到假定转折点左边的标准特征序列 $BX_1BX_2...BX_i$。

对向上线段的第一特征序列假定转折点左侧特征序列元素，上面这个处理步骤和算法，就是左特征序列元素包含关系处理的步骤和算法，读者完全可以仿照这里的描述，给出向下线段左特征序列元素包含关系处理的步骤和算法，甚至更进一步，只要抓住特征序列缺口这个实质，自行设计"标准特征序列分型缺口"的步骤和算法。笔者在这里给出的算法，能正确地处理左特征序列内的各种特征序列包含关系，包括但不限于图 1.4-21 至图 1.4-24 所示的特殊情况，各图中"原点 O"表示该点之前没有走势或者之前已经确认为线段。

　　具体来说，图 1.4-21 中假定转折点前最后一个特征序列元素不是 X_2，但可以认为是 X_1，或者是 X_1 高点到 X_2 低点组成的区间；图 1.4-22 在假定转折点处形成一个特殊的特征序列顶分型，其特殊性在于顶分型第一元素的高点高于第二元素的高点；图 1.4-23 中假定转折点前最后一个特征序列元素不是 S_2，但可以认为是 S_1，或者是 S_1 低点到 S_2 高点组成的区间；图 1.4-24 在假定转折点处形成一个特殊的特征序列底分型，其特殊性在于底分型第一元素的低点低于第二元素的低点。

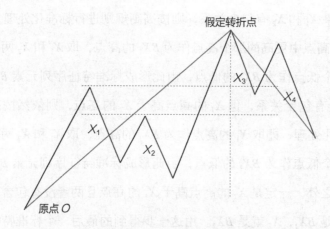

图 1.4-21　向上线段特征序列顶分型中特殊的第一元素

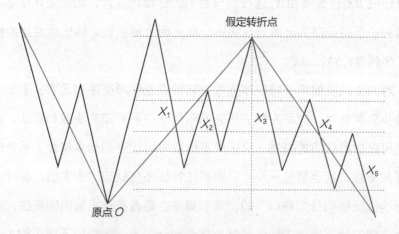

图 1.4-22　向上线段的特殊特征序列顶分型

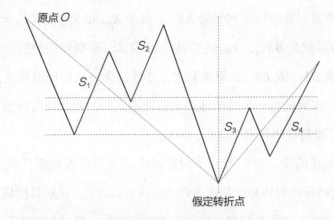

图1.4-23　向下线段特征序列底分型中特殊的第一元素

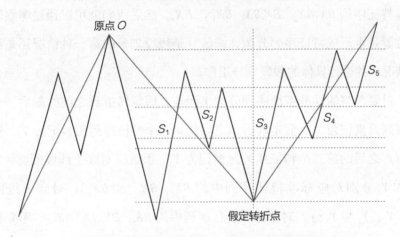

图1.4-24　向下线段的特殊特征序列底分型

　　其次，我们再进行假定转折点右边的特征序列包含关系处理，即对右特征序列 $X_{i+1}X_{i+2}…X_n$ 进行包含关系的标准化处理。右特征序列元素包含关系处理，没有特别的地方，在包含方向全程不变的情况下，仿照 K 线包含关系的标准化处理算法，逐步对前后两个特征序列元素进行处理即可，也可以参考本书中与第二特征序列元素包含关系处理相关的章节，用严格的包含关系处理算法进行处理。为方便阅读，我们这里再以向上线段为例，描述处理过程，具体步骤和算法是：如果 X_{i+1} 和 X_{i+2} 有包含关系，则按高高规则进行标准化处理，即取 X_{i+1} 和 X_{i+2} 两者高点中更高的那个高点作为 BX_{i+1} 的高点，取 X_{i+1} 和 X_{i+2} 两者低点中更高的那个低点作为 BX_{i+1} 的低点，由此形成标准特征序列元素 BX_{i+1}；如果 X_{i+1} 和 X_{i+2} 没有包含关系，那么此时，X_{i+1} 就是 BX_{i+1}，X_{i+2} 就是 BX_{i+2}。用这一步得到的最后一个标准特征序列元素 BX_{i+1} 或 BX_{i+2}，继续和 X_{i+3} 进行包含关系的标准化处理，如此循环往复，直到最后一个特征序列元素处理完毕，如此便可得到假定转折点右边的标准特征序列 $BX_{i+1}BX_{i+2}...BX_n$。

经过上述两步，我们得到了假定转折点左边标准特征序列 $BX_1BX_2...$ BX_i 和假定转折点右边标准特征序列 $BX_{i+1}BX_{i+2}...BX_n$，最后只要将这左右两部分标准特征序列合并起来，就可以得到完整的、经过包含关系处理后的标准特征序列 $BX_1BX_2...BX_iBX_{i+1}BX_{i+2}...BX_n$。然后我们就可以通过考察转折点位置是否形成特征序列分型，来区分是线段划分的第一种情况还是第二种情况，并进行具体的线段划分工作。

对要考察的标准特征序列分型 Y 而言，假定转折点之前的最后一个特征序列元素记为 Y_1，假定转折点之后的第一个特征序列元素记为 Y_2，假定转折点之后的第二个特征序列元素记为 Y_3。那么，对向上线段而言，Y_1、Y_2 和 Y_3 分别对应标准特征序列中的 BX_i、BX_{i+1} 和 BX_{i+2}；对向下线段而言，Y_1、Y_2 和 Y_3 分别对应标准特征序列中的 BS_i、BS_{i+1} 和 BS_{i+2}。考察特征序列分型，就是重点考察 Y_1 和 Y_2 之间、Y_2 和 Y_3 之间的关系。因为 Y_1 和 Y_2 两者之间没有进行过包含关系处理，那么这两者之间可能有图 1.4-25 所示的 7 种包含关系和图 1.4-26 所示的 6 种非包含关系，即 Y_1 和 Y_2 之间共有 13 种关系。因为 Y_2 和 Y_3 之间进行过包含关系处理，那么 Y_2 和 Y_3 之间只有图 1.4-26 所示的 6 种非包含关系。

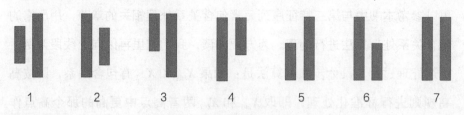

图1.4-25　7种包含关系

图 1.4-26　6 种非包含关系

显然，图 1.4-25 所示的 7 种情况下，两个元素有包含关系且两个元素之间没有缺口；图 1.4-26 中 8、9、10、11 这 4 种情况下，两个元素没有包含关系，是向上或向下的关系，且两个元素之间没有缺口；图 1.4-26 中 12 和 13 两种情况下，两个元素是向下或向上的关系，但两者间有缺口。因为 Y_1 和 Y_3 之间隔了个 Y_2，Y_1 和 Y_2 没有进行过包含关系处理，故 Y_1 和 Y_3 之间也没有进行过包含关系处理，即 Y_1 和 Y_3 两者之间可能有图 1.4-25 和图 1.4-26 所示的全部 13 种关系，对 Y_1 和 Y_3 之间的关系也可以加以利用。

1.4.11　线段划分的两种情况

根据前面的分析可知，待划分线段的第一特征序列标准化处理后，对要考察的标准特征序列分型 Y 的三个元素 Y_1、Y_2 和 Y_3 而言，因为 Y_1 和 Y_2 两者之间没有进行过包含关系处理，Y_1 和 Y_2 之间有 13 种关系，如图 1.4-27 所示。

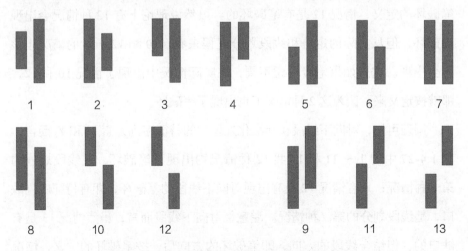

图 1.4-27　两根未包含处理 K 线的 13 种关系

　　显然，其中 1 ~ 7 的 7 种情况下，两个元素有包含关系且两个元素之间没有缺口；8、9、10、11 的 4 种情况下，两个元素没有包含关系，是向上或向下的关系，但两个元素之间也没有缺口；12 和 13 的 2 种情况下，两个元素则有缺口。

　　所谓特征序列缺口的实质，或者说区分第一种情况和第二种情况的标准，就是假定转折点后的第一个标准特征序列元素 Y_2 有没有对线段进行笔破坏，如果有笔破坏，就是第一种情况，否则就是第二种情况。结合第一特征序列元素包含关系处理步骤和算法可知，Y_1 的高点就代表了向上线段假定转折点之前的最高点，根据笔破坏的定义，只要 Y_2 的低点触及 Y_1 的高点，就出现了标准特征序列元素 Y_2 对原线段的笔破坏，就是线段划分的第一种情况，否则就是第二种情况。由此分析可知，对向上线段和标准化处理后的特征序列元素 Y_1 和 Y_2 而言，图 1.4-27 中的 1 ~ 12 的 12 种情况，第二个元素的低点均低于或等于第一个元素的高点，也就是说均出现了笔破坏，均没有特征序列缺口，都是线段划分的第一种情况；只有情况 13，第二个元素的低点高于第一个元素的高点，没有出现对向上线段的笔破坏，即有特征序列缺口，是线段划分的第二种情况。注意，对向上线段而言，虽然情况 12 是有缺口的，但结合线段的方向，即笔破坏的方向后，按笔破坏的定义，情况 12 是有笔破坏的。虽然说理论上有 12 种情况会出现笔破坏，但从实际的走势和线段划分过程来看，10 和 12 所示的情况应该不会出现。这里如果笔者考虑不周，在实际情况中出现了情况 10 和 12，那就按定义来，认为这 2 种情况下也出现了笔破坏。

　　同理可知，对向下线段和标准化处理后的特征序列元素 Y_1 和 Y_2 而言，图 1.4-27 中的 1 ~ 11 和 13 共 12 种情况均出现了笔破坏，是线段划分的第一种情况；只有情况 12 没有出现对向下线段的笔破坏，即有特征序列缺口，是线段划分的第二种情况。注意，对向下线段而言，虽然情况 13 是有缺口的，但结合线段的方向，即笔破坏的方向后，按笔破坏的定义，情况

13 是有笔破坏的。虽然说理论上有 12 种情况会出现笔破坏，但从实际的走势和线段划分过程来看，11 和 13 所示的情况应该不会出现。这里如果笔者考虑不周，在实际情况中出现了情况 11 和 13，那就按定义来，认为这 2 种情况下也出现了笔破坏。

至此，我们完整而全面地完成了线段划分过程中区分第一种情况和第二种情况的工作，接下来，我们将进行第一种情况、第二种情况下线段划分具体步骤和算法的介绍。

1.4.12　第一种情况下的线段划分步骤和算法

根据前面章节中的线段分解定理可知，线段终结的充要条件，就是形成新的反方向的线段。对向上线段而言，所谓反方向的线段，就是向下线段。通过分析第一特征序列包含关系标准化处理的步骤可知，一旦假定转折点后的特征序列元素，出现了后一个特征序列元素（向下笔）的高点和低点分别低于前一个特征序列元素（向下笔）的高点和低点，那自然就形成一个完全满足线段定义且有一定力度的向下线段，标准特征序列分型的右半部分，即 Y_2 和 Y_3 的关系，就是用来反映这种情况的。结合本段和前面的分析，可以说，标准特征序列分型的左半部分，即 Y_1 和 Y_2 的关系主要是用来判断假定转折点后是否出现了有力度的笔破坏，标准特征序列分型的右半部分，即 Y_2 和 Y_3 的关系，主要用来判断是否形成了反方向的线段。如果既出现了有力度的笔破坏（即线段划分的第一种情况），又形成了反方向的线段，那么根据线段分解定理，就可以判断原线段在假定转折点结束了。

简单起见，以向上笔开始的向上线段为例子说明划分的标准，对于向下笔开始的向下线段，处理方式是相同的。对向上笔开始的线段 $S_1X_1S_2X_2S_3X_3...S_iX_iS_{i+1}X_{i+1}S_{i+2}X_{i+2}...S_nX_n$，假定向上笔 S_{i+1} 的结束点是线段的转折点，前面的章节中，我们已经对线段的第一特征序列进行标准化处理，得到了标准特征序列 $BX_1BX_2...BX_iBX_{i+1}BX_{i+2}...BX_n$，其中标准特征序列元素 BX_i、BX_{i+1} 和 BX_{i+2} 就是要考察的标准特征序列分型的三个元素 Y_1、Y_2 和 Y_3；并且通过 BX_i 和 BX_{i+1} 的比较，确定标准化处理后的特征序列笔 BX_{i+1} 破坏了线段，完成了标准特征序列分型 Y 前半部分，即对 Y_1 和 Y_2 关系的考察，得出了是线段划分第一种情况的结论（即出现了有力度的笔破坏）。那么接下来，就是考察标准特征序列分型 Y 的后半部分，即考察 Y_2 和 Y_3 的关系，在向上线段中，就是考察 BX_{i+1} 和 BX_{i+2} 的关系。因为 BX_{i+1}、BX_{i+2} 两者，即 Y_2 和 Y_3，已经进行过包含关系处理，那么这两个元素之间，只有如图 1.4-28 所示的 6 种关系。

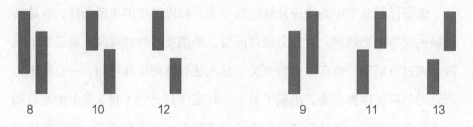

图1.4-28　6种非包含关系

显然，其中的 9、11、13 是向上关系，在它们前面增加 Y_1，无论 Y_1 和 Y_2 是什么样的关系，都不可能形成顶分型，故当 Y_2 和 Y_3 出现向上关系时，不可能形成顶分型（只有形成底分型的可能），即不可能形成反向向下的线段。更进一步，此时向上线段没有结束，而是延伸到了 Y_3 前面向上笔的结束点。

显然，其中的 8、10、12 是向下关系，根据本小节开头的分析，此时必然形成了反向向下的线段，即此时便可以认为原向上的线段在假定转折点处结束。此时如果把 Y_1 和 Y_2、Y_3 放一起，我们会说在假定转折点形成了标准特征序列顶分型（含特殊形态的顶分型），从而原线段在假定转折点结束。

1.4.13　第二特征序列元素包含关系处理

在线段划分时，为什么要区分第一种情况和第二种情况呢？或者说，为什么不能全部按第一种情况处理呢？为什么要有第二种情况的存在呢？第二种情况能用来解决什么问题呢？这是因为行情很复杂，假定转折点后的第一笔完全可以不出现笔破坏，甚至反向运行很多笔，比如反向运行 99笔之后都不出现假定转折点之前线段的笔破坏，同时又不突破假定转折点的价位，即行情一直在窄幅震荡，而且震荡很久。虽然我们还没有介绍过"级别"这个概念，但为了描述方便，而且上述描述应该能让人感觉到"级别"在变大，我们还是先用一下级别这个概念，这里所说的级别，就是通常意义上的级别，如 1 分钟 K 线、5 分钟 K 线、30 分钟 K 线、日 K线、周 K 线，这里的 K 线级别就在变大。为了解决这个问题（反向运行很多笔……震荡很久），但又不希望在线段的层次上出现低级别转高级别这样不确定的复杂情况（笔者注：低级别转高级别的概念在后续"小转大"小节介绍），故在线段划分时设计了第二种情况，来解决行情一直在窄幅震荡导致低级别转高级别这个问题，从而做到在线段的层次上，不需要低级别转高级别这个复杂的概念。换言之，当有了特征序列和特征序列分型之后，我们能用第一种情况和第二种情况对线段进行精确划分，不会出现低级别转高级别这样的情况，即便出现了这种情况，也可以用线段划分的第二种情况解决。

回顾前面关于线段特征序列分型的内容，我们可以知道，当假定转折点后第一笔对原线段 A 的破坏力度大时，导致特征序列分型没有缺口，会出现线段划分的第一种情况，当假定转折点后第一笔对原线段 A 的破坏力度小，在特征序列分型上留下缺口时，出现线段划分的第二种情况。也就是说，线段划分的第二种情况，本质上是反方向线段的力度较小，或者说反方向线段 B 一开始的力度比较小，让我们无法确定原线段 A 是否真的在假定转折点结束。根据线段分解定理，我们可以知道，线段终结的充要条件，就是形成新的反方向的线段。如果我们有办法确定线段 B 已经结束了，那么我们就能认为线段 A 也结束了。为了确认线段 B 是否结束，根据线段分解定理，当且仅当线段 B 之后出现了线段 C，那么线段 B 就确定了，从而线段 A 也确定了。在这里，我们可以再次应用线段分解办法和步骤，即用特征序列缺口和特征序列分型等概念确认线段 B 是否结束。具体做法就是考察线段 B，也就是第二个线段的标准特征序列，看第二特征序列是否形成标准特征序列分型，一旦形成标准特征序列分型，那么就说明线段 B 确定了，从而线段 A 也确定了。在再次应用特征序列缺口和特征序列分型来确定线段 B 是否结束时，我们需要从理论和实践上解决以下几个问题。

第一个问题，对于第二种情况的第二特征序列的分型判断，是否存在第一种情况中的假定转折点两边不能进行包含关系处理的要求？答案是能进行包含关系处理，且必须严格进行包含关系的处理。因为在第一种情况中，如果分界点两边出现特征序列的包含关系，那证明对原线段转折的力度特别大，那当然不能用包含关系破坏这种力度的呈现。而在第二种情况中的第二特征序列元素，其方向和原线段一致，包含关系的出现，就意味着原线段的能量充足，而第二种情况，本来就意味着对原线段转折的能量不足，这样一来，当然就必须按照包含关系来处理。看看图 1.4-29 和图 1.4-30，就很容易理解了。图中原线段均向上，均是第二种情况，第二个线段（在没确定是否成立前可以暂时这么称呼）向下，S_1、S_2 和 S_3 是第二特征序列元素，显然第二特征序列元素也向上，假定转折点 2 左右的两个特征序列元素有包含关系，即 S_1 和 S_2 有包含关系，两者必须进行包含关系处理，以便反映原线段的力度。

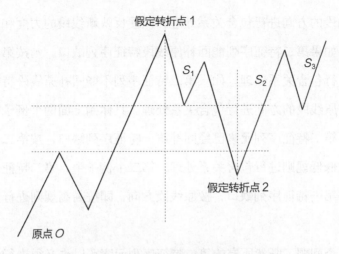

图 1.4-29　特征序列缺口被封闭的第二种情况

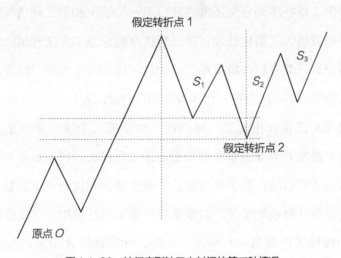

图 1.4-30　特征序列缺口未封闭的第二种情况

第二个问题，既然所有的第二特征序列元素可以也必须进行包含关系处理，那么包含关系处理的方向怎么确定呢？我们还是从力度这个角度出发来考虑，如果第二特征序列一直不能回补原线段的特征序列缺口，那说明反向的第二个线段的力度很弱，那么此时第二特征序列应该反映原线段的力度，即按原线段的方向进行包含关系处理。如果第二特征序列可以回补原线段的特征序列缺口，那说明反向的第二个线段的力度足够大，既然此时是处理第二特征序列，那么第二特征序列可以按其所在的线段，即第二个线段的方向进行包含关系处理，以便反映新线段的力度和方向。简单来说，如果第二特征序列能回补原线段特征序列缺口，则按第二个线段的方向进行包含关系处理；如果第二特征序列不能回补原线段特征序列缺口，则按原线段的方向进行包含关系处理。具体到上面两个例子，第一个例子中，第二特征序列元素已经回补第一特征序列缺口，按第二个线段方向，即按低低规则进行包含关系处理；第二个例子中，第二特征序列元素没有回补第一特征序列缺口，按原线段方向，即按高高规则进行包含关系处理。

第三个问题，既然所有的第二特征序列元素可以也必须进行包含关系处理，那第二特征序列分型还需要区分第一种情况和第二种情况吗？先给出答案，那就是为了简化处理，第二特征序列分型不再区分第一种情况和第二种情况，只要有标准特征序列分型就可以。为什么第二特征序列分型可以简化处理，不再区分第一种情况和第二种情况呢？

假定在原线段 A 出现第二种情况，如果第二个线段 B 也是第二种情况，第三个线段 C 到无穷多个线段都是第二种情况，那么最终一定会收敛到一个点上（笔者注：数学中极限这个概念能证明这一点）。显然，真实行情不会出现这种极端情况，也就是说在真实的行情中，一定会在某个线段，比如线段 X 出现第一种情况。此时，如果线段 X 出现特征序列顶分型或底分型，根据线段划分标准，就会依次往前确定之前的线段，并且最终确定线段 A。因此，简化处理是可接受的（笔者注：在数学上也是完美的），即第二特征序列不再区分第一种情况和第二种情况，只要有标准特征序列分型就可以确定原线段。这里描述的情况，具体如图 1.4-31 所示。

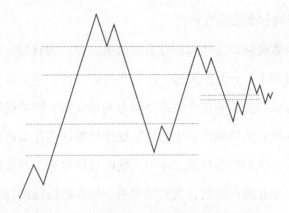

图 1.4-31　第二种情况持续下去会收敛到一个点上

经过上面的分析，我们知道，对第二种情况的第二特征序列，不再需要区分第一种情况和第二种情况，而是要严格地进行包含关系处理，包含关系处理的方向由第二特征序列能否回补第一特征序列缺口来决定。由此可得第二特征序列包含关系处理步骤，具体描述如下。

第一步，根据第二特征序列是否回补原线段的特征序列缺口，确定第二特征序列包含关系的处理方向。如果第二特征序列不能回补原线段的特征序列缺口，包含关系处理的方向是原线段的方向；如果第二特征序列能回补原线段的特征序列缺口，包含关系处理的方向则和原线段方向相反。

第二步，为简单起见，假定上一步确定的包含方向向上。用第一个特征序列元素 T_1 和第二个特征序列元素 T_2 进行比较，如果 T_1 和 T_2 有包含关系，则将 T_1 和 T_2 合并为一个新的特征元素 X，X 的高点是 T_1 和 T_2 高点中更高的那个高点，X 的低点是 T_1 和 T_2 低点中更高的那个低点，保留 X；如果 T_1 和 T_2 没有包含关系，那么同时保留 T_1 和 T_2，同时认为 T_2 就是 X。接下来，用 X 和 T_3 进行比较和处理。重复上述比较和处理过程，直到所有的特征序列元素都处理完为止。对包含方向是向下的情况，处理步骤也类似，这里不再描述。

第三步，对第二步得到的新特征序列，按第二步的逻辑重新进行处理，如此重复，直到不产生新特征序列为止，即直至任何连续的两个特征序列元素都没有包含关系为止。

可能有读者会问,为什么要有上述的第三步,而且要一直重复呢?在第二步处理过程中,一旦出现过一次包含关系,我们可以得到一个新的特征序列,因为第二步中的包含关系处理方向是在第一步中确定的,从来没改变过,所以我们无法确保这个新的特征序列的任何连续的两个元素之间没有包含关系,我们需要对第二步得到的新特征序列,再次用第二步的逻辑进行处理,如此循环往复,直到任何两个相邻的特征序列元素不出现包含关系为止。用一个案例进行说明,如图 1.4-32 所示。

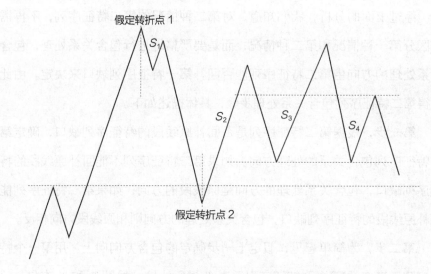

图1.4-32　第二特征序列经过一轮包含关系处理后依然有包含关系

图 1.4-32 中,原线段向上,是线段划分的第二种情况,第二特征序列回补了第一特征序列缺口,故包含关系处理方向向下。S_1、S_2、S_3 和 S_4 是第二特征序列元素,S_2 和 S_3 没有包含关系,S_3 和 S_4 有包含关系,当 S_3 和 S_4 按低低规则进行包含关系处理之后,得到新特征序列元素 N,N 的范围和 S_4 一样,显然此时 S_2 和新元素 N 有包含关系,故需要再次对 S_1、S_2、N 这一序列进行包含关系处理。

经过上述完整步骤的处理后,第二特征序列任何相邻的两个元素之间都不会有包含关系,只剩下向上关系或向下关系,就像纯粹的 K 线标准化处理后的结果，此时，任何三个连续特征元素之间，也只有如下四种形态，分别是上升关系、下降关系、顶分型、底分型，如图 1.4-33 所示。

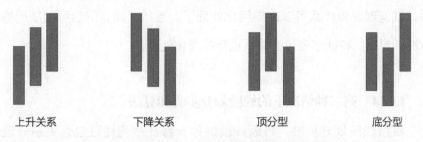

上升关系　　　　　下降关系　　　　　顶分型　　　　　底分型

图 1.4-33　任何三个连续特征元素之间的关系

在阅读完第二特征序列包含关系处理的步骤和算法后，有的读者可能发现了，第一特征序列包含关系处理虽然分了左右两部分进行，但无论是左特征序列还是右特征序列的处理，都没有第三步，即没有对经过一轮包含关系处理的新特征序列，再进行一次甚至多次的包含关系处理。这是为什么呢？这是因为，虽然目的都是寻找特征序列的顶底分型，但从包含关系处理的具体操作而言，进行第一特征序列包含关系处理时，是有假定转折点的，我们只需要关心该假定转折点是否形成分型，而不关心其他位置是否形成分型，故而只需要对左右特征序列进行一遍包含关系处理；而在进行第二特征序列包含关系处理时，我们对第二个线段没有假定转折点，即我们不知道第二特征序列顶底分型出现的具体位置，与此同时，又要避免任何相邻的两个特征元素有包含关系，故而我们需要一遍又一遍地对第二特征序列进行包含关系处理，直到第二特征序列任何相邻的两个元素间没有包含关系。有的读者可能又要问了，第二特征序列包含关系标准化处理能简化一点吗？答案是可以简化，那就是在进行第一遍包含关系处理时，一旦出现我们想要的特征序列顶分型或底分型，就可以停止处理。这样的简化处理，在某种特殊的情况下其处理结果可能会有一点争议，具体参考与线段划分争议点相关的章节。考虑到特殊情况出现得比较少，这点不同也就没有多大关系了，而且可以让第二特征序列包含关系处理变得简单一点。其实读者在阅读完本书后面的章节，了解到线段的本质以后，特别是理解缠论的中枢、级别、走势类型等概念，以及理解了走势的生长以后，就能理解为什么可以这样简化处理了。当然，读者依然可以按严格的标准，对第二特征序列包含关系进行标准化处理。

1.4.14 第二种情况下的线段划分步骤和算法

根据线段划分标准，当原线段的第一特征序列经过包含关系处理之后，如果原线段的标准特征序列在假定转折点处形成了特征序列分型，并且特征序列分型第一和第二元素之间存在特征序列缺口，那么就是线段划分的第二种情况。此时，只要按 1.4.13 小节介绍的第二特征序列元素包含关系处理步骤、算法，完成第二特征序列元素包含关系处理，我们就能很容易地确定，原线段是否在假定转折点处结束。具体的判断标准是：如果原线段向上，那么只要标准化处理后的第二特征序列出现底分型，原线段就在假定转折点处结束；如果原线段向下，那么只要标准化处理后的第二特征序列出现顶分型，原线段就在假定转折点处结束。

1.4.15 线段划分标准再分辨

在图 1.4-34 中，0—3 是原线段，3 是假定转折点，3—4 破坏了原线段。根据线段定义，显然 3—12 构成一个线段，12 低于 4 说明线段 3—12 的力度够大，此时根据线段分解定理，可以进一步确定原线段 0—3 在 3 处结束，新线段是 3—12。

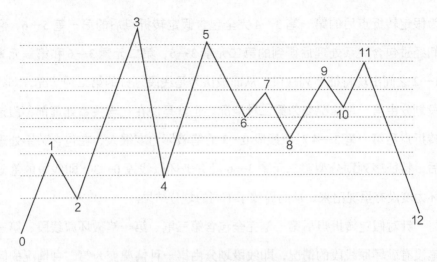

图1.4-34 第一种情况转第二种情况

由前文可知，线段划分算法的核心是考察标准特征序列分型，根据是否有特征序列缺口分两种情况进行线段划分。下面我们用该算法，对图1.4-34所示的走势进行线段划分。因为假定转折点后第一笔3—4破坏了原线段0—3，故首先按第一种情况进行第一特征序列处理，假定转折点左侧只有一个特征元素1—2，不需要进行包含关系处理；假定转折点右侧特征序列为3—4、5—6、7—8、9—10、11—12，包含关系处理后得到的序列为3—6、7—8、11—10；将左右两个特征序列合并，得到标准的第一特征序列1—2、3—6、7—8、11—10。其次，考察第一特征序列分型并区分第一种情况和第二种情况，显然在假定转折点3处，标准特征序列元素1—2、3—6、7—8构成顶分型，且第一特征元素1—2和第二特征元素3—6之间有缺口，即标准特征序列顶分型第一元素和第二元素之间有缺口，按线段划分标准是第二种情况。然后，考察4—5、6—7、8—9、10—11构成第二特征序列，因为第二特征序列回补了第一特征序列缺口，故包含关系向下，其中4—5、6—7有包含关系，处理后合并成4—7，此时4—7、8—9、10—11这三个标准特征序列元素没有构成底分型，即按第二种情况处理时我们无法得出原线段在3结束的结论，也就是说原线段0—3还在延续。这显然与根据线段分解定理得到的结果不同，这是为什么呢？这是因为假定转折点后的第一笔 3—4 完全包含假定转折点后的第三笔 5—6，它们经过包含关系处理后得到的第二元素 3—6，第二元素 3—6 和第一元素 1—2 之间出现特征序列缺口，从而被认为是线段划分的第二种情况，即线段划分由第一种情况变为第二种情况。也就是说在包含关系处理前，假定转折点后第一笔 3—4 对原线段 0—3 的笔破坏力度很大，在包含关系处理后，特征序列顶分型第二元素 3—6 没有破坏原线段 0—3，即线段的笔破坏力度没有呈现出来，从而导致了不同的划分结果。

针对假定转折点后第一笔完全包含第三笔、第一笔破坏原线段、第三笔没有破坏原线段的情况，即线段划分由第一种情况变为第二种情况的问题，有两种处理办法。

第一种办法，看是先突破第一笔的结束位置，还是先突破第一笔的开始位置。如果先突破第一笔的结束位置，那么原线段结束，新线段成立，具体情况如图 1.4-35 所示；如果先突破第一笔的开始位置，也就是说原线段只被一笔破坏，接着就在原线段的方向上创新高或新低，这个时候原线段延续，新线段没有出现，具体情况如图 1.4-36 所示。按这种办法，图 1.4-34 所示的走势会被划分为 0—3 和 3—12 这 2 个线段。这个划分把 4—11 之间的波动忽略掉了，对分析和交易而言，4—11 之间这种波动可能是有价值的。

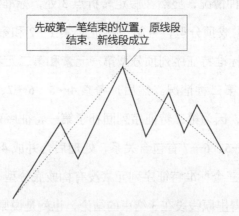

图 1.4-35　先破第一笔结束的位置

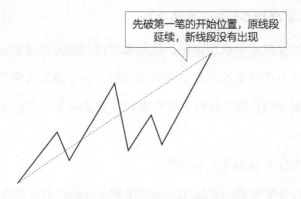

先破第一笔的开始位置，原线段
延续，新线段没有出现

图 1.4-36 先破第一开始的位置

第二种办法，直接把假定转折点开始的第一笔作为第一特征序列分型中的第二个元素，和假定转折点前线段的最后一个特征元素进行比较，如果没有缺口就是第一种情况，有缺口就是第二种情况。也就是说，我们可以简化前面介绍的线段划分步骤，即去掉第一种情况转为第二种情况的处理步骤。注意，第一特征序列分型中的第一个元素，不能简单使用假定转折点前的倒数第二笔来代替，而是一定要按前面介绍的方法，对假定转折点左边的特征序列进行包含关系标准化处理，然后用包含关系处理后的最后一个特征元素，作为第一特征序列分型的第一个元素。按这种办法，图 1.4-34 所示的走势可以划分为 0—3、3—8、8—11 共 3 个线段。笔者推荐使用第二种方法，因为第二种办法可以更好地呈现波动和保留信息。

1.4.16 第一种情况和第二种情况的本质区别

从前面的描述中，我们可以知道，在线段划分的第一种情况下，假定转折点后第一笔对原线段的破坏力度大，走势简单直接；在线段划分的第二种情况下，假定转折点后第一笔对原线段的破坏力度小，需要以时间换空间。综上所述，线段划分第一种情况和第二种情况的本质区别：笔对线段破坏力度大小不同。

1.4.17 正确划分线段的先决条件

在缠中说禅技术分析理论中，线段和线段的划分很重要，它们是构造缠中说禅技术分析理论的砖瓦，必须掌握好。为了帮助大家正确地划分线段，这里简要地列出划分线段的先决条件，其实也是从原始 K 线开始划分线段的步骤。

第一，进行 K 线包含关系处理。

第二，在每根 K 线只能使用一次的限制下，识别出所有的顶底分型。

第三，按笔定义和笔划分算法，正确划分出笔。

第四，记住并理解线段定义、线段分解定理，掌握线段划分标准。

第五，假定或重新假定一个转折点，识别出第一特征序列元素。

第六，对假定转折点左边的第一特征序列元素进行包含关系处理。

第七，对假定转折点右边的第一特征序列元素进行包含关系处理。

第八，获取第一特征序列分型的三个元素，识别出特征序列分型。

第九，根据特征序列分型的第一、第二元素是否有缺口，区分线段划分的两种情况，并对线段划分标准再分辨小节中讨论的情况进行相应处理。

第十，如果是第一种情况，则按第一种情况的步骤和标准划分线段。

第十一，如果是第二种情况，则按第二种情况的步骤和标准划分线段。

第十二，转到第五，重新假定一个转折点。如此重复，直到所有的笔都处理完成，整个线段划分过程结束。

当我们完成上述步骤，而且每一步都做对了之后，我们就正确地完成了线段的划分，就有了构造缠中说禅技术分析理论的砖瓦。砖瓦的质量，在某种意义上，也在一定的程度上决定了缠论的有效性。上述步骤虽然看起来多，而且看似很复杂，但好在都是机械性步骤，笔者开发的缠论指标和软件工具，就完全可以代替读者完成上面那些大量枯燥且重复的机械性动作，让读者腾出时间，更好地提升自己和享受生活。

在此多说几句，解释一下线段定义、线段分解定理、用特征序列分型划分线段这三者的关系。线段由笔构成，且最开始三笔一定有重叠，这是线段的定义，划分线段时，一定要满足线段的定义。线段被线段破坏，这是线段分解定理，是线段划分的指导。应用特征序列分型等概念，遵循一定的步骤和要求划分线段，是对线段分解定理的细化和精确化，在具体划分过程中，又同时结合了传统意义上走势中的高低点关系。总体来说，线段定义、线段分解定理、用特征序列分型划分线段这三者的关系是一步一步递进的，或者说，后者比前者更精确，后者比前者更有利于操作和判断。定义是基础，定理是标准，特征序列是划分线段的精确化操作。所以在划分线段时，首先要满足基础；其次是按标准执行，如果都按标准执行，那么至少不会错，但是对走势分析就有可能不够精确，因为没有考虑到高低点形态和力度等方面的内容；最后是按特征序列分型严格划分线段，如果都按特征序列分型严格划分线段，那么线段既体现了走势的高低点关系，又体现了走势的力度，再加上线段具有的向上或向下的方向，此时，线段就比较完美地描述了一段走势。

1.4.18 笔和线段的本质含义

从前面的描述可知，正常情况下，笔最少有 5 根 K 线，笔的开始点和结束点都是顶底分型，而且一个是顶分型一个是底分型，从底分型开始到顶分型结束的笔是向上笔，从顶分型开始到底分型结束的笔是向下笔，由此可以大致认为，笔是一段有明确方向而且持续了一段时间的走势。当我们学习完本书后面的内容后，可以知道，笔这个概念，在缠论中，是一种过渡性质的概念，其存在的目的主要是构建线段。

而线段，是由笔构成的，即笔是构建线段的基础材料。每个线段最少有 3 笔，而且最开始的 3 笔一定有部分区间是重叠的。由向上笔开始的线段，一定到向上笔结束，被称为向上线段；由向下笔开始的线段，一定到向下笔结束，被称为向下线段。也就是说，线段是有明确方向、比笔持续时间更久且级别更大的一段走势。在缠论中，线段是缠中说禅走势类型的初始级别的次级别走势，是构建缠中说禅走势中枢、走势类型的基础，也是定义走势级别的基础。

简单来说，笔和线段都是一段有明确方向的走势，是走势及走势方向的图形化显现。

1.4.19　线段划分的结果

前文介绍了线段的划分方法，即用特征序列缺口分为两种情况，再用特征序列分型去具体划分线段，任何 K 线图都可以唯一地划分为一个个线段的连接，正如 K 线图可以唯一地划分为笔的连接一样。

1.4.20　古怪线段

出于心理惯性，人们会觉得走势都是一波比一波高，或者一波比一波低，是很简单的，一旦某个走势不是这样，就会认为有古怪。线段作为一个有明确方向的走势，一旦出现了起止点不是最高点和最低点的情况，如图 1.4-37 和图 1.4-38 所示，线段 B 就是古怪线段。

出现古怪线段的原因有且只有一个，那就是出现第一种情况的笔破坏，但后续走势未能突破这破坏一笔的结束点，下面分两个场景进行讨论。

第一个场景，破坏原线段的一笔反向突破了原线段的起始点，但在形成特征序列分型之前，又顺着原线段方向创新高或创新低，当线段最终确认后，线段的开始点就不是线段的最高点或最低点，形成古怪线段。具体来说，如果线段向上，线段的开始点就不是线段的最低点；如果线段向下，线段的开始点就不是线段的最高点，图 1.4-37 所示的线段 B（线段

3—8）就是这种情况，向下线段 B 的最高点出现在位置 7，而不是出现在线段起始位置 3。

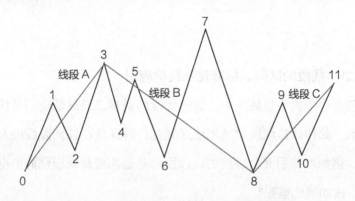

图 1.4-37　向下但最高点不在起始点上的古怪线段

第二个场景，笔破坏之后形成了特征序列分型，即形成了新的线段，但新线段的结束点没能突破原线段破坏一笔的结束点，即新线段的结束点没能到达和突破新线段第一笔的结束点，当新线段也确认后，该新线段的结束点就不是线段的最高点或最低点，形成古怪线段。具体来说，如果线段向上，线段的结束点就不是线段的最高点；如果线段向下，线段的结束点就不是线段的最低点，图 1.4-38 所示的线段 B（线段 3-8）就是这种情况，向下线段 B 的最低点出现在位置 4，而不是出现在线段结束位置 8。

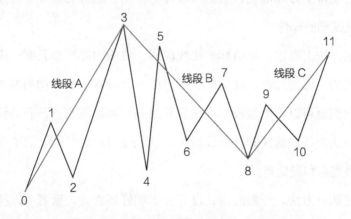

图 1.4-38　向下但最低点不在结束点上的古怪线段

注意，上述两个场景中的例子，都有线段 B 先确认线段 A 这个前提。

一般而言，在所谓的主升浪或主跌浪中，古怪线段出现的频率较低，但在中枢震荡行情和所谓的冲顶赶底行情中，古怪线段出现的频率比较高。

1.4.21　线段的区间、标准化及简单应用

在前面介绍的古怪线段中，显然线段的最高点或最低点不是线段的端点，那么，如何计算线段的范围或区间呢？特别是在任何以线段为基础的分析中，例如本书后面会讲到的以线段为基础构成最低级别的中枢、走势类型等，该如何处理呢？

在以线段为基础的分析中，都把线段当成一个没有内部结构的基本部件，所以，只需要关心线段的实际区间就可以了，这样就可以只看其高低点，可以把古怪线段标准化为最高点和最低点都在端点的正常线段。也就是说，经过标准化处理后，所有向上线段都从最低点开始到最高点结束，向下线段都从最高点开始到最低点结束，线段的区间就是线段最高点到最低点的区间，也就是开始点到结束点的区间。这样一来，将所有线段连接在一起，就形成一条延续不断、首尾相连的折线，哪怕十分复杂的K线图，也会变得十分标准化，这就为后面的中枢、走势类型等分析提供了非常标准且基础的部件。

注意，按上面这种思路标准化线段后，线段内部可能只有一笔，这是没有问题的，因为此时，我们把线段当成一个没有内部结构的基本部件。当然，我们也可以不把线段标准化到其最高点和最低点上，而是让其维持原状，并认为线段的区间就是线段起点到线段终点的区间，而不考虑线段实际的最高点和最低点。

上述两种方法，一般而言，没有优劣和好坏之分，读者可以按自己的喜好进行选择。只是在实际的分析和操作中，一旦选定一种方法，就应该一直使用这种方法，除非对缠论有非常深入的理解。

1.4.22　线段划分争议点及相关选择

如图 1.4-39 和图 1.4-40 所示，这两个图的关键区别是在于 9 是否跌破 7，图 1.4-39 中的 9 跌破 7 从而确认 7—8 和 9—10 在任何场景下都没有包含关系，图 1.4-40 中的 9 没跌破 7 从而让 7—8 和 9—10 在特定场景下可能产生包含关系。

首先假定在位置 0 之前没有其他走势，即假定位置 0 就是走势的起点，显然 0—1、1—2、2—3 这 3 笔就是待划的第一个线段的最初 3 笔，3 是假定转折点，3—4 出现笔破坏且是线段划分的第一种情况，假定转折点右侧的第一特征序列元素有 3—4、5—6、7—8 等，其中 3—4 和 5—6 包含关系处理后形成特性序列分型的第二元素 3—6，因为 1—2、3—6 和 7—8 构成特征序列底分型，因此原线段 0—3 在位置 3 结束，新线段是从 3 开始的向上线段。这里的分析对图 1.4-39 和 1.4-40 都适用。

进一步，对图 1.4-39，同样可以通过考察特征序列分型，最终划分为 0—3、3—8 和 8—11 共 3 个线段，这个划分结果没有争议。对图 1.4-40，缠论原著说因为 7—8 包含了 9—10，可以认为从 3 开始的线段延续到位置 10，而 10 后面只有 1 笔，还无法构成线段，所以图 1.4-40 只能划分为 2 个线段，并补充说如果 9 跌破 7 而 10 的位置不变，就可以划分为 3 个线段。对这个说法和划分结果，争议很大。

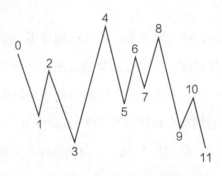

图 1.4-39　划分为三个线段

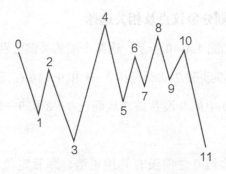

图1.4-40　划分为两个线段

有很多缠友，试着从各个方面去解释和理解图1.4-40的划分结果和本意，包括有笔误等，但没有任何一个观点能得到绝大多数缠友的认可。

在此，笔者先试着给出一种解释，虽然笔者既不确信也不寄望该解释能获得多数缠友的认可，但作为一种尝试，总是可以提出来的。然后，笔者再给出自己的看法。

笔者理解，争论的原因在于大家不知道"因为7—8包含了9—10，可以认为从3开始的线段延续到位置10"是站在哪个角度说的。

如果是在确认了0—3线段后，再假定8是转折点，那假定转折点左右的特征序列是不能进行包含关系处理的，特征序列元素也不是7—8和9—10，而应该是4—7、8—9和10—11，此时完全可以通过考察特征序列分型把图1.4-40也划分为三个线段，从最终结果来说，这显然不是缠论原著的本意。

下面是笔者观点，供大家参考。如果在划分第一个线段，对右侧特征序列进行包含关系处理时，把假定转折点3右边的所有特征序列元素3—4、5—6、7—8、9—10，完全按最严格的特征序列包含关系处理算法进行处理，则图1.4-39的标准右特征序列是3—6、7—8、9—10共三个元素，图1.4-40的标准右特征序列是3—6、7—10共两个元素。基于这个信息，对图1.4-39而言，不但能确认原线段在3结束，还能确定第二个线段延伸到8，且在8形成了顶分型，即可以确认第二个线段在8也结束了。但

图 1.4-40 标准右特征序列元素只有两个，只能确认原线段在 3 结束，第二个线段延伸到 10，没有顶分型让第二个线段结束。笔者认为，缠论原著可能是用这个最严格的算法来进行线段划分的，故而说"后面的 10—11，只有一笔，因此必须再看两笔才知道是否满足第一种类型后继续延伸出特征序列分型的基本线段破坏要求，所以该图属于未完成的图"。可能读者会说，9—10 又不是第二线段即 3—8 这个线段的特征序列元素，怎么能作为第二个线段在 8 处形成顶分型进而线段结束的依据呢？在平面几何或立体几何中，辅助线不属于几何图，但可以添加辅助线去解决问题。同理，特征序列顶底分型的第二元素和第三元素可能不属于原线段，但对划分线段有帮助，因此可以用来辅助划分线段。关于最严格的特征序列包含关系处理算法，具体请参考第二特征序列包含关系处理相关章节的说明。

其实，正如笔者所说，在实际的线段划分中，无论是对第二特征序列元素，还是对第一特征序列右半部分的元素，在进行包含关系处理时，没有必要完全采用最严格的算法进行包含关系处理，只需采用简化后的算法和步骤。也就是说，在真实的股票分析和交易实践中，图 1.4-39 和图 1.4-40 全部划分为三个线段，是没有问题的，特别是在读者理解了线段的本质、中枢、级别、走势类型等概念，以及理解了走势的生长以后，更不会纠结到底要划分为三个线段，还是划分为两个线段且第二个线段还在延续的问题了。问题的关键在于，一旦做出取舍，就要一直按选择的标准执行，以及确保前面每一个线段，都是由后面的线段确认的。也就是说，由于图形不断延续，除非是新股上市后最开始的一段，否则任何一段都是破坏前一段的，如果划分不能保证前面每一段都被后一段破坏，那么这划分肯定不对。线段的破坏是可以逆时间传递的，也就是说，被后线段破坏的线段，一定破坏前线段，如果违反这个原则，那线段的划分一定有问题。

至此，线段及线段划分相关的主要问题，都已经介绍完毕，后续章节将介绍缠论核心的概念，如走势中枢、走势类型和走势级别等。

1.4.23　线段划分示例

上证指数月线走势图线段划分，行情数据涵盖自上交所成立至2022年5月6日的数据，淡灰色的是笔，黑色的实线是已经确认的线段，其中第三个线段是古怪线段，黑色虚线是正在生长还未完成的线段，具体如图1.4-41所示。

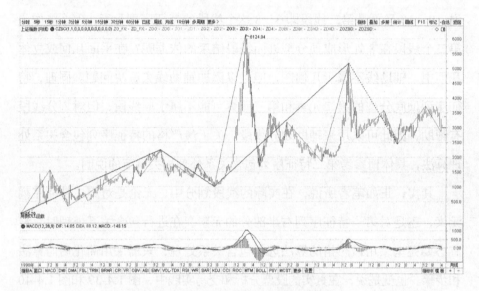

图1.4-41　上证指数月K线线段划分

1.5　初识走势中枢、走势类型、走势级别

前文完整地介绍了K线标准化处理、分型、笔、线段。在了解了这些概念之后，我们就有了构建缠中说禅技术分析理论的基本素材：线段。从本节开始的各个例子中，如果没有特别说明，任何两个端点之间的连线，都是线段。

缠中说禅技术分析理论，简称缠论，简单米说就是以走势中枢为中心，以走势类型和走势级别为基本点的理论。从本节开始，我们就着重介绍走势中枢、走势类型、走势级别这三个概念，这三个概念以及与其相关的原理、定理，是缠中说禅技术分析理论的核心。为了避免一开始讲这些核心概念的时候，就引入比较专业的递归算法，或者说为了让绝大多数人都能非常容易且顺利理解这三个概念，笔者先按缠中说禅技术分析实践中的常规做法来定义走势中枢、走势类型和走势级别这三个概念，等大家有了一定的理解之后，再引入递归定义，完成对这三个概念及相关原理、定理的介绍。

1.5.1　走势的定义

在行情软件中，打开一个股票或指数的 K 线图，看到的就是走势，走势是客观的。市场走势，常有三种情况：上涨、下跌、盘整。

那么，何谓上涨、下跌、盘整呢？下面给出一个定义，这也是传统技术分析理论，如道氏理论、艾略特波浪理论应用高低点规则形成的上涨、下跌、盘整的定义。

上涨：最近一个高点比前一高点高，且最近一个低点比前一低点高。

下跌：最近一个高点比前一高点低，且最近一个低点比前一低点低。

盘整：最近一个高点比前一高点高，且最近一个低点比前一低点低；或者最近一个高点比前一高点低，且最近一个低点比前一低点高。

上涨、下跌、盘整如图 1.5-1 所示。

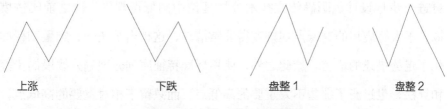

上涨　　　　　　下跌　　　　　盘整 1　　　　　盘整 2

图 1.5-1　上涨、下跌、盘整图例

上述传统技术分析理论中关于走势的定义，虽然不是我们研究的重点，但作为被普遍使用的概念，我们还是必须了解的，这将有助于我们了解缠中说禅技术分析理论和传统技术分析理论之间的异同。有一点，大家必须明白，所有上涨、下跌、盘整都建立在一定的周期图表上。离开时间周期，单说上涨或下跌是不准确的，因为长时间周期上的盘整，在短时间周期上可能就是几个上涨和下跌的组合，例如在日 K 线上的盘整，在 30 分钟 K 线上可能就是上涨或下跌，因此，说走势，一定要说是哪个时间周期的走势。注意，这是传统技术分析理论关于走势的定义，不涉及分型、笔、线段等概念，完全就是 K 线的组合，除了价格的高低这个定量的数字外，没有任何其他定量的数据，如持续多少根 K 线等，故而在判断上，具有相当的主观性，不定量、不具体，这也造成了道氏理论的不方便应用、艾略特波浪理论的千人千浪等不足。

1.5.2　线段再理解

基于上述传统技术分析理论中关于走势的定义，结合笔的定义、笔的规范要求、笔的划分步骤、线段的定义、线段的规范要求、线段的划分步骤，我们很容易知道，笔和线段，都是对传统技术分析理论中走势的进一步定量化和精确化，如笔最少有 5 根 K 线、线段最少有 3 笔，也就是说，缠中说禅技术分析理论的笔、线段这两个概念，把时间因素也纳入了对走势的定义中。如此一来，传统技术分析理论中的走势，就多了时间这一要素。特别地，使用标准特征序列分型对线段进行具体划分的步骤和算法，更进一步地设计、明确传统技术分析理论中高低点规则，让之前比较模糊、不太好应用的高低点规则变得非常清晰，这相当于统一、定量和标准化了走势描述的语言。除此之外，使用标准特征序列分型划分线段的步骤和算法，也过滤了那些不太重要的高低点，而只留下相对重要的高低点，让走势变得清晰起来。可以说，线段是传统技术分析理论中关于走势定义的高阶定量版本，是传统技术分析理论中"走势"的标准化版本。换言之，线段是一段非常明确、具体而又有统一标准的走势，是走势描述的标准语言。

1.5.3 缠中说禅走势中枢

在后面的章节中，我们会了解到，"缠中说禅走势中枢"是缠中说禅技术分析理论的核心。为了让缠中说禅走势中枢等核心概念更容易被理解，我们这里先给出实践中常用的定义，在介绍了走势类型、走势级别等概念后，我们再给出正式的定义。

缠中说禅走势中枢的定义：在 K 线图上，在一个有明确走势方向的走势中，连续三个或更多线段重叠的部分，称为缠中说禅走势中枢。

简言之，缠中说禅走势中枢是由线段重叠构成的。向上走势中，中枢是回调形成的，即向上走势中的中枢，必然是由连续三个或更多个回调的线段构成的；向下走势中，中枢是反弹形成的，即向下走势中的中枢，必然是由连续三个或更多个反弹的线段构成的。缠中说禅走势中枢简称走势中枢，或者简称中枢，在后续的章节中，如无特别说明，所有中枢和走势中枢，均指在这里定义的缠中说禅走势中枢。

中枢区间：假定 A、B、C 三个连续的线段，它们的高点分别是 a_1、b_1、c_1，它们的低点分别是 a_2、b_2、c_2，那么中枢区间的下沿就是 a_2、b_2、c_2 中最大的那个价格，中枢区间的上沿就是 a_1、b_1、c_1 中最小的那个价格，也就是说，中枢区间就是由三个连续线段中最高的低点到最低的高点构成的一个区间。用数学符号可以描述为 $[\max(a_2,b_2,c_2), \min(a_1,b_1,c_1)]$，其中 $\max$ 表示取其后括号中最大的价格，$\min$ 表示取其后括号中最小的价格。因为是连续的三个线段，那么对回调形成的中枢，a_2 必然等于 b_2，b_1 必然等于 c_1，对反弹形成的中枢，a_1 必然等于 b_1，b_2 必然等于 c_2，故对反弹形成的和回落形成的中枢均可以简化为 $[\max(a_2,c_2), \min(a_1,c_1)]$。

文字说起来似乎很复杂，结合图来看，就很简单。图 1.5-2 是向上走势，A、B、C 是三个线段，A 和 C 是回调的线段，A、B、C 这三个线段有重叠，重叠部分是走势图中灰色的方块，显然这个方块由三个回调的线段组成，就是走势的中枢。按定义，中枢的上沿是 a_1、b_1、c_1 三个价格中最低的 a_1，中枢的下沿是 a_2、b_2、c_2 中价格最高的 c_2，故而这个走势中枢的区间是 c_2 到 a_1，一般表达为 $[c_2, a_1]$。

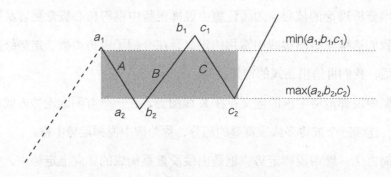

图1.5-2　向上走势和中枢

同理，图 1.5-3 是向下走势，A、B、C 是三个线段，A 和 C 是反弹的线段，A、B、C 这三个线段有重叠，重叠部分是走势图中灰色的方块，显然这个方块由三个反弹的线段组成，就是走势中枢。按定义，中枢的上沿是 a_1、b_1、c_1 三个价格中最低的 c_1，中枢的下沿是 a_2、b_2、c_2 中价格最高的 b_2 和 c_2，注意 b_2 和 c_2 价格相等，故而这个走势中枢的区间是 c_2 到 c_1，一般表达为 $[c_2, c_1]$。

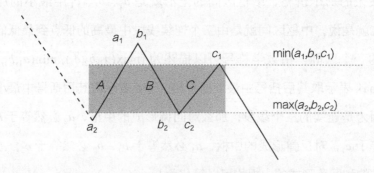

图1.5-3　向下走势和中枢

1.5.4 缠中说禅走势类型

在本节的开头，我们给出了传统技术分析理论中关于上涨、下跌、盘整的定义。在分析和交易实践中，我们知道，操作的关键不是定义，而是如何充分理解定义而使得操作有一个坚固的基础，其中的困难在于如何去把握高点和低点，因为高点、低点是和时间周期密切相关的，在30分钟K线图上看到的高点，可能并不是周线图上的高点。为此，我们必须要有一套系统来过滤，使得经该系统过滤后得到的高点和低点相对重要。缠中说禅技术分析理论用走势中枢进行过滤，并引入走势类型的概念。换言之，缠中说禅技术分析理论将走势分为盘整和趋势两种走势类型，并用走势中枢进行定义。

对一段已经完成的走势，如果只包含一个缠中说禅走势中枢，就称为缠中说禅盘整，一般用 $a+A+b$ 来描述缠中说禅盘整，其中 A 是中枢，a 和 b 是由一个或几个线段组成的走势。

对一段已经完成的走势，如果包含两个或两个以上同向的缠中说禅走势中枢，而且这两个中枢没有重叠的地方，则把这个走势称为缠中说禅趋势，一般用 $a+A+b+B+c$ 来描述缠中说禅趋势，其中 A、B 是中枢，a、b 和 c 是由一个或几个线段组成的走势。走势的方向向上就称为上涨，向下就称为下跌。

注意，在这里，因为上涨、下跌、盘整这三种走势类型是用走势中枢进行定义的，故可以理解为走势类型的基础是线段，简单来说就是，走势类型由线段构成。关于上涨、下跌、盘整，此处的定义和本节开始给出的定义，读者可以进行对比，理解两者的异同。在后面的章节中，如无特别说明，当我们提到上涨、下跌、盘整时，均指在这里用中枢定义的走势类型，而不是在本节开始部分定义的上涨、下跌和盘整。同样，我们可以借助图形来理解这几个概念，注意，图中任何相邻的两个端点中的一段都是线段，具体如图 1.5-4 所示。

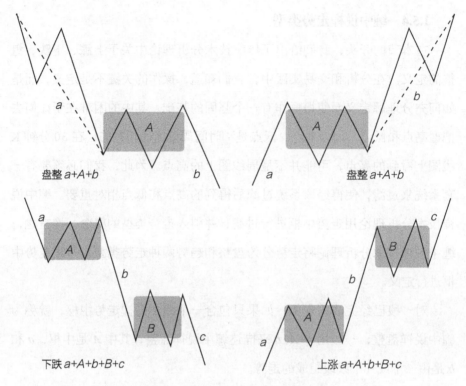

图1.5-4　缠中说禅盘整和缠中说禅趋势

1.5.5　中枢级别和走势级别

我们打开K线图时，通常会看1分钟、5分钟、30分钟、1小时、日、周、月、季、年等时间周期的K线图，这里的时间周期，是大家常说的时间级别。比如大家会说30分钟K线图如何如何，这里的30分钟，就是一种级别。因为我们的分析是以K线图为基础的，显然在缠论中，我们也会用到时间周期，即缠论里面说到的级别，其和时间周期是密切相关的，但时间周期不是唯一，时间周期只是缠论级别的一部分。

在缠论中，走势类型的级别，最终是由走势中枢的级别确定的，为了定义走势或走势类型的级别，我们需要先定义走势中枢的级别，在缠论实践和交流中，中枢的级别一般表述为"XX分钟K线图上YY分钟级别"。其中的"XX分钟"，表达的是我们分析的K线图的时间周期级别，如 1 分钟、5 分钟、日线、周线等，表达的就是时间周期的本来意义。其中的"YY 分钟"，则和时间周期无关，是一种相对级别，其具体值是一种约定俗成的说法，一般有 1 分钟、5 分钟、30 分钟、日线、周线等几个说法，因为在缠中说禅技术分析理论问世的年代，绝大多数行情软件上就是这几个时间周期，大家都知道这几个时间周期的级别逐渐增大，也就是说，在约定俗成的说法里，比 1 分钟高一级别的是 5 分钟，比 5 分钟高一级别的是 30 分钟，比 30 分钟高一级别的是日线，比日线高一级别的是周线。既然是约定俗成的说法，大家也不要较真，因为大家完全可以自定义一个级别序列，如 30 秒、3 分钟、15 分钟、60 分钟、日线等，完全没有问题。只是为了沟通方便，我们约定俗成使用 1 分钟、5 分钟、30 分钟、日线、周线等几个说法而已。如此一来，在约定俗成的说法里面，1 分钟 K 线图 1 分钟级别，就是最小级别（最小级别和最低级别在本书中是同一个意思）。在实践中，我们把 1 分钟 K 线图上由 3 个线段形成的中枢的级别，规定为"1 分钟 K 线图 1 分钟级别"，也就是说，1 分钟 K 线图上由 3 个线段形成的中枢的级别，就是缠中说禅技术分析理论中的最小级别，简称 1 分钟中枢。在此，特别提请各位读者暂时忘掉 3 根 K 线重叠、3 笔重叠形成的中枢才是最低级别之类的说法，不是说这些说法有错，而是因为这两种说法，不是在同一套概念体系下说的。注意，这里说的笔，不是前面定义的缠中说禅技术分析理论中的笔，而是"价格消息"或 tick 的意思，3 笔的大意就是 3 个价格消息或 3 个 tick，在 2022 年，A 股股票行情，大约指 3 ~ 5 秒来的一个价格消息（tick），商品和金融期货行情，一般是 1 秒就有 2 个或 4 个价格消息（tick）。对于中枢级别的定义，举几个例子，帮助大家理解。

　　1 分钟 K 线图上 1 分钟中枢，指 1 分钟 K 线图上由最少 3 个、最多 7 个线段形成的中枢，简称 1 分钟中枢。1 分钟 K 线图上 5 分钟中枢，指 1 分钟 K 线图上比 3 个至 7 个线段形成的中枢高一个级别的中枢。1 分钟 K

线图上30分钟中枢，指1分钟K线图上比3个至7个线段形成的中枢高两个级别的中枢。

5分钟K线图上5分钟中枢，指5分钟K线图上由最少3个、最多7个线段形成的中枢，简称5分钟中枢。5分钟K线图上30分钟中枢，指5分钟K线图上比3个至7个线段形成的中枢高一个级别的中枢。5分钟K线图上日线中枢，指5分钟K线图上比3个至7个线段形成的中枢高两个级别的中枢。

30分钟K线图上30分钟中枢，指30分钟K线图上由最少3个、最多7个线段形成的中枢，简称30分钟中枢。30分钟K线图上日线中枢，指30分钟K线图上比3个至7个线段形成的中枢高一个级别的中枢。30分钟K线图上周线中枢，指5分钟K线图上比3个至7个线段形成的中枢高两个级别的中枢。

以此类推，可以定义更多级别的中枢。读者可能会问，有没有5分钟K线图上1分钟中枢。如果严格按定义来，是有的，就是指5分钟K线图上由3个至7个线段形成的中枢，但由于1分钟级别小于5分钟，我们一般会把这个中枢称为5分钟K线图上5分钟中枢，或者直接说5分钟中枢。这也是一种约定俗成的说法。

此外，读者可能会问，1分钟K线图上怎么会形成5分钟中枢呢？这里先说一种最简单的情况，就是一个中枢在最初由3个线段形成后，如果又延伸了6个线段，即一共有9个线段，那么我们就会说这个中枢由1分钟级别升级为5分钟级别了，即中枢升高一个级别了，具体如图1.5-5所示。

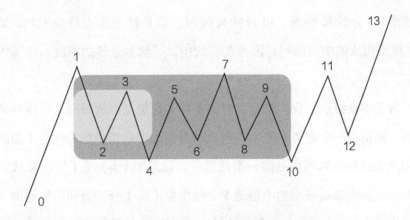

图1.5-5　1 分钟 K 线图上的 5 分钟级别中枢

　　假定图 1.5-5 是 1 分钟 K 线图，任何两个数字之间都是一个线段，那么 1—4 共 3 个线段形成了一个中枢，我们称这个中枢是 1 分钟 K 线图上的 1 分钟中枢，由浅灰色的方块表达，简称 1 分钟中枢，也是最低级别中枢。然后随着行情的发展，这个中枢又延伸了几个线段，一直延伸到线段 9，如果把线段 0—1 作为中枢的进入段，从 1 开始的这个中枢都只有 8 个线段，依然是 1 分钟级别的，即最低级别的中枢。当中枢延伸到线段 10，中枢就有 9 个线段了，此时我们就认为中枢级别升高了一级，变为 5 分钟中枢了。其原因是 1—4、4—7、7—10 均可以形成一个走势类型，由 3 个（1 分钟级别）走势类型形成的中枢，我们称为 5 分钟级别中枢，这个高一级别，即 5 分钟级别的中枢范围是图中深灰色的方块。

　　关于中枢级别的定义，重要的是理解以下 3 个方面：一是基础 K 线的时间周期；二是"最低级别"一般由 3 ~ 7 个线段构成；三是最低级别可以升级，如高一个级别、高两个级别、高三个级别等。换句话说，在实践中，首先要讲清楚是基于哪个时间周期 K 线，其次要讲清楚是由线段构成的最低级别中枢，还是比最低级别高几个级别的中枢。

　　如果到现在，还没搞清楚级别的定义，也没有太大的关系，记住 1 分钟中枢、5 分钟中枢、30 分钟中枢、日线中枢几个级别，分别指 1 分钟

K 线图、5 分钟 K 线图、30 分钟 K 线图、日 K 线图上由最少 3 个、最多 7 个线段构成的中枢即可，因为在实践中，了解到这样的程度，也基本够用了。

有了中枢级别，我们就可以定义走势和走势类型的级别了。走势类型级别，就是在一个走势类型中所包含的最高级别走势中枢的级别（最高级别和最大级别在本书中是同一个意思）。假定图 1.5-5 是 1 分钟 K 线图，因为该走势中最高级别的中枢是 5 分钟中枢（由 1 分钟级别中枢延伸 6 段升级形成），所以图 1.5-5 是 1 分钟 K 线图上 5 分钟级别走势类型，因为只有一个 5 分钟级别的中枢，故是 5 分钟级别的盘整。

同样，有了中枢级别，我们可以对趋势这种走势类型进行更严格的定义：对一段已经完成的走势，如果包含两个或两个以上同向同级别的缠中说禅走势中枢，就称为缠中说禅趋势。走势的方向向上就称为上涨，向下就称为下跌。注意，这里的定义，只比前面的定义多出"同级别"三个字，其他都未变。

1.5.6 中枢的本质

根据前文可知，最小级别中枢是由至少 3 个线段且不超过 7 个线段重叠而成，而走势类型和走势级别都基于走势中枢定义，也就是说走势中枢、走势类型、走势级别都是构建在线段基础之上。读者很自然地会问，为什么在线段的基础上构建走势中枢、走势类型和走势级别？为什么不在笔的基础上构建走势中枢、走势类型和走势级别？

根据笔的定义，笔是由顶分型和底分型构成，如果存在足以影响顶分型或底分型结构的偶然因素，那自然就会影响到笔的结构。显然在真实交易中，可能也必然会出现输错买卖价格、输错买卖手数、输错买卖方向等偶然事件，当这种偶然事件的影响大到一定程度，就会影响分型的结构，并进而影响笔的结构，而且时间周期越短的 K 线图，如 1 分钟或 5 分钟 K

线图上的分型和笔，就越容易受到偶然因素影响，这些情况足以说明笔的稳定性较低。如果用笔作为构建最小级别中枢的零件，中枢的稳定性和可靠性就不高，因此不在笔的基础上构建走势中枢、走势类型和走势级别。

根据线段定义和线段划分算法可知，最少需要 3 个特征序列元素构成特征序列分型，才能确定一个线段的破坏和转折，也就是说最少需要反向 3 笔才能确定一个线段的破坏和转折。这样一来，市场买卖双方都有足够时间去应对和消化偶然因素带来的心理影响，使得市场走势体现出偶然因素影响的同时又保持一定延续性。显然，线段特征序列很好地描绘、呈现了市场买方双方各种心理活动和偶然因素的影响，并通过线段特征序列分型反映出这些影响的最终结果，也就是说线段破坏本身就反映出市场参与者心理上的微妙变化，而且线段破坏的两种方式呈现出了市场参与者不同的心理变化。在线段破坏的第一种方式中，假定转折点后的第一笔直接触及原线段假定转折点之前的最高点或最低点，说明市场反向攻击力量较大，再回来一笔代表着原方向力量的再次出击，同时市场反向力量进行抵抗甚至发起反攻。整个争夺过程至少有 3 次反复，这中间有足够的时间和空间，可以先让买卖双方都稍微冷静一下，然后再去选择方向。在线段破坏的第二种方式中，一开始市场反向的力量很弱，这一方面代表原方向力量很强，另一方面则要关注反攻力量能否慢慢积累起来并蔓延开。一旦反攻力量积累起来并成功蔓延，就会形成反方向的新线段，让市场短期转向。线段破坏的第二种方式，本质上是以时间换空间。

一般而言，只要偶然因素不被再次确认，就说明偶然因素对市场走势影响不大，反而确认了市场走势的可靠性。一个好的技术分析理论，必须在偶然因素出现时依然有效，并充分利用这种偶然因素的影响来完善理论。一个线段至少由三笔组成，这使得原线段转折后的新线段同样可以充分体现买卖双方的心理变化和合力，对比两个不同方向的线段，就能看清市场买卖双方的心理变化和力量消长。显然，由线段构建的中枢能很好地应对偶然因素的影响，并呈现买卖双方反复较量的过程，因此用线段作为构建中枢的零件是合适的。买卖双方反复较量的过程就是形成中枢的过程，中枢其实就是买卖双方反复较量的结果。中枢越简单，说明买方双方中一方的力量越强大；中枢越复杂，说明买卖双方的力量越均衡。中枢的本质，就是买卖双方打阵地战，反复较量并决出胜负的过程。

在此，笔者给出"缠中说禅"这一名词的释义：在股市中，"缠"就是买卖双方阵地战区域，就是价格重叠区间，"禅"就是破解之道，即以阵地战为中心，比较前后两段力度，持有力度大的，卖出力度小的。在现实中，"缠"就是瞻前顾后，就是贪婪与恐惧的纠结，"禅"就是平常心和智慧，即用平常心和智慧去除贪婪与恐惧，直面人生。

1.5.7 走势终完美

"市场不是上就是下或者就是盘"这个从无数图形的分析实践中总结出来的简单经验，所有接触技术分析的人都知道和认可，是技术分析的公理。换言之，所有走势都能分解成上涨趋势、下跌趋势和盘整三种情况。显然，这里存在两个不可分割的方面：一方面，任何走势，无论是趋势还是盘整，在图形上最终都会完成；另一方面，某种类型的走势一旦完成，就会转化为其他类型的走势。由此，可得到缠中说禅技术分析基本原理一：任何级别的任何走势类型最终会完成。缠中说禅技术分析基本原理一简称"走势必完美"或"走势必完美"或"走势终完美"，因为走势可以分解趋势和盘整两种情况，故"趋势终完美，盘整也终完美"。

根据缠中说禅技术分析基本原理一，下跌完成之后会转为上涨或盘整，如果能在下跌结束的时候买入，后面无论是上涨还是盘整，都必然会有获利的机会；反之亦然，上涨完成后就会转为下跌或盘整，如果能在上涨结束的时候卖出，后面无论是下跌还是盘整，都可以回避回调的风险。但对任何一个当下的走势，无论是盘整还是趋势，我们都会面临"究竟是延续还是改变"这个两难的问题。例如，对下跌趋势，我们会面临走势是继续下跌还是变成上涨趋势或者盘整。也就是说，如何识别上涨、下跌、盘整这三种走势类型的相互转换，是技术分析和实际操作的核心问题。

为了深入研究这个问题，必须引入递归形式的缠中说禅走势中枢定义：某级别走势类型中，被至少三个连续次级别走势类型所重叠的部分，称为缠中说禅走势中枢。换言之，缠中说禅走势中枢就是由至少三个连续次级别走势类型重叠部分所构成的。显然，按这个递归定义，在实践中必然面临"次级别之次"的问题。按照量子力学，物质之分是有极限的，同样，级别之次也不可能无限。因此，在缠中说禅技术分析理论的实践中，我们规定"次级别之次"的极限为线段。也就是说，在上述递归定义中，对最后不能再"次级别之次"的级别，即最低级别的次级别，其缠中说禅走势中枢就不用"三个连续次级别走势类型"定义，而是定义为三个线段的重叠部分。

有了上述缠中说禅走势中枢的递归定义，就可以在任何一个级别的走势中找到"缠中说禅走势中枢"，并给出"盘整""趋势"的精确定义。

缠中说禅盘整：在任何级别的任何走势中，某完成的走势类型只包含一个缠中说禅走势中枢，就称为该级别的缠中说禅盘整。

缠中说禅趋势：在任何级别的任何走势中，某完成的走势类型至少包含两个以上依次同向的缠中说禅走势中枢，就称为该级别的缠中说禅趋势。该方向向上就称为上涨，向下就称为下跌。注意，趋势中的缠中说禅走势中枢之间必须绝对不存在重叠。

当假定一只股票能持续交易下去时，显然不存在一次向下后永远向上，或者一次向上后永远向下这两种走势的情况，也就是说必然会产生"向上＋向下＋向上"或"向下＋向上＋向下"这样的走势。根据缠中说禅走势中枢的定义，任何图形上的"向上＋向下＋向上"或"向下＋向上＋向下"都必然产生某一级别的缠中说禅走势中枢，由此可得缠中说禅技术分析基本原理二：任何级别任何完成的走势类型，最少包含一个缠中说禅走势中枢。

由缠中说禅技术分析基本原理一、缠中说禅技术分析基本二以及缠中说禅走势中枢的定义，就可以得出以下结论：

缠中说禅走势分解定理一：任何级别的任何走势，都可以分解成同级别盘整、下跌与上涨三种走势类型的连接。

在理解缠中说禅走势分解定理一时，要注意摒弃"走势类型的起止点一定就是走势类型的高低点""走势类型的高低点一定就是走势类型的起止点"这样的想法和观点。最简单的，按定义，只要有中枢就能构成走势类型，三个连续且有重叠部分的次级别走势类型，比如三个连续且有重叠部分的线段，就能构成一个中枢，正如前面介绍的那样，线段的高低点就不一定在线段的起止点上，故而走势类型的起止点不一定就是走势类型的高低点，反之亦然。注意，在这里线段只是一个现实且容易理解的例子，而不是原因，因为线段标准化处理之后，线段的高低点就在线段的起止点上。真正的原因是，走势类型的定义里面并没有规定走势类型的高低点一定要在走势类型的起止点上，因此走势类型的起止点不是其高低点完全符合定义。当然，让走势类型的高低点落在起止点上，是实践中一种比较好的做法，符合大多数人的习惯。

根据缠中说禅技术分析基本原理二，任何级别任何完成的走势类型，必然包含一个以上的缠中说禅走势中枢，而中枢按定义必然最少由三个次级别走势类型构成，故而任何级别的任何走势类型，都至少由三段以上次级别走势类型构成，由此就得到了缠中说禅走势分解定理二。

缠中说禅走势分解定理二：任何级别的任何走势类型，都至少由三段以上次级别走势类型构成。

1.5.8　第一类买卖点和第二类买卖点

在学习完"走势终完美"小节后，我们有了如下缠中说禅技术分析理论的基本原理和缠中说禅走势分解定理。

缠中说禅技术分析基本原理一：任何级别的任何走势类型终要完成。

缠中说禅技术分析基本原理二：任何级别任何完成的走势类型，必然包含一个以上的缠中说禅走势中枢。

缠中说禅走势分解定理一：任何级别的任何走势，都可以分解成同级别盘整、下跌与上涨三种走势类型的连接。

缠中说禅走势分解定理二：任何级别的任何走势类型，都至少由三段以上次级别走势类型构成。

根据缠中说禅技术分析基本原理一，任何级别的任何走势类型最终都会完成，根据缠中说禅走势分解定理一，指定级别的走势类型只有盘整、下跌与上涨三种，因此一个特定级别的走势类型一旦完成，就会转变为另外两种走势类型。对于下跌趋势走势类型来说，一旦下跌结束或完成，就只能变为上涨趋势或者盘整走势类型，故而，如果能把握下跌趋势走势类型结束的机会买入，我们就会在随后行情转为上涨趋势或者盘整走势类型时，占据一个最有利的位置。这个下跌趋势走势类型结束点的买入机会或点位，就是"第一类买点"。

更进一步，下跌趋势结束后，无论是转变为上涨趋势走势类型，还是盘整走势类型，在走势图上，根据缠中说禅技术分析基本原理一，该上涨趋势或盘整走势类型，最终都要完成，同时根据缠中说禅技术分析基本原理二，任何级别任何完成的走势类型，必然包含一个以上的缠中说禅走势中枢，以及根据缠中说禅走势分解定理二，任何级别的任何走势类型，都至少由三段以上次级别走势类型构成，因此，该上涨趋势或盘整走势类型在走势图上，必须包含三个以上的次级别运动。也就是说，在第一类买点出现后，第一次次级别回调形成低点时，因为还只有一个向上的次级别运动和一个向下的次级别运动，该上涨趋势走势类型或盘整走势类型还没有完成，后面至少还有一个向上的次级别运动，因此第一类买点出现后，第一次次级别回调形成低点时就是市场中第二有利的位置，我们把这个第二有利的位置或买入机会，称为"第二类买点"。

同理，根据缠中说禅技术分析基本原理一、缠中说禅技术分析基本原理二，以及缠中说禅走势分解定理一、缠中说禅走势分解定理二，我们也可以定义第一类卖点和第二类卖点。

一般而言，第一类买点简称"一买"，第二类买点简称"二买"，第一类卖点简称"一卖"，第二类卖点简称"二卖"。关于一买、二买、一卖、二卖的有利位置，请参考图1.5-6。

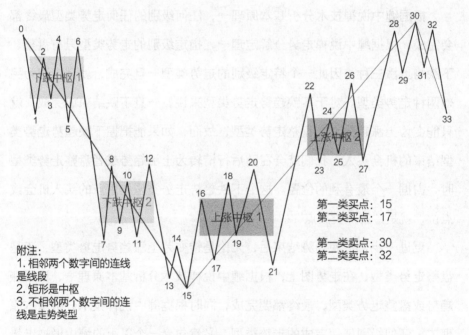

图1.5-6　第一、二类买卖点位置

如同各种定理一样，第一类买卖点和第二类买卖点，是由最基础的定理及逻辑推理保证的，把握这两类买卖点交易，就能在市场中处于有利的位置。关于第一类买卖点和第二类买卖点，它们与行情走势、两个缠中说禅技术分析基本原理、两个缠中说禅走势分解定理间存在密不可破的逻辑关系，必须切实理解体会，这是所有操作中基础和不能混淆的逻辑。

由上述两个缠中说禅技术分析基本原理、两个缠中说禅走势分解定理，我们就可以证明缠中说禅买卖点定律一：任何级别的第二类买卖点都由次级别或次级别以下级别相应走势的第一类买卖点构成。这样，任何由第一、二类买卖点构成的缠中说禅买卖点，都可以归结到不同级别的第一类买卖点。由此得到缠中说禅趋势转折定律：任何级别的上涨转折都是由某级别的第一类卖点构成的；任何的下跌转折都是由某级别的第一类买点构成的。

注意，缠中说禅趋势转折定律中的某级别不一定是次级别。例如，本级别的第二类买卖点虽然是次级别走势的结束点，但该次级别走势的转折是由次级别以下某个级别的第一类买卖点构成；再比如，本级别、次级别、次次级别等不同级别同时出现第一类买卖点，也就是出现不同级别的同步共振时，就不仅仅是次级别，所以缠中说禅趋势转折定律中只说是某级别。

缠中说禅技术分析理论为纷繁的技术分析找到了一个坚实的理论基础，由缠中说禅技术分析基本原理、缠中说禅走势分解定理，可以引申出不同的定理。当我们的实际交易和操作，建立在缠中说禅技术分析理论之上，就有可能立于不败之地。

这里先看两个例子，请各位读者思考并应用缠中说禅技术分析基本原理、缠中说禅走势分解定理分析，以便对趋势、级别、走势中枢等概念有一个感性的认识，毕竟上面比较抽象的逻辑推理方法，对部分人来说，是比较难理解的。

以中信建投（601066）的走势图（见图 1.5-7）为例。在 30 分钟 K 线图上，从 2020 年 8 月 10 日 60.14 元开始，到 2021 年 5 月 10 日的 26.21 元为止，出现一个 3 个中枢（黑色线段构成的矩形）的下跌趋势，随后出现一个更高级别的盘整／中枢（浅灰色线围成的矩形），该高级别的盘整／中枢，在 2021 年 9 月 8 日的 34.45 元结束。随后，从 2021 年 9 月 8 日的

34.45 元开始，出现一个 2 个中枢的下跌趋势，该下跌趋势于 2022 年 4 月 27 日的 20.13 元出现第一类买点，随后开始反弹。截至 2022 年 7 月 7 日，该反弹已经形成一个向上的盘整走势类型，并有可能发展成一个向上的类趋势（详见 1.5.9 小节）或趋势。

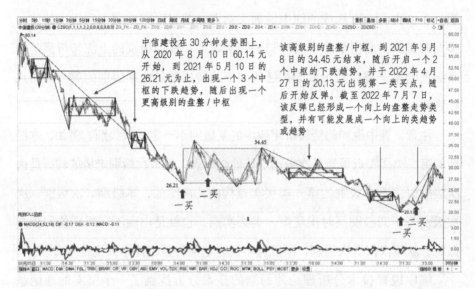

图 1.5-7 中信建投（601066）走势图

在缠中说禅技术分析理论中，各种概念都是有严格定义的，并以"市场不是上就是下或者就是盘"这一共识作为公理，然后从公理出发，运用逻辑推理演绎思维，得到技术分析中各种实用定理，故而缠论有很强的生命力。因为第一类买点和第二类买点与走势类型、基本原理、走势分解定理之间有清晰的逻辑关系，所以有很多人认为，在第一类买点和第二类买点买入，100% 会挣钱。这种观点，说对也对，说不对也不对。说它对，是因为就理论而言，这个结论是根据定义和逻辑推理得到的，也就是说，在理论上这一观点是正确的。说它不对，是因为理论是静态的，而人的操作是动态的，是受个人性格、对理论的熟悉程度、对交易规则理解等很多种因素影响的，故而在实际操作中，不能确保 100% 挣钱。举个例子，爱因斯坦的相对论是一个相当完备的理论，根据相对论的 $E = mc^2$ 公式（能量等于质量乘以光速的平方），就能得出一定可以造出原子弹和氢弹等威力巨大的核武器这一结论。但有了相对论，就一定能造出原子弹吗？实际上，有许许多多的国家都想研制原子弹，但真正拥有原子弹的国家屈指可数。

各位读者要记得，在实际的具体操作中，第一类买点和第二类买点，是被理论保证可以获利的两个买点，实际的交易和操作，必须建立在此基础之上。

1.5.9   类趋势和类中枢

所谓"类趋势"，一般是指在一个走势类型中，例如一个向下的走势类型中，至少出现了两次反弹，但每次反弹都只有 1 个线段，从来没有出现过 3 个线段重叠的情况。为了加以区分和沟通方便，这 1 个线段构成的中枢，我们称为"类中枢"，有两个或更多个类中枢，但没有 3 个线段重叠中枢的走势类型，我们称为类趋势，有且只有一个类中枢的走势类型，我们称为类盘整。比如，上证指数在 30 分钟走势图上，自 2021 年 12 月 13 日的 3708.94 点开始，到 2022 年 4 月 27 日的 2863.65 点结束，出现一个 3 个类中枢的类趋势下跌，从 2863.65 点开始的向上走势是一个类盘整，具体见图 1.5-8。

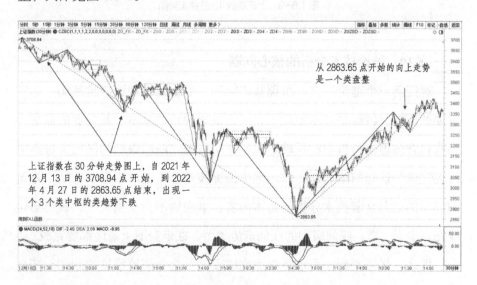

图 1.5-8   上证指数 30 分钟走势图

为什么一个线段也能构成类中枢？那是因为在某种情况下，这种类中枢，通常会对应低级别时间周期上的由3个或更多个线段构成的常规中枢，由此，类趋势也通常会在低级别时间周期上形成趋势走势类型。比如图1.5-8的上证指数30分钟走势图，那3个类中枢，就大致对应着上证指数15分钟走势图（见图1.5-9）上的3个中枢，30分钟走势图上的类趋势，在15分钟走势图上也变成了趋势。

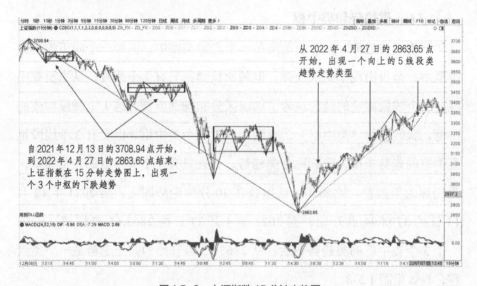

图1.5-9　上证指数15分钟走势图

1.5.10　缠论技术分析的核心问题

对任何一个理论而言，所谓基本原理，那就是该理论非常基础、非常重要的原理，特别是基本原理一，一定是该理论最基本、最重要的原理，通常包含该理论的哲学和灵魂。我们之所以把"任何级别的任何走势类型终要完成"这句简单的话，作为缠中说禅技术分析基本原理一，是因为这句简单的话包含着技术分析的基本内容，就像树不会长到天上，最终会化成朽木尘土一样，任何级别的任何走势类型，在走势图上最终都要完成。

那么，如何判断一个走势类型完成了呢？这个简单常见的问题，却是技术分析里最核心的问题之一。因为我们知道，一旦"下跌"走势类型结束，随后必然要面对的是"盘整"与"上涨"，而后两种走势，对于多头来说，都必然产生利润，二者的区别就在于大小与快慢方面。如果可以准确判断、清楚地知道"下跌"结束的时机，那么我们在股票市场就能找到一种十分确定的获利方法。从逻辑来讲，对于获利的大小和快慢，我们可以继续研究出新的标准，来进行辅助和判断。

要回答这个问题，最大的难点，也是唯一的难点就在于走势类型延伸。

对于趋势走势类型，形成两个依次同向的缠中说禅走势中枢后，这个趋势已经完美了，随时可以结束，但也可以不断地延伸下去，形成更多的中枢。在实际的走势和操作中，这种情况不少。例如，上证指数 15 分钟走势图（见图 1.5-10），从 2021 年 12 月 13 日的 3708.94 点开始，到 2022 年 3 月 8 日收盘的 3293.53 点，就形成了 2 个中枢的下跌趋势，趋势已经完美，可以随时结束，但后续又形成了一个下跌中枢，跌了约 430 点，最终到 2022 年 4 月 27 日的 2863.65 点才结束。之后才开始反弹向上，并形成一个向上的类趋势。通常，对趋势走势类型延伸而言，如果是向上趋势，会不断上涨，如果是向下趋势，会不断下跌。下跌趋势的延伸，是所有抄底者的噩梦，也是抄底抄在半山腰的原因。

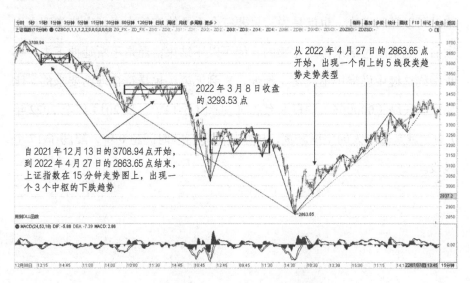

图 1.5-10　上证指数 15 分钟走势图

　　和上证指数一样，个股也一样存在趋势延伸的情况，例如在贵州茅台（600519）的日 K 线图（见图 1.5-11）上，我们可以看到一个标准的不断延伸的上涨趋势 / 类趋势。很多人由于对"走势类型延伸"没有明确的认识，即便在底部买到大牛股，也经常在第一个中枢时就被震下马，最终没有抓住该牛股。逃顶、抄底为何难？归根结底就是对"走势类型延伸"没有明确的认识。

图 1.5-11　贵州茅台（600519）日 K 线图

　　同样，一个盘整走势类型，三个连续且重叠的次级别走势类型后，盘整就可以随时完成，也就是说，只要三个重叠的连续次级别走势类型走出来后，盘整随时结束都是完美的，但可以不结束，而是不断延伸下去，不断围绕这缠中说禅中枢震荡、延伸，直到无穷，也是符合理论要求的。比如中国长城（000066）的日 K 线图（见图 1.5-12），从 2014 年至 2022 年 7 月，就是一个大的中枢震荡，该中枢震荡持续时间超 8 年，震荡了 17 个线段。

图 1.5-12　中国长城（000066）日 K 线图

如何判别"走势类型延伸"是否结束呢？要回答这个问题，首先必须搞清楚"走势类型延伸"的实质是什么。通过上面的例子，我们很容易理解，对于趋势来说，其"延伸"就等于同方向、同级别的"缠中说禅走势中枢"不断产生，且和原有中枢完全不重叠；而对于盘整来说，其"延伸"就等于不能产生新的"缠中说禅走势中枢"。由于"走势类型延伸"意味着当下的"走势类型"随时可以完美结束，相应的"走势类型"必然是确定的，因此"走势类型延伸"是否结束的判断，就等同于是否产生新的"缠中说禅走势中枢"的判断。同时，根据定义可知，盘整走势类型只有一个"缠中说禅走势中枢"，趋势走势类型最少有两个"缠中说禅走势中枢"，也就是说，盘整与趋势的关键区别，就在于产生盘整走势类型后，能否继续产生新的同方向、同级别的"缠中说禅走势中枢"，一旦产生同方向、同级别的"缠中说禅走势中枢"，盘整就转化为趋势了。

由此可见，技术分析的核心问题和焦点，就是"缠中说禅走势中枢"，一旦我们理解和解决了这个核心问题，我们就将同步解决走势判断上的很多难题，从而掌握良好的买卖时机。

1.5.11 缠中说禅走势中枢定理

在缠论技术分析的核心问题小节中，我们知道了缠中说禅技术分析的核心问题和焦点就是缠中说禅走势中枢，本小节，我们就重点讨论缠中说禅走势中枢。

1. 缠中说禅走势中枢定理一

根据缠中说禅走势中枢、上涨趋势、下跌趋势和走势级别的定义，我们很容易得到如下定理。

缠中说禅走势中枢定理一：在上涨趋势，或在下跌趋势中，连接两个同级别缠中说禅走势中枢的必然是次级别或次级别以下级别的走势类型。

举例来说，假定走势类型 $a+A+b+B+c$ 是一个 5 分钟的上涨趋势，该 5 分钟上涨趋势有且只有 2 个 5 分钟级别的中枢 A 和 B，那么根据缠中说禅走势中枢定理一，连接这 2 个 5 分钟级别中枢的走势类型 b，一定是 5 分钟级别以下级别的走势，这个走势 b 可以是 5 分钟次级别，即 1 分钟的走势类型，也可以是比 1 分钟更低级别的走势类型，比如最低级别的跳空缺口。如图 1.5-13 所示。

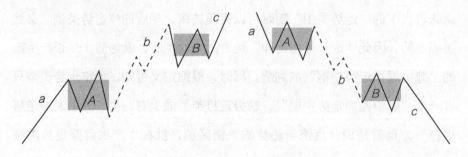

图 1.5-13 $a+A+b+B+c$ 趋势

我们可以用反证法来证明缠中说禅走势中枢定理一：假如连接 A 和 B 这 2 个 5 分钟级别中枢的走势 b 是 1 个 5 分钟级别的走势类型，根据走势类型的定义，那么这个 5 分钟级别的走势类型 b 中必然有 5 分钟级别的中枢，再加上 $a+A+b+B+c$ 中已知存在的 2 个 5 分钟级别的中枢 A 和 B，一共就有 3 个 5 分钟级别的中枢了，这和上涨走势类型 $a+A+b+B+c$ 中只有 2 个 5 分钟级别中枢的假定相矛盾。更进一步，假定连接 A 和 B 这 2 个 5 分钟级别中枢的走势 b 是一个 30 分钟级别或更高级别的走势类型，那么走势类型 $a+A+b+B+c$ 中必然也有 30 分钟级别或更高级别的中枢，这说明走势类型 $a+A+b+B+c$ 是 30 分钟级别或更高级别的走势类型，这显然和走势类型 $a+A+b+B+c$ 是 5 分钟的上涨趋势的假定相矛盾。因此，在上涨趋势中，连接两个同级别缠中说禅走势中枢的必然是次级别或以下级别的走势类型。

缠中说禅走势中枢定理一说明在趋势中，连接相邻同级别缠中说禅走势中枢的可以是次级别走势类型，也可以是次级别以下级别的走势类型，但一定不是同级别或高级别的走势类型。这里的次级别走势类型和次级别以下级别的走势类型，可以是有两个或更多中枢的趋势，也可以是只有一个中枢的盘整，甚至是一个跳空缺口。一般而言，连接这两个中枢的走势类型的级别越低，表示力度越大，这也就是为什么缺口或单边走势在技术分析中有比较强含义的理论依据。

2. 缠中说禅走势中枢定理二

我们知道，任何一个事物，都有"产生、维持、破坏、灭亡"的问题，或总是处于"产生、维持、破坏、灭亡"循环中，缠中说禅走势中枢也一样。由本书前面的内容，我们可以知道，在 K 线图上，一个有明确走势方向的某级别走势类型中，被至少三个连续次级别走势类型所重叠的部分，称为缠中说禅走势中枢。这个缠中说禅走势中枢的定义明确说明了缠中说禅走势中枢的产生原因以及判断标准，解决了缠中说禅走势中枢的生成问题，接下来会研究缠中说禅走势中枢"住、坏、灭"的问题。也就是说，我们接下来研究一个"缠中说禅走势中枢"是如何"维持"的，以及最终如何被"破坏"进而被废弃"灭亡"的。

我们先看一下缠中说禅走势中枢的"维持"问题，根据缠中说禅走势中枢、级别、走势类型的定义，以及缠中说禅走势中枢定理一，我们很容易理解，对于一个已经生成的某级别缠中说禅走势中枢，其后出现的离开中枢的走势类型和向中枢返回的走势类型，如果是同级别或更高级别的走势类型，就必然形成新的缠中说禅走势中枢，这与原某级别中枢的维持前提矛盾。也就是说，维持缠中说禅走势中枢的充分必要条件就是，任何一个离开该中枢的走势类型都必须是次级别或次级别以下级别的，并以次级别或次级别以下级别的走势类型返回，换一种表达方式，我们可得到如下定理。

缠中说禅走势中枢定理二：在盘整走势类型中，无论是离开还是返回缠中说禅走势中枢，其走势类型必然是次级别走势类型，或者是次级别以下级别的走势类型。具体如图 1.5-14 所示。

图 1.5-14　离开和返回中枢

我们可以分析一下盘整的高低点是如何造成的。根据定义，盘整有且只有一个缠中说禅走势中枢，无论离开该中枢和返回该中枢的走势类型是何种级别的，站在最低级别上，例如我们把 1 分钟走势图当成最低级别，那么在离开与返回缠中说禅走势中枢的最低级别走势类型的连接处，一定是一个顶分型或底分型，无论是顶分型还是底分型，只有两种可能情况：①三根或多根 1 分钟 K 线重叠的来回震荡，然后形成顶底分型；②没有三根或多根 1 分钟 K 线重叠的 V 形走势。对于情况①，这几根重叠 K 线最极端那根的极端位置，也就是顶分型的顶，或底分型的底，就构成盘整中的高点或低点；对于情况②，这个 V 形尖顶那根 K 线的极端位置就构成盘整中的高点或低点。一般来说，情况①出现得比较少，情况②则出现得很多,这也是行情走势图上真正的高点和低点总是一闪而过的原因,也是我们在实际交易和操作中,不要过分追求买在最低点、卖在最高点的理论依据。

3. 缠中说禅走势中枢定理三

根据缠中说禅走势中枢定理一、缠中说禅走势中枢定理二,我们能很容易理解和证明如下定理。

缠中说禅走势中枢定理三:某级别缠中说禅走势中枢破坏的充要条件是,一个次级别的走势类型离开中枢,其后向中枢返回的次级别走势类型,不触及中枢区间。换句话说,当且仅当一个次级别走势离开缠中说禅走势中枢后,其后向中枢返回的次级别走势类型不重新回到该缠中说禅走势中枢内,缠中说禅走势中枢就被破坏了。

在缠中说禅走势中枢定理三中,离开和向中枢返回的两个次级别走势类型,其组合只有三种情况:①趋势离开中枢+盘整返回中枢;②趋势离开中枢+反趋势返回中枢;③盘整离开中枢+反趋势返回中枢。趋势离开中枢,包括上涨趋势离开中枢与下跌趋势离开中枢,上涨趋势离开中枢表示向上突破中枢,下跌趋势离开中枢表示向下跌破中枢。向下离开中枢和返回中枢的两个次级别走势类型的组合情况,如图 1.5-15 所示,图中较粗的线是次级别走势类型,较细的线是次次级别走势类型,灰色矩形是本级别中枢。在实际的分析和交易中,对中枢最有力度的破坏就是"趋势离开中枢+盘整返回中枢"这种情况:一个次级别上涨趋势向上突破中枢后,以一个次级别的盘整走势类型进行回抽整理,如果这种突破和回抽情况出现在底部区间,那其后的上涨往往比较有力。一般而言,在一个长期下跌的底部区间,这种情况比较常见。

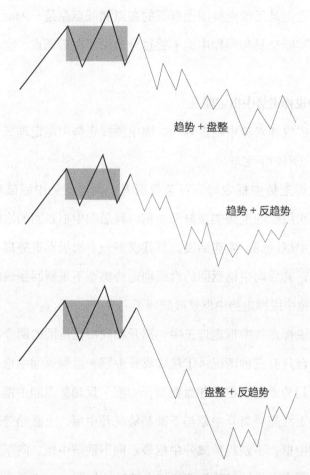

趋势 + 盘整

趋势 + 反趋势

盘整 + 反趋势

图 1.5-15　两个次级别走势类型组合

读者可能会有疑问，根据排列组合，应该还有"（4）盘整离开中枢 +
盘整返回中枢"这种组合，怎么没有说呢。这个问题，待本书定义、讲解
同级别分解和非同级别分解等概念后，再进行相关的讨论。

1.5.12　缠中说禅走势级别延续定理

根据缠中说禅走势中枢的定义，缠中说禅走势中枢由前三个连续次
级别走势类型的重叠部分确定，一旦走势中枢确定，其后的走势有两种情
况：①该走势中枢的延伸；②产生新的同级别走势中枢。在上涨趋势或下
跌趋势里，同级别的前后两个缠中说禅走势中枢是不能有任何重叠的。为

了描述方便，我们假定趋势里的两个中枢分别是 A 和 B，也就是说，在上涨趋势或下跌趋势里，围绕走势中枢 A 产生的任何瞬间波动与围绕走势中枢 B 产生的任何瞬间波动，两者之间不能有任何重叠。如果围绕中枢 A 与中枢 B 的任何瞬间波动有重叠，根据趋势的定义，我们就不能认为该走势类型是本级别的趋势，因为这两个中枢因重叠产生了一个更高级别的缠中说禅走势中枢，该走势就是一个高一级别的盘整走势类型。

对如下两种情况，我们必须进行严格区分。

（1）走势中枢延伸：在这种情况下，又分两种情况。

①任何围绕走势中枢的连续两个次级别走势类型，必须至少有一个次级别走势类型触及走势中枢的区间。否则，在原来的走势中枢之外，必然会产生一个新的"三次连续次级别走势类型的重叠部分"，即生成一个新的中枢，这与走势中枢的延续矛盾。这句话理解起来有点费劲，我们通过图 1.5-16 来理解。在图 1.5-16 中，7—8 和 8—9 这两个次级别走势类型，没有任何一个触及走势中枢 1—4 的区间，随着行情发展必然会出现 9—10 这个次级别走势类型，无论 10 是否回到 1—4 构成的中枢里面，即无论行情如何发展，都必然产生新的中枢 7—10。如果新中枢 7—10 在后续的延伸过程中不再触及中枢 1—4 的区间，则称为中枢新生。

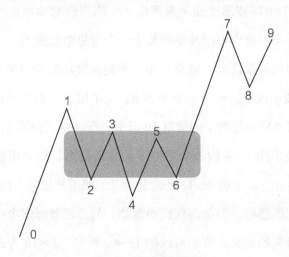

图 1.5-16　产生新中枢

②在最初的三个次级别走势类型重叠构成中枢之后，中枢延伸不能超过 6 个次级别走势类型，否则，最初的 3 个次级别走势类型，加上延伸的 6 个次级别走势类型，一共就有 9 个次级别走势类型，就能形成比本级别高一个级别的走势中枢。在图 1.5-17 中，1—4 形成中枢后，到 9 都是中枢延伸，但一旦运行到 10，中枢 1—4 就升级了，新的高级别中枢由 1—4、4—7、7—10 三个本级别走势类型构成。此时，从另一个角度看，就可以认为中枢 1—4 已经结束，高级别中枢 1—10 已经生成。这种始终能回到中枢里面的情况，一般称为中枢延伸。

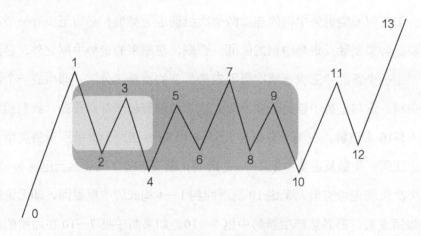

图 1.5-17　中枢延伸 6 段升级为高级别中枢

（2）两个中枢波动区间重叠形成一个高级别的中枢：一个走势中枢在完成前，如果围绕中枢的波动触及上一个走势中枢或上一个走势中枢延伸时的某个瞬间波动区间，就会产生一个更高级别的走势中枢。图 1.5-18 中，1—4 构成中枢 A，5—8 构成中枢 B，且中枢 B 一直在延伸，还没有结束。因为中枢 B 延伸过程中的位置 10 低于中枢 A 中的位置 1，即中枢 B 的波动范围触及了由 1—4 构成的中枢 A 的波动范围，故上述走势中枢的级别升级了，换言之，上述 0—13 的走势类型的级别升级了，按定义，0—13 不再是本级别的趋势，而是高级别的盘整。为方便理解这个中枢的级别和范围，根据盘整的定义，我们可以把 1—4、4—7、7—10 看成是本级别的盘整走势类型，那么，0—13 的走势中，有由三个本级别走势类型构成的一个高级别中枢 1—10，即图 1.5-18 中 0—13 走势类型变成了一个比本级别高一级别的盘整走势类型，该高级别中枢的范围是 1—10。这种两个中枢波动范围产生重叠的情况，一般称为中枢扩展或中枢扩张。

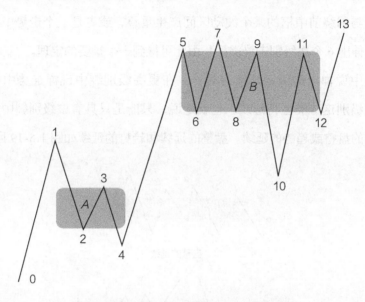

图 1.5-18 中枢波动区间重叠升级为高级别中枢

当我们理解上述两种情况及其区别后，我们就能更好地理解实际行情中经常碰到的涨跌停情况。如果我们把在一个价位持续成交一段时间，如在涨停价格上持续一个交易日的情况定义为最低级别的中枢，那么，一只股票开盘立刻封涨停，在涨停板这个价位上，最多只能算是最低级别上出现了走势中枢的延伸，无论这个延伸有多长时间，都不可能产生更高级别的走势中枢。如果该股票第二天开盘继续涨停，那么就形成一个最低级别上的趋势，这个最低级别的趋势可以无限延伸下去，但只要只形成最低级别的走势中枢，无论能连续涨停多少天，都不足以形成比最低级别高一个级别的走势中枢，除非中途有打开涨停的时候。还有一种特殊的情况，就是大资金参与程度很高时，如果每天就成交一次，每天的价位都一样，这样也只形成一个最低级别的走势中枢，不能形成更高级别的中枢。

换言之，在走势中枢不断延伸且延伸不超过 6 个次级别走势类型，与不断产生新的同级别走势中枢并相应围绕波动互不重叠而形成趋势这两种情况下，都不可能形成更高级别的走势中枢，因此要形成一个更高级别的走势中枢，必然要采取第三种方式，就是围绕新的同级别走势中枢产生后的波动与围绕前中枢的某个波动区间产生重叠，或者是一个走势中枢生成后又延伸出 6 个次级别走势类型。由此可得到一个重要的定理。

缠中说禅走势级别延续定理一：在更高级别缠中说禅走势中枢产生前，该级别走势类型将延续。也就是说，只能是只具有该级别缠中说禅走势中枢的盘整或趋势的延续。盘整的延续和趋势的延续如图 1.5-19 所示。

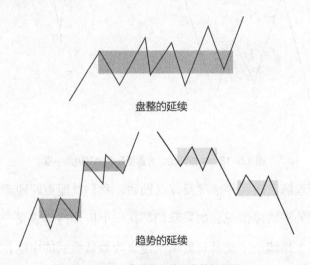

图 1.5-19　盘整的延续和趋势的延续

看看 2006 年上证指数的走势（见图 1.5-20），我们就能理解该定理的重要性。在当时，很多人都在说，怎么都涨那么多了还涨。如果我们理解了上述缠中说禅走势级别延续定理一，就能知道，这种在走势图上没有日 K 线线段构成的中枢，只有由最低级别逐步递归上来，最多形成"日线"级别走势中枢的走势，在更高级别"周线"走势中枢出现前，不可能结束。更进一步，从 2006 年 8 月开始的走势，到 2006 年 12 月底，甚至连"日线"的走势中枢都没形成过，要结束这种走势，首先要形成"日线"

的走势中枢。理解缠中说禅走势级别延续定理一后，我们就能更好地把握行情走势，不会涨也怕、跌也怕。

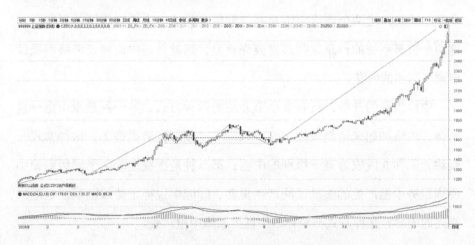

图 1.5-20 上证指数 2006 年日 K 线走势图

由缠中说禅走势级别延续定理一，能得到一个更重要的定理，该定理对走势改变给出了更精确、预先的界定。

缠中说禅走势级别延续定理二：对两个连续的同级别缠中说禅走势中枢，围绕它们的次级别波动区间一旦产生重叠，就会生成更高级别缠中说禅走势中枢，具体如图 1.5-21 所示。

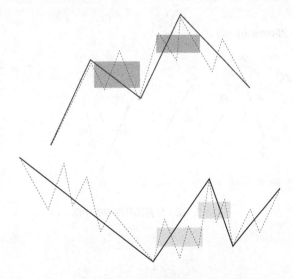

图 1.5-21 中枢波动区间重叠产生高级别中枢

缠中说禅走势中枢就如同恒星，那些围绕中枢波动的次级别走势的高低点，就是围绕该恒星运行的行星，恒星和围绕该恒星转动的行星构成一个恒星系统。当两个同级别恒星系统要融合构成一个更大级别的系统时，这两个恒星系统的行星之间必然要先重叠，这就是缠中说禅走势级别延续定理二描述的内容。

中枢级别的升级，只有本小节介绍的两种方式：第一种是原中枢一直延伸，最终加起来达到或超过 9 个线段（次级别走势类型），这种方式一般称为延伸 9 段成为高一级别的中枢；第二种是围绕连续两个同级别缠中说禅走势中枢产生的波动区间产生重叠，即缠中说禅走势级别延续定理二描述的内容，这种方式一般称为中枢扩展或中枢扩张。

1.5.13 缠中说禅走势中枢中心定理

通过学习前面的章节，我们知道了中枢是缠中说禅技术分析理论中最重要的概念，注意这里没有之一，缠中说禅技术分析是基于中枢这个概念而展开的。故而，这里我们对中枢进行更完整更细致的描述，图 1.5-22 和图 1.5-23 反映的分别是反弹回升形成的中枢和回调形成的中枢。

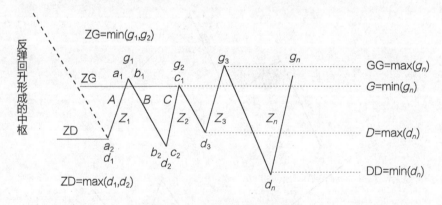

图 1.5-22　反弹回升形成的中枢

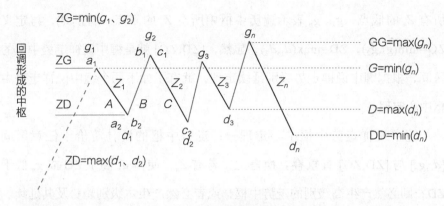

图1.5-23 回调形成的中枢

缠中说禅走势中枢区间的数学表达式：假定构成中枢最初的三个线段 A、B、C 的高点 / 低点分别是 a_1/a_2、b_1/b_2、c_1/c_2，则中枢的区间就是 $[\max(a_2,b_2,c_2), \min(a_1,b_1,c_1)]$。在一个向下的走势类型中，中枢是反弹回升形成的，在向上的走势类型中，中枢是回调形成的。对于反弹回升形成的中枢，显然 $a_1=b_1$，$b_2=c_2$；对回调形成的中枢，显然 $a_2=b_2$，$b_1=c_1$。因此，无论是向下走势中反弹回升形成的中枢，还是向上走势中回调形成的中枢，中枢的公式都可以简化为 $[\max(a_2,c_2), \min(a_1,c_1)]$。

进一步分析可发现，对形成中枢的 3 个线段或次级别走势类型 A、B、C，其中 A、C 的方向决定了中枢形成方向，或者说 A、C 的方向与中枢的方向是一致的，由此可见，在中枢的形成与延伸中，中枢区间由与中枢形成方向一致的次级别走势类型的区间重叠确定。为方便描述，我们把这些与中枢方向一致的线段或次级别走势类型称为 Z 走势段，按 Z 走势段出现的时间顺序，分别表示为 Z_1、Z_2、Z_3...Z_n，同时用 g_n、d_n 分别表示 Z_n 走势段高点、低点。那么，我们可以继续定义四个指标：$GG=\max(g_n)$ 或 $\max(g_1...g_n)$ 表示中枢最高的高点，$G=\min(g_n)$ 或 $\min(g_1...g_n)$ 表示中枢最低的高点，$D=\max(d_n)$ 或 $\max(d_1...d_n)$ 表示中枢最高的低点，$DD=\min(d_n)$ 或 $\min(d_1...d_n)$ 表示中枢最低的低点，其中 max 函数表示对其后的数字取最大值，min 函数表示对其后的数字取最小值，$d_1...d_n$ 表示遍历中枢中

所有 Z_n 的低点，$g_1 \ldots g_n$ 表示遍历中枢中所有 Z_n 的高点。特别地，再定义 $ZG=\min(g_1,g_2)$，$ZD=\max(d_1,d_2)$，显然，$[ZD,ZG]$ 就是缠中说禅走势中枢的区间，根据缠中说禅走势级别延续定理，就有了如下两个缠中说禅走势中枢中心定理。

缠中说禅走势中枢中心定理一：走势中枢的延伸等价于任意区间 $[d_n,g_n]$ 与 $[ZD,ZG]$ 有重叠。换言之，若有 Z_n，使得 d_n 高于 ZG 或 g_n 低于 ZD，则必然产生高级别的走势中枢，或者必然产生本级别趋势及其延续。缠中说禅走势中枢中心定理一描述的情况，如图 1.5-24 至图 1.5-26 所示。

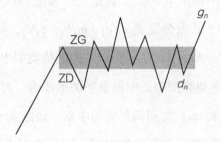

图 1.5-24　走势中枢的延伸

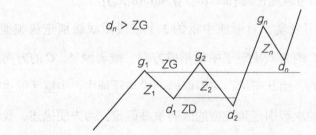

图 1.5-25　d_n 高于 ZG，必然产生高级别的走势中枢或者本级别向上趋势

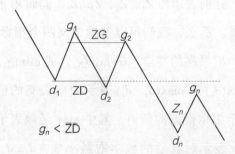

图 1.5-26　g_n 低于 ZD，必然产生高级别的走势中枢或者本级别向下趋势

　　缠中说禅走势中枢中心定理二：前后同级别的两个缠中说禅走势中枢，后面一个中枢的 GG 低于前面一个中枢的 DD，则等价于下跌趋势，或下跌趋势的延续；后面一个中枢的 DD 高于前面一个中枢的 GG，则等价于上涨趋势，或上涨趋势的延续。后面一个中枢的 ZG 低于前面一个中枢的 ZD，并且后面一个中枢的 GG 高于或等于前面一个中枢的 DD，则等价于高级别走势中枢的形成；后面一个中枢的 ZD 高于前面一个中枢的 ZG，并且后面一个中枢的 DD 低于或等于前面一个中枢的 GG，也等价于高级别走势中枢的形成。缠中说禅走势中枢中心定理二描述的情况，如图 1.5-27 至图 1.5-30 所示。

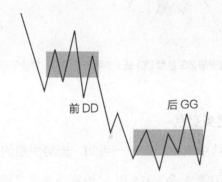

图 1.5-27　后 GG 低于前 DD 等价于下跌趋势或下跌趋势的延续

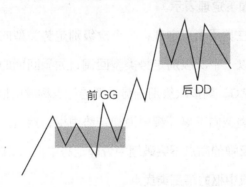

图 1.5-28　后 DD 高于前 GG 等价于上涨趋势或上涨趋势的延续

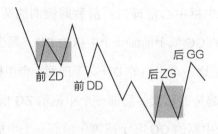

图 1.5-29 后 ZG 低于前 ZD 且后 GG 高于或等于前 DD，等价于形成高级别的走势中枢

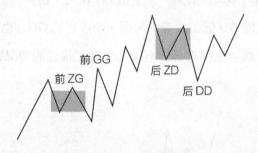

图 1.5-30 后 ZD 高于前 ZG 且后 DD 低于或等于前 GG，等价于形成高级别的走势中枢

1.5.14 第三类买卖点

由缠中说禅走势中枢中心定理一可知，走势中枢的延伸等价于任意区间 $[d_n, g_n]$ 与 $[ZD, ZG]$ 有重叠，我们可以很容易地定义缠中说禅第三类买卖点，具体定义用如下定理表示。

缠中说禅第三类买卖点定理：一个次级别走势类型向上离开缠中说禅走势中枢，然后以一个次级别走势类型回调，如果回调的低点不跌破缠中说禅走势中枢的 ZG，则该次级别走势类型的低点构成中枢的第三类买点；一个次级别走势类型向下离开缠中说禅走势中枢，然后以一个次级别走势类型反弹，如果反弹的高点不突破缠中说禅走势中枢的 ZD，则该次级别走势类型的高点构成中枢的第三类卖点。

图 1.5-31 可以帮助理解上述定理中的第三类买点、第三类卖点。注意，图 1.5-31 中的下跌中枢、转折中枢、上涨中枢，分别指走势下跌时反弹形成的中枢、走势方向转折时形成的中枢、走势上涨时回调形成的中

枢。对于其中的转折中枢，还有更正式的名称，叫中阴中枢，会在本书后续章节中正式介绍。

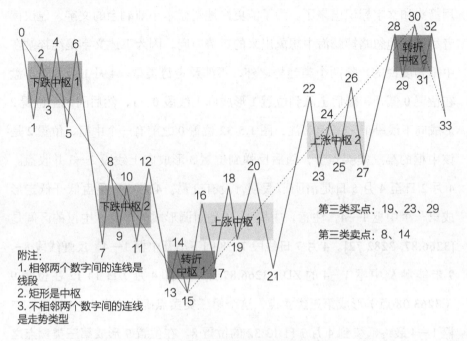

图 1.5-31 第三类买卖点位置

相比于第一、二类买卖点，第三类买卖点出现得比较晚，比较适合短线技术较好的投资者使用。但一定要注意，并不是任何次级别的回调或反弹都是第三类买卖点，只有离开中枢后的第一次次级别的回调或反弹，才构成第三类买卖点，同时，第三类买卖点后，并不必然是趋势，也有进入更高级别盘整的可能。但即使是高级别盘整，也会有高点出现，因此第三类买卖点也必然获利。在实际交易中，对这种出现高级别盘整的情况，应对策略很简单，就是第三类买点后一旦不能出现上涨趋势，一定要在盘整的高点卖出；第三类卖点后一旦不能出现下跌趋势，就可以在盘整的低点买入。

为了帮助读者用缠中说禅线段、中枢、走势类型等概念来理解缠中说禅第三类买卖点，笔者用 2022 年 4 月 1 日至 2022 年 4 月 13 日收盘的上证指数走势为例，给大家做一个简单的介绍，具体见图1.5-32。图中相邻两个数字之间的连线是线段，矩形方框是中枢，第三类买点和第三类卖点用箭头和文字标识出来了。为了能更好地阅读本小节剩余的文字，建议读者尽可能地忽略掉脑海中想象出来的走势方向，因为下述文字是纯粹站在中枢角度说的，除两个类趋势之外，不涉及走势类型。4月1日周五早盘在位置0低开，随后上涨到位置1形成向上线段0—1，然后回调至位置2形成向下线段1—2（笔者注：图1.5-32位置0之前有一个中枢，位置2是该中枢的第三类买点），随后反弹到位置3形成向上线段2—3并收盘。4月2日至4月5日是清明节假期，没有交易。4月6日早盘低开低走形成第一个中枢1—4，注意，中枢1—4是回调形成的中枢，中枢的区间是[3266.87, 3282.72]。4月7日线段7—8向下离开中枢1—4，反弹线段8—9未能触及中枢1—4的ZD（3266.87点），即4月7日14:12在位置9（3263.08点）形成第三类卖点，这个第三类卖点确认中枢1—4结束，中枢1—4最终延续到4月7日13:32的位置8。在位置9形成第三类卖点之后，上证指数继续下跌到位置10，注意5—10是一个5个线段的类趋势下跌，随后反弹到位置11并形成第二个中枢8—11，中枢8—11是反弹形成的中枢。4月11日周一早盘低开后大幅走低，即线段11—12向下离开中枢8—11，临近收盘时开始反弹形成向上线段12—13，但线段12—13未能触及中枢8—11的ZD（位置8），位置13是中枢8—11的第三类卖点。4月12日早盘继续走低形成向下线段13—14，注意9—14也是一个5个线段的类趋势下跌，随后从位置14开始反弹，形成向上线段14—15，即从4月11日14:42开始到4月12日14:39结束形成中枢12—15，中枢12—15是反弹形成的中枢，中枢区间是[3156.51, 3176.10]。由于中枢12—15第三个线段14—15上涨力度较大，其后出现的线段15—16的低点3183.53点未能触及中枢12—15的ZG（3176.10点），即在4月13日9.41位置16的3183.53点形成第三类买点，形成第三类买点后又震荡形成第四个中

枢 15—18。注意，由于到 4 月 13 日收盘时第四个中枢 15—18 的第三个线

段 17—18 还未结束，第四个中枢 15—18 的 ZD 还不能完全确定。此外，

图 1.5-32 中的线段 6—7 和线段 17—18 都是古怪线段。

图 1.5-32　上证指数 1 分钟 K 线图

1.5.15　缠中说禅买卖点分析的完备性

前文已经站在形态学的角度，描述和定义了第一类买卖点、第二类买
卖点和第三类买卖点。这三类买卖点都是 100% 安全的，这个安全性，是
由理论及逻辑所保证的。要想充分理解缠中说禅技术分析理论，那自然也
必须充分理解这三类买卖点的绝对安全性，更进一步，如果买卖点不完备
或不完全，那理论自然也是不完备或不完全的。鉴于此，我们很自然就会
问，在这三类买卖点之外，还有其他 100% 安全的买卖点吗？为了回答这
个问题，我们必须对"买卖点的完备性"这个议题进行一个全面的、概括
性的讨论。

所谓 100% 安全的买卖点，就是在这个点之后，市场走势方向必然发
生转折，或者必然延续之前的走势，没有任何模糊的地方。在市场中进行
买卖交易，唯一值得信赖的基础就是这种市场的必然性。读者可能会说，
世界上没有绝对的东西，那这句话的绝对性又如何保证呢？任何的绝对

性，包括股票等资本市场的绝对性，都是建立在某特定前提和条件基础之上的，可以通过逻辑进行分析的，现在我们就对此"必然性"进行分析。

从上面一系列关于缠中说禅走势中枢的分析可以知道，在走势中的任何一个点，有且只有两种可能，一是走势类型的延续，二是走势类型的转折。换句话来说，对于一个必须100%安全的买点来说，必然是一个向上走势类型的延续，或者是一个向下走势类型变为向上走势类型的转折点。对于向上走势类型的延续这种情况，只能是上涨趋势和向上的盘整，无论是上涨趋势还是向上的盘整，根据缠中说禅技术分析基本原理二，这个向上的走势类型中至少有一个中枢，因此，在向上走势类型的延续中产生的买点之前，一定存在一个缠中说禅走势中枢；对于走势类型的转折，前面下跌的走势类型，只能是下跌趋势或向下的盘整，而无论是下跌趋势还是向下的盘整，在买点即转折点之前，一定存在一个缠中说禅走势中枢。综上所述，在买点之前，无论前面的走势类型是什么，都一定存在一个缠中说禅走势中枢。同理，在卖点之前，无论前面的走势类型是什么，也一定存在一个缠中说禅走势中枢。

因此，所有买卖点，都必然与该级别最近的一个中枢产生某种关系。如果买点出现在中枢下面，则对应着走势的转折，如果买点在中枢之上出现，则对应着上升走势的延续。根据本节"缠中说禅走势中枢定理""缠中说禅走势级别延续定理""缠中说禅走势中枢中心定理""第三类买卖点"等小节的内容，我们可以知道，一旦中枢生成，后续随着行情的发展，中枢有且只有中枢延伸、中枢新生、中枢扩张三种演变情况。如果是中枢延伸，则所有在中枢之上的走势都必然转折向下，否则就不是中枢延伸，显然在中枢上是不可能有对应级别买点的，只可能有卖点。如果是中枢扩张或中枢新生，那么在中枢之上必然存在买点，显然，这买点就是第三类头点。也就是说，第三类买点是由中枢扩张或者中枢新生时产生的，无非是中枢扩张会产生一个更高级别的缠中说禅走势中枢，中枢新生就形成一个上涨趋势。换言之，在第三类买点之后，必然出现更高级别的中枢，或者出现上涨趋势。一般而言，出现更高级别中枢的情况，通常没有立刻出现上涨趋势那样让人喜欢，故而在实际交易和操作中，如何预判并避开出现中枢扩张的情况，是分析和操作时需要研究的一个大问题。但不论是中枢扩张，还是中枢新生，只要出现第三类买点，在第三类买点买入，之后都一定可以获利。

上一段，我们讨论了中枢之上形成买点的情况，现在，我们对在中枢之下形成买点的情况进行讨论。对于上涨趋势，至少有两个中枢，那么在第二个中枢之下，并不能必然形成买点，因此出现在中枢之下的买点，只可能存在于下跌趋势与盘整的走势类型之中。也就是说，一个上涨趋势走势类型确立后，不再可能有第一类买点和第二类买点，只可能有第三类买点。对于盘整，其后的中枢扩张与中枢新生，完全可以向下发展，也就是说，买点出现后，无法保证一定产生向上的转折；如果中枢延伸，中枢形成后随时都会结束延伸，也不一定有向上的转折，所以盘整的情况下，在中枢下面也不一定会产生买点。显然，在排除上涨趋势、向上盘整和向下盘整三种走势类型后，只剩下下跌趋势一种情况，也就是说只有在下跌趋势确立之后的中枢下方才可能出现买点，这就是第一类买点。

在第一类买点之后，只会出现盘整与上涨趋势两种走势类型，根据定义，第一类买点出现后的第二段次级别走势低点就构成第二类买点，第二类买点之后必然有向上的第三段次级别走势，也就是说第二类买点也是相对安全的。当然，第二类买点，不必然出现在中枢的上面或下面，可以出现在中枢相关的任何位置，包括出现在中枢里面。一般而言，第二类买点出现在中枢之下时，其后的上涨力度就值得怀疑，此时出现中枢扩张的可能性比较大；在中枢里面出现第二类买点的，其后出现中枢扩张与中枢新生的概率大约各为50%；当第二类买点出现在中枢之上时，出现中枢新生的机会就比较大。但是，无论第二类买点出现在中枢之下、中枢里面，还是中枢之上，都是必然获利的。

根据定义，第一类买点与第二类买点显然是先后出现的，即这两种买点不可能重合，第一类买点与第三类买点，一个在中枢之下，一个在中枢之上，也不可能重合。当第一类买点出现后，一个次级别的走势非常凌厉地直接突破前面下跌的最后一个中枢，然后在这个最后的下跌中枢之上出现一个次级别的回调，且这个次级别回调不触及最后的下跌中枢，这时候，就会出现第二类买点与第三类买点重合的情况，当然也只有这种情况下才会出现第二类买点与第三类买点重合的情况。虽然在理论上，第二、第三类买点重合时，其后的走势依然可以是中枢扩张构成一个更高级别的中枢，但实际上，一旦出现第二、第三类买点重合的情况，往往会出现一个当前级别或更高级别的上涨趋势。

上面我们分析了买点的情况，同理，卖点的情况也是一样的，归纳起来，我们就有了如下买卖点完备性定理。

缠中说禅买卖点的完备性定理：市场必然产生盈利的买卖点，只有第一、第二和第三类买卖点。

按上述逻辑进行分析，我们可以得出和证明如下涨跌完备性定理。

缠中说禅涨跌完备性定理：市场中的上涨与下跌，都一定是从三类缠中说禅买卖点中的某一类开始的，并以其中的某一类买卖点结束。也就是说，市场走势完全由某级别的走势类型构成，该走势类型的两个端点，均是三类缠中说禅买卖点中的某一类。

市场交易，归根结底就是对买卖点的把握，买卖点的完备性，就是理论的完备性。虽然在理论上，缠中说禅技术分析理论已经向所有人揭示其买卖点的完备性，但买卖点本身不可能代替投资者自动完成买卖，最终买卖交易都是由人去完成的，对所谓的自动化交易工具和程序也是这样，因为这些自动化交易工具和程序也是人开发出来的，实质上交易依然是由人完成的。相同的理论，不同的人应用，可能会有不同的结果，要让"理论的应用"达到理论上的完美，只能靠个人自己，个人应通过市场交易实践，在实践中进步，这种进步永无止境。

1.5.16　第二类买卖点强弱分类

为简单起见，这里以买点的情况进行描述，反过来就是卖点的情况。第一类买点是背驰点，第三类买点就是中枢破坏点，第二类买点是依附于第一类买点出现的，按定义，第二类买点是第一类买点之后次级别上涨结束后再次下跌的那个次级别走势的结束点。例如，一个 5 分钟底背驰后，第一类买点上去的 1 分钟走势结束后，然后出现一个 1 分钟的向下走势，这走势的结束点，就是第二类买点。一般来说，第一类买点和第三类买点的位置在行情走势图中是唯一的，但第二类买点的位置，则可能有如下三种情况。

1.　最强的第二类买点

第二类买点刚好构成原来下跌的最后一个中枢开始的震荡走势的第三类买点，也就是第二、第三类买点的位置重合了，这种第二类买点是最强的，这时一般都对应 V 形反转的快速回升，是最有力度的，如图 1.5-33 所示。

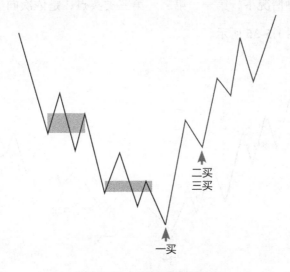

图 1.5-33　最强的第二类买点

2. 最弱的第二类买点

第二类买点跌破第一类买点，也就是第二类买点比第一类买点低，这种第二类买点是最弱的，这时一般构成盘整背驰，后面对应从顺势平台到扩张平台等不同的走势，如图1.5-34所示。

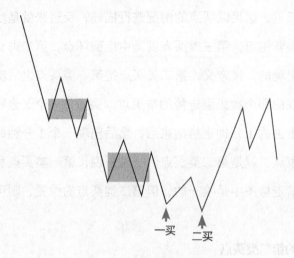

图1.5-34　最弱的第二类买点

3. 一般性第二类买点

除最强、最弱两种第二类买点之外的第二类买点，就是一般性的第二类买点，这种情况下，第一、第二、第三类买点，是依次向上的，一个比一个高，如图1.5-35所示。

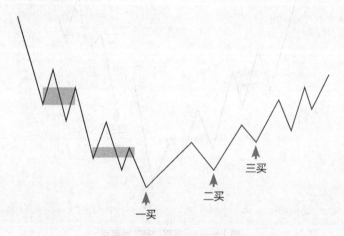

图1.5-35　一般性第二类买点

　　站在原来下跌最后一个中枢的角度，第一、第二、第三类买点都可以看成是中枢震荡的结果，第二类买点是紧接在第一类买点之后的，但在第二类买点与第三类买点之间，可能会存在更多的中枢震荡走势，对第二类买点与第三类买点之间的震荡买点，没有特别的命名，在交流中一般称之为类二买。注意，对前面向下走势是一个盘整走势类型，出现盘整背驰后回升或小转大回升的情况，只有在回升的中阴状态下才有低级别的第一、第二类买点，特别是，中阴状态结束后所有的中枢震荡，只存在第三类买卖点以及中枢震荡的买卖点，不存在第一、第二类买卖点了。

1.6　上证指数月 K 线分笔、分段的思辨

　　分型、笔、线段，无论是在 1 分钟 K 线图上，还是在月 K 线图上，定义和应用都是一样的。对于月 K 线图这样比较长时间周期的走势图，虽然只能看一个大概，但这个大概，却指明了大方向。

　　图 1.6-1 是缠论原著在 2007 年 8 月 9 日对上证指数月 K 线分笔、分段的结果，其中向上箭头指着底分型，向下箭头指着顶分型，箭头上方或下方大写的 X 标注笔划分过程中被舍去的分型，较细的线是笔，共有 9 笔，较粗的线是线段，共有 2 个线段。整个分笔分段过程，缠论原著明确说只应用了①顶分型和底分型之间至少有 1 根 K 线，②顶必须接着底或底必须接着顶这两个规范要求。从大的面看，该划分非常合理，是较好的笔划分，看着非常舒服，从某级别的 K 线按走势类型递归上来，也可能会得到上述结果。

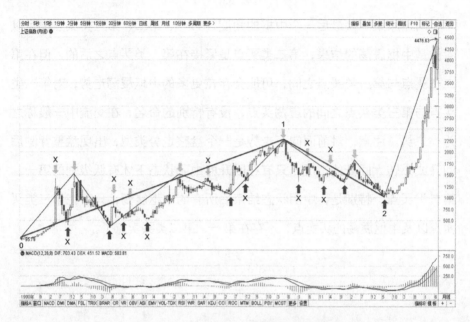

图 1.6-1　上证指数月 K 线图划分笔和线段

有缠友认为，图 1.6-1 中的划分对上证指数月 K 线没有考虑包含关系，只考虑顶底分型是否交替，同时还应用了①和②两个规则之外的其他规则。在此，我们可以针对图 1.6-1 中的划分，进行一些有益甚至有趣的讨论，问自己一些问题，并试图回答或解决这些问题，这样能帮助我们更好地理解笔、线段和走势类型的划分过程和结果，并对"形态学"的内容进行有益的补充。

在图 1.6-2 中，注意标有①、②、③、④、⑤、⑥、⑦、⑧、⑨的九个位置，其中②、④、⑤、⑥、⑧这五个位置在图 1.6-1 上没有标出来，②的价位是 1025.13 点，④的价位是 1043.02 点，⑥的价位是 1064.17 点，向上箭头⑦的价位是 1047.83 点，显然②、④、⑥这三个位置都应该是底分型，⑧这个位置应该是顶分型，⑤这个位置是否有顶分型再另行讨论。

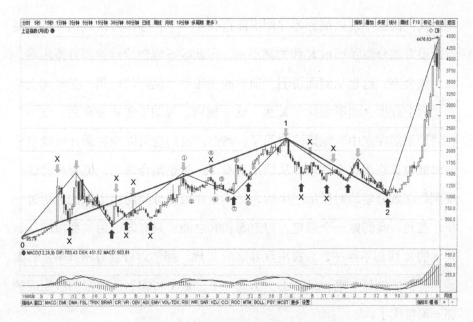

图 1.6-2　上证指数月 K 线图划分笔和线段

（1）如果不进行包含关系处理，①和②之间没有共用 K 线，可以组成向下一笔，②和③也可以组成向上一笔；如果进行包含关系处理，那么①和②共用 K 线，不是满足规范要求的底分型，故在确定符合规范分型的时候，舍弃②。②在图上没有被标上向上箭头，这从侧面说明图 1.6-1 中的划分是进行了包含关系处理的，②因不满足规范要求而被舍弃。

（2）对位置④这个低点，底分型②在前面已经被舍弃了，那么③和之前的顶分型①没有共用 K 线，故③要保留，而③、④有共用 K 线，保留了③，那自然不能保留④，因此④在图 1.6-1 上也没有被当成底分型。在此我们可以问，为什么不保留④而舍弃③呢？当然，我们可以说③先出现，要优先保留③从而舍弃④，这个逻辑也是通的，因为时间不可逆。

（3）对位置⑤这个高点，无论是否进行 K 线包含关系处理，它都是一个顶分型；在④被舍弃后，③和⑤没有共用 K 线，⑤应该被保留。但为什么没有被保留呢？那是因为笔规范"在同一笔中，顶分型中最高那根 K 线的区间至少要有一部分高于底分型中最低那根 K 线的区间"（为方便交流，我们把这个规则简称为"顶不能在底中"），⑤作为候选顶分型，高点还没有底分型④那根 K 线的高点高，因此⑤不能作为候选顶分型出现，从而被舍弃；这也从侧面说明"顶不能在底中"规则的应用，在时间上早于"两个分型之间不能共用 K 线"这一规则，否则当④被舍弃后，就不存在"顶不能在底中"规则的应用了，当然，我们也可以说在最开始确定分型时就应该应用这个规则，从结果来看，自然也是合理的，但要注意这个规则是在划分笔的时候提出来的，而不是在设计分型时提出来的。更进一步，在此，我们做一个假定，假定⑤和⑧之间，只有⑤之后的那根阴线，其他的 K 线都不存在，直接出现⑧这根 K 线，那笔划分会有不同吗？答案是不会，依然是 9 笔，只是①—⑦这一笔，被①和⑤后面那根阴线组成的那一笔替代了。

（4）如果进行包含关系处理，显然⑥和向上箭头⑦应该合并成一个分型，分型的位置应该落在⑥处。因为在周 K 线、日 K 线或更短周期 K 线图上，低点⑦都对应着底分型，如果在短周期 K 线图上划分笔、线段和走势类型并往高级别递归的话，低点⑦比低点⑥更重要，所以底分型落在⑦这个位置没有问题。

（5）按图 1.6-1 最终的划分结果来看，图 1.6-1 没有应用"笔的起止点就是笔的高低点"这一规则。再考虑到"笔的起止点就是笔的高低点"规则在原著中首次出现的时间晚于 2007 年 8 月 9 日，即晚于图 1.6-1 出现的时间，笔者倾向于图 1.6-1 中的"月线分段"没有应用"笔的起止点就是笔的高低点"这一规则。

如果严格进行包含关系处理，按老笔定义并且要求笔的高低点落在笔的起止点上来划分，则一共只有 7 笔，比图 1.6-1 的画法少 2 笔。但线段的划分结果不变，依然是 2 个线段，具体如图 1.6-3 所示。

图1.6-3　上证指数月 K 线图划分笔和线段

　　如果严格进行包含关系处理，按新笔定义并且要求笔的高低点落在笔的起止点上来划分，一共有 11 笔，比图 1.6-1 的画法多 2 笔。但线段的划分结果不变，依然是 2 个线段，具体如图 1.6-4 所示。

图1.6-4　上证指数月 K 线图划分笔和线段

出现上述三种结果及差异，完全是因为笔规范要求不同，但这并不是说笔规范可以随意定义，反而说明，笔是不太稳定的，故而我们不用笔构建中枢和走势类型，而是先用笔构建线段，再用线段构建中枢和走势类型，这样可以让走势的分解更稳健可靠，从而为走势分析打下坚实基础。

特别地，在低级别时间周期图上，如 1 分钟、5 分钟、30 分钟、60 分钟等 K 线图，我们划分笔时，一定要严格进行 K 线包含关系处理，然后落实老笔或新笔的规范要求，并且要求笔的高低点落在笔的起止点上。进一步，在日 K 线和周 K 线图上，也建议严格按上述规范要求划分笔。只有在月 K 线图、季 K 线图等非常高级别的走势图上，才可以用相对简化的方法进行笔的划分。

更长时期的上证指数月线走势图笔和线段的划分，可以参考本书前面"线段划分示例"相关章节的内容。

第 2 章
动力学

2.1　背驰和盘整背驰

2.1.1　趋势力度

无论是在理论上，还是在实践中，力度或趋势力度都是一个不可回避的概念，目前在投资业界并没有形成共识，特别是力度绝对值、单位或量纲（如经典牛顿力学中力的单位是"牛顿"）的定义没有共识。考虑到在实践中，我们很少需要某一段上涨行情或下跌行情的"力度"的绝对值，更多的时候是对前后两段行情的力度进行对比，即在实践中，更多的是关注力度的相对值，所以，没有对力度的单位或量纲形成共识，也不是一个特别重大的问题，只需要保证前后两段行情力度的计算方式一样，可以进行比较即可。关于力度或趋势力度的度量，业界有很多做法，包括涨跌幅度、涨跌速度、涨跌斜率、成交量等。在缠中说禅技术分析理论中，关于趋势力度有如下定义。

缠中说禅趋势力度：前一次短期均线与长期均线"缠"的结束，与后一次短期均线与长期均线"缠"的开始，在这两者中间由短期均线与长期均线相交所形成的面积。

缠中说禅趋势平均力度：当下与前一次短期均线与长期均线"缠"的结束，短期均线与长期均线形成的面积除以时间。

关于上述定义，有两点需要注意。第一，上述定义中的"缠"是和均线相关的，而均线系统，只是走势的一个简单数学处理，离不开或然率。在缠中说禅技术分析理论中，"缠"是一个过渡性的概念，大致相当于某级别的中枢，但中枢是更优、更好的终极概念，故在本节中我们不展开介绍 "缠"，以免带来不必要的混乱。第二，短期均线、长期均线中的短期、长期，到底以多少个交易日为标准也没有统一的说法，这里也不展开讨论。

虽然我们在上面已经对力度或趋势力度进行了明确的定义，但在分析和交易的实践中，我们不会按这个定义来计算力度或趋势力度，也不会应用这个定义进行解盘，而是充分利用业界已有的研究成果 MACD，并通过优化 MACD 的使用方法方式来确定趋势力度的大小。故而，在本书中，我们基本上会忽略上述趋势力度的具体定义，而专注于用 MACD 对趋势力度进行辅助判断。

2.1.2　背驰和盘整背驰概述

背驰：在一个缠中说禅趋势中，最后一个次级别走势类型的趋势力度比最后一个中枢之前的某个次级别走势类型的趋势力度弱，就形成背驰。换句话说，背驰其实就是趋势力度衰竭的表现。

具体来说，在一个本级别的 $a+A+b+B+c$ 的趋势走势类型中，A 和 B 是本级别中枢，如果次级别走势类型 c 的力度比 b 的力度小，我们就说出现背驰了。在这里，c 必须是次级别的走势类型，不能是次级别以下级别的走势类型，a 和 b 则可以是次级别或次级别以下级别的走势类型，c 段被称为背驰段，c 的结束点就是背驰点。注意，没有趋势就没有背驰，或者说背驰只出现在上涨或下跌的趋势中。简单来说，背驰的大概意思就是 c 的上涨或下跌力度比 b 小，是趋势力度衰竭的表现。这里说的力度或趋势力度，可以是涨跌幅度、涨跌速度、涨跌斜率、成交量等。当 $a+A+b+B+c$ 是向上的走势类型时，出现的背驰被称为顶背驰；当 $a+A+b+B+c$ 是向下的走势类型时，出现的背驰被称为底背驰。

盘整背驰：在一个缠中说禅盘整中，最后一个次级别走势类型比中枢之前走势的走势力度弱，就形成了盘整背驰，盘整背驰简称盘背。

具体来说，在一个本级别的 $a+A+b$ 的盘整走势类型中，A 是本级别中枢，如果次级别走势类型 b 的力度比 a 的力度小，我们就说出现盘整背驰了。在这里，b 必须是次级别的走势类型，不能是次级别以下级别的走势，a 则可以是次级别或次级别以下级别的走势，b 段被称为盘背段，b 的结束点就是盘背点，盘背只出现在向上或向下的盘整中。简单来说，盘整背驰的大概意思就是 b 的上涨或下跌力度比 a 小，是力度衰竭的表现。这里说的力度或趋势力度，可以是涨跌幅度、涨跌速度、涨跌斜率、成交量等。

要特别注意，只有在缠中说禅趋势中才有背驰的说法，换句话来说，没有趋势就没有背驰。在缠中说禅技术分析理论中，背驰是有基础性意义的，通常用背驰来做预测，而且背驰点就是上涨趋势或下跌趋势走势类型的结束点，只要看到某级别的背驰，就可认为有逆转，理论上保证走势回拉或回调到原趋势的最后一个中枢范围内。

盘整背驰，只是把背驰中相应的力度分析方法进行推广，用到盘整或中枢震荡相关的力度比较中。对背驰的分析，对盘整背驰也一样有效。

其实，站在走势中枢的角度，盘整背驰与背驰，本质上是一样的，只是力度、级别以及发生的走势中枢位置不同而已。无论是盘整背驰还是真正的背驰，理论只能保证其回拉到原来的走势中枢范围内。那么，回拉之后如何，这涉及预测。正确的思维方式是把回拉后出现的情况进行完全的分类，根据每种分类对应的结果，决定对策。

2.1.3　缠中说禅背驰——买卖点定理

背驰有级别的属性，举个例子来说明，在绝大多数情况下，一个 1 分钟级别向下走势类型出现背驰，不会制造一个周 K 线级别向下走势类型的大底，如果要 1 分钟级别向下走势类型的背驰制造一个周 K 线级别的大底，通常要求 30 分钟 K 线、日 K 线走势图上也同时出现背驰或盘整背驰。但是，背驰出现后必然有逆转，这是确定的。那么顶背驰后到底跌多少，底背驰后到底涨多少呢？这个问题其实很简单，就是跌到或涨到重新出现新的次级别买卖点为止。背驰与第一类买卖点密切相关，同时我们在前面学习过，所有的买卖点最终都可以归到某级别的第一类买卖点上去，因此，我们可以这样理解：任何的逆转，必然包含某级别的背驰。用测度论等严格的数学理论及方法，可以证明如下定理。

缠中说禅背驰——买卖点定理：任何一个背驰都必然制造某级别的买卖点，任何一个级别的买卖点都必然源自某级别走势的背驰。

换句话说，当行情走势出现某级别的背驰，就意味着要出现逆转。但这个逆转，并不是永远的。例如，日 K 线上向下走势类型的底背驰制造一个买点，反弹后，在 5 分钟或 30 分钟级别向上走势类型出现的顶背驰制造一个卖点，然后由这卖点开始，又可以继续下跌，甚至创新低，这种情况是很正常的，这也是"背了又背"的原因。

一般而言，"背了又背"的情况，经常出现在主升浪和主跌浪中，这也是在实际操作中，至少要考虑两个级别的原因，如果高级别处于主升浪或主跌浪中，在低级别上经常容易出现"背了又背"的情况。用缠中说禅技术分析的语言来说，就是中枢移动时，容易出现"背了又背"的情况。在某级别走势类型中，行情向上或向下突破并且远离最后一个中枢，出现中枢新生的过程，称为中枢移动。简单来说，中枢移动通常是指次级别或更低级别上出现强势上涨或下跌，方向向上时称为中枢上移，方向向下时称为中枢下移，也是通常意义上的主升浪或主跌浪。

2.1.4　MACD 对背驰的辅助判断（一）

因为背驰点之后必然有转折，在背驰点买入后能 100% 获利，所以背驰是很多初学者非常着迷的概念。注意，这句话只是在理论上成立，在现实的交易中，走势总是"背了又背"，这是因为很多人没有真正掌握背驰的判断方法，最终迷失在"背驰"里面，被"背驰"缠住了。同时，有的人即便真正掌握了背驰的判断方法，自我控制力也很强，能在正确的理论指导下做到"知行合一"，但根据本书前面"缠中说禅走势中枢定理"的分析，真正的高低点是一闪而过的，能抓住的概率不大。但这些问题和情况并不是我们放弃"背驰"的原因，这些问题和情况恰恰说明"背驰"这个概念的重要性，并为我们指明使用"背驰"这个概念的大致方向，一旦掌握背驰的概念，在用好背驰的判断方法后，我们就能买在底背驰点附近，卖在顶背驰点附近，从而占据非常有利的位置，做到大概率获利。

前面提到过，缠中说禅技术分析理论用 MACD 来辅助判断背驰，故而，从本小节开始，笔者连续用 4 个小节，详细描述用 MACD 辅助判断背驰的方法，帮助读者厘清背驰判断的前提、思路和具体方法。

目前，基本上所有与证券、期货行情相关的软件，都会提供 MACD 指标，而且绝大多数行情软件都会把 MACD 指标排在所有技术指标的第一位。MACD 的中文名是"异同移动平均线"，是从双指数移动平均线发展而来的，计算过程如下。首先，由 12 周期的指数移动平均线减去 26 周期的指数移动平均线，得到两者的"离差值"DIF；其次，计算 DIF 的 9 周期指数移动平均线，得到 DEA；最后，用 DIF 减去 DEA，再乘以 2，得到 MACD。DIF、DEA 和 MACD 三者合起来组成 MACD 指标，其中 DIF 俗称快线或快速线，DEA 俗称慢线或慢速线，MACD 俗称 MACD 柱。在黑色背景的行情图上，DIF 通常画成一根白色的曲线，DEA 通常画成一根黄色的曲线，大于 0 的 MACD 一般画成红色柱子，小于 0 的 MACD 画成绿色柱子，故而 DEA 和 DIF 的组合俗称黄白线，MACD 柱俗称红绿柱。MACD 指标的缺省参数是 12、26 和 9，一般无须改变，当然，也可以修改为 24、52 和 18 这样的组合。关于 MACD 指标的设计和使用的详细介绍，可以从类似《技术指标大全》这样的书中获得，也可以通过网络搜索获得。缠中说禅技术分析理论使用 MACD 来辅助判断走势的背驰，注意重

点是理解辅助判断的用法和前提条件，而不是 MACD 指标的计算过程和
参数。

　　一般而言，为了判断背驰，首先，要确定两个方向相同的趋势或走势
类型，且这两个同方向的走势类型之间一定要有一个盘整或反方向的走势
类型，为了描述方便，笔者在本小节内，把这三段分别称为 b、B、c 段。
根据趋势的定义和缠中说禅走势级别延续定理一，B 的级别一定会比 b、c
的级别高，如果不是这样，b、B、c 连在一起就会变成一个大的趋势或大
的中枢。其次，在 b 段之前，一定要有一个和 B 级别相同的中枢，或者有
一个比 B 级别更高的高级别中枢，对这个同级别或更高级别的中枢我们称
之为中枢 A，而且中枢 A 不能属于与 b 逆向的趋势，否则 A、b、B 这三段
走势就在一个大的中枢里了。再次，中枢或走势类型 B 一般会把 MACD 的
DIF 和 DEA 回拉到零轴附近，即黄白线回抽零轴。最后，当 c 段走势类型
完成时，c 段对应的 MACD 柱子面积比 b 段对应的 MACD 柱子面积小，
这个时候我们就认为已经构成了标准的背驰，如果 b、c 的方向向上，就比
较 MACD "红柱子" 的面积，如果 b、c 的方向向下，就比较 MACD "绿
柱子" 的面积。

　　上面的描述有点抽象，这里用一个例子进行说明。图 2.1-1 是创业板
综合指数（399102）的 10 分钟 K 线图，从 2022 年 4 月 27 日低点 2316.86
点开始，到 2022 年 7 月 8 日高点 3138.00 点为止，形成了一个向上的趋
势，2022 年 5 月 11 日至 5 月 18 日形成中枢 A，5 月 18 日至 6 月 27 日
10:50 形成 b 段走势，6 月 27 日 10:50 至 7 月 6 日 14:30 形成中枢 B，7 月
6 日 14:30 至 7 月 8 日 9:40 形成 c 段走势。显然中枢 B 把 MACD 的黄白
线（DIF 和 DEA）回拉到零轴附近，其后 c 段上涨，c 段对应的 MACD 红
柱子面积明显小于 b 段对应的红柱子面积，故而构成一个标准的背驰。通
常，计算 MACD 柱子面积时，不需要等 MACD 柱子改变颜色，一般柱子
高度开始缩短时，表示力度已经开始减弱，此时把已经出现的 MACD 柱子

的面积扩大一倍，就可以将其当成这一段走势的 MACD 柱子面积。因此，在实际的操作过程中，并不是等下跌或上涨后才能发现是背驰，而是在上涨或下跌的最后阶段，就可以大致判断出来了，从而可以卖在最高价位附近，或买在最低价位附近。

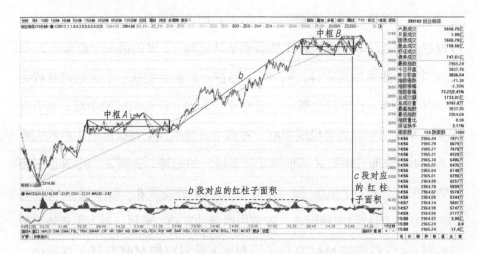

图 2.1-1　创业板综合指数（399102）的 10 分钟 K 线图

　　上面是一种标准的背驰判断方法，一般而言，如果没有明确说明，背驰都是指标准的趋势中形成的背驰。在盘整中，我们也可以用类似于背驰的判断方法，通常也可以获得很好的效果。这种盘整中的类似背驰方法的应用，称为**盘整背驰判断**。

　　对于盘整背驰，我们也用一个例子进行说明。图 2.1-2 是上证指数 5 分钟走势图，为描述方便，称其为 $a+B+c$ 盘整走势，其中，B 在本例子中是一个由三个线段构成的中枢，a、c 均是线段，这个 5 分钟走势图上就构成一个标准盘整背驰。2022 年 6 月 23 日 10:25 到 6 月 29 日 9:40 构成线段 a，2022 年 6 月 29 日 9:40 到 7 月 4 日 9:40 构成中枢 B，2022 年 7 月 4 日 9:40 到 7 月 5 日 9:35 构成线段 c。显然中枢将 MACD 黄白线（DIF 和 DEA）回拉到零轴附近，其后 c 段上涨，c 段对应的 MACD 红柱子面积明显小于 a 段对应的红柱子面积，故而构成盘整背驰。其实对 c 段可以进行更仔细的分析，7 月 5 日跳空高开，9:35 的第一根 K 线就创出新高，在线段 c 内部已经形成一个低级别的趋势或盘整，已经随时可以完美。然后 9:40 收十字阴线，表示向上的行情出现犹豫，9:45 收大阴线形成顶分型，显然背驰了，此时就应该卖出，等回补缺口后逢低回补的机会。但随后回补缺口后继续大跌，跌到中枢 B 的 Z 轴之下，所以就可以多等等，然后再找机会回补。从截至 7 月 12 日收盘情况来看，可能在 5 分钟走势图上要跌出一个 5 个线段的类趋势，本轮调整才会结束，才有回补和入场的机会。

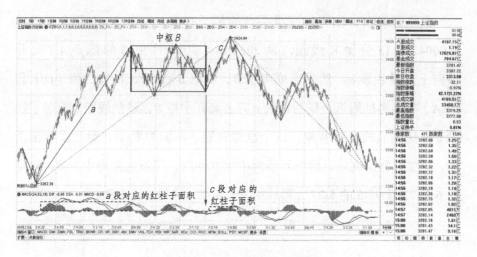

图 2.1-2　上证指数 5 分钟走势图

对 $a+B+c$ 盘整走势，一般而言，如果线段 c 不创新高，即不突破中枢 B 的最高点 GG，一旦出现 c 段 MACD 柱子的面积小于 a 段 MACD 柱子的面积，其后必定有回跌。当线段 c 突破中枢创新高，即突破中枢的最高点 GG 并形成新的 GG 价位，情况就比较复杂，但如果 c 段的 MACD 柱子面积小于 a 段的 MACD 柱子面积，原则上还是先离场比较好，因为在这之后只有两种情况，一种是重新跌回中枢里面，一种是不能回到中枢里面。当回跌没有跌回到中枢里面，可以在次级别或以下级别的第一类买点回补，因为此时刚好构成当前级别的第三类买点。当回调跌到中枢里面时，后续可能有较多时间安排回补，或者短时间内根本就没有回补机会。

对于背驰与盘整背驰两种情况，背驰是非常重要的，一旦出现背驰，其回跌，一定至少重新回到最后一个中枢里面，前述创业板综合指数（399102）的 10 分钟 K 线图就是这样的。但盘整背驰，则不一定，因为回调后可以形成第三类买点继续上涨。在实际的交易中，我们一般利用盘整背驰做短差降低持股成本。当然，如果突破中枢最高点 GG 创新高，就必须分清楚是会跌进中枢还是不回到中枢这两种情况，从而把握第三类买点，这个对技术的要求比较高。

盘整背驰后，出现第三类买点的例子有很多。图 2.1-3 是徐工机械（000425）15 分钟 K 线图，从 2022 年 4 月 27 日 9:45 的低点 4.7 元开始向上形成线段 a，然后形成中枢 B，中枢 B 将 MACD 黄白线（DIF 和 DEA）拉回零轴附近，随后线段 c 向上离开中枢 B，显然线段 c 相对于线段 a 出现明显的盘整背驰，这个盘整背驰，不但力度小，而且没有创新高，盘整背驰出现后，价格开始向中枢 B 回跌，但没有跌进中枢 B，最终在 6 月 23 日 9:45 的 5.27 元形成第三类买点，然后继续上涨。

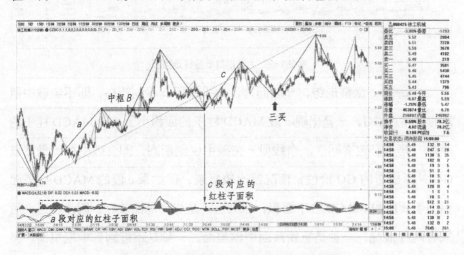

图 2.1-3　徐工机械（000425）15 分钟 K 线图

无论是背驰还是盘整背驰，只要出现上面的情况，满足背驰和盘整背驰的判断标准，在理论上和技术上，回调是必然会出现的。但在现实的分析和交易中，核心问题不在于判断标准的准确性，而在于我们如何准确地应用 MACD 辅助背驰和盘整背驰判断，也就是说，我们必须先清楚什么是背驰、什么是盘整背驰、它们之间的区别是什么等，否则是不可能熟练进行背驰和盘整背驰判断的。

一般而言，如果能用好 MACD，即使我们对中枢不大熟悉，但只要能分清楚走势图上的 a、B、c 三段走势，也能进行可靠的操作。必须说明的是，由于 MACD 本身的局限性，要精确地判断背驰与盘整背驰，最终还是要从缠中说禅技术分析理论的中枢出发。

2.1.5　MACD 对背驰的辅助判断（二）

上一小节已经把背驰和盘整背驰讲清楚了，但考虑到背驰的基础性作用，本小节将用常见和典型的 $a+A+b+B+c$ 走势类型作为例子，进一步对背驰进行说明，并对一些容易混淆的地方，进行更细致的说明。

首先，没有趋势就没有背驰。只有当 $a+A+b+B+c$ 是一个趋势时，我们才能说 $a+A+b+B+c$ 出现背驰。$a+A+b+B+c$ 是一个趋势，就意味着 A、B 是同级别同方向的中枢。按趋势、盘整走势类型的定义，如果中枢 A、中枢 B 方向不一样，那么 $a+A+b+B+c$ 只能组成一个更高级别的盘整，如果中枢 A、中枢 B 级别不一样，依然只是个高级别的盘整。例如，如果中枢 B 的级别比中枢 A 的级别高，就有 $a+A+b+B+c=（a+A+b）+B+c$，（$a+A+b$）与 c 就是围绕中枢 B 的一些低级别波动，（$a+A+b$）+B+c 就是一个以中枢 B 为核心的盘整走势；同理，如果中枢 A 的级别比中枢 B 的级别高，$a+A+b+B+c$ 就是一个以中枢 A 为核心的盘整，这一点在本书后文有详细介绍，这里我们只需要理解中枢 A 和中枢 B 的级别和方向都必须相同即可，也就是说不是任何 $a+A+b+B+c$ 形式都有背驰的，硬要说有背驰，最多也就是盘整背驰。上一小节中"……在 b 段之前，一定要有一个和 B 级别相同的中枢，或者有一个比 B 级别更高的高级别中枢，对这个同级别或更高级别的中枢我们称之为中枢 A，而且中枢 A 不能属于与 b 逆向的趋势，否则……"这句话，说明中枢 A 比中枢 B 大时是可以构成趋势并出现背驰的，那本小节这里怎么又说这种情况不可以呢？注意上一小节这句话，条件和要求明显更多，而且含有走势分解等知识，当满足所说的那些条件，应用本书后续将要讲解的多义性和走势分解等知识，当中枢 A 的级别比中枢 B 的级别高时，$a+A+b+B+c$ 必然可以同级别分解为（$a_1+A_1+a_2$）+（$a_3+A_2+a_4$）+（$a_5+A_3+b_1$）+$B+c$ 这种走势类型和中枢的组合，使得中枢 A_3 的级别和中枢 B 的级别相同，而且方向相同，这样（$a_5+A_3+b_1$）+$B+c$ 就可以构成一个趋势，就可以出现背驰了。这些内容，现在不理解也没有关系，等学习完多义性和走势分解等知识点之后，就能很好地理解了。在这里，重点是要记住：对 $a+A+b+B+c$ 走势类型，a、b、c 三者的方向必须相同，中枢 A 和中枢 B 的级别和方向必须相同，让 $a+A+b+B+c$ 构成上涨趋势或下跌趋势，这样才有出现背驰的可能，否则没有背驰。

其次，$a+A+b+B+c$ 中的中枢 B 必须是已经完成的中枢，即中枢 B 必须出现第三类买卖点，否则 c 就可以看成是中枢 B 的低级别波动，用中枢震荡或盘整背驰来解释和处理更合适。如果中枢 B 没有出现第三类买卖点，那么 c 必须是次级别的，不能是次级别以下级别的，换句话来说，c 必须至少包含中枢 B 的一个第三类买卖点。在这里，因为综合运用了中枢、走势类型、级别等定义，以及多义性和走势分解等知识点，有点复杂和难以理解，待我们学习了多义性和走势分解之后，就可以理解了。记住这里的重点"c 必须是次级别的，不能是次级别以下级别的走势类型"。但要注意的是，a 和 b 可以是次级别的走势类型，也可以是次级别以下级别的走势类型，包括力度最大连续的缺口，换句话说，b 在级别上是不能高于 c 的。假如 b 是次级别，而 c 出现连续缺口，即便当下 c 的力度比 b 的力度小，也不能认为出现背驰，因为多数情况下 c 的级别会随着行情的发展慢慢变大，最终也会生长成次级别，达到 b 的级别，这时 c 的力度依然小于

b 的力度的可能性就很小了，也就是说，此时出现背驰的可能性会很小，就算 c 的力度依然小于 b 的力度，最终出现背驰，也要特别留意，因为此时可能有两种情况：① $a+A+b+B+c$ 是向下趋势，出现底背驰，下跌趋势结束，经过一个同级别的反弹，然后又可以出现最弱走势，继续下跌；② $a+A+b+B+c$ 是向上趋势，出现顶背驰，上涨趋势结束，然后经过一个同级别的调整，又可以出现最强的走势，继续上涨。

再次，如果 $a+A+b+B+c$ 是上涨趋势，c 一定要创出新高；如果 $a+A+b+B+c$ 是下跌趋势，c 一定要创出新低。对于不能创新高或新低的走势，围绕中枢 B，用盘整背驰的方式进行判断和处理会更好。当 c 创新高或新低时，对 c 的内部进行分析，为满足 "c 必须至少包含中枢 B 的一个第三类买卖点" 这一条件，即为了满足 "次级别离开中枢 B、次级别返回中枢 B 但不进中枢 B" 的条件，那么 c 里面必须至少包含两个次级别中枢，此时，这两个次级别中枢通常能构成次级别趋势，这种情况下，就可以继续套用 $a+A+b+B+c$ 的形式进行次级别分析确定 c 的内部结构里次级别趋势的背驰问题，形成类似区间套的状态，这样对其后的背驰就可以更精确地进行定位。关于区间套，总体来说是一种从高级别往下精确找高级别买点的方法，本书后面的章节会对其进行介绍。

上述关于背驰的内容，具体可以总结成三句话。

（1）没有趋势，没有背驰。

（2）中枢没有结束，没有背驰。

（3）没有创新高或新低，没有背驰。

为了帮助大家理解如何用 MACD 指标的黄白线和红绿柱子进行背驰判断，现基于图 2.1-4 的走势，给出具体的描述。

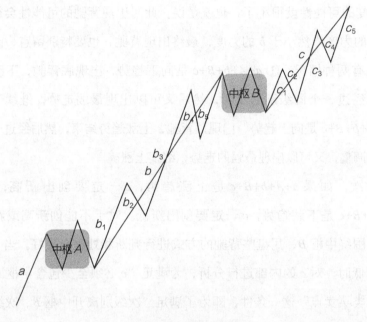

图 2.1-4　标准上涨趋势

图 2.1-4 中，$a+A+b+B+c$ 是一般情况下的标准趋势，其中 a 由 1 至 5 个线段构成，中枢 A 由 3 至 7 个线段构成，b 由 b_1、b_2、b_3、b_4、b_5 共 5 个线段构成，中枢 B 由 3 至 7 个线段构成，c 由 c_1、c_2、c_3、c_4、c_5 共 5 个线段构成。a 段和 b 段都可以是次级别及次级别以下级别的走势。

a 段会将 MACD 黄白线从零轴之下拉到零轴之上，并维持在零轴之上，直到形成中枢 A 时回到零轴附近或稍跌破零轴；a 段可以是次级别或次级别以下级别的走势类型。

中枢 A 会将 MACD 黄白线回拉到零轴附近，或者 MACD 黄白线稍跌破零轴。

b 段会将 MACD 黄白线从零轴附近再次拉起，而且一般是快速拉起；通常而言，b 段红绿柱子先一波比一波高，然后再一波比一波低，但 MACD 黄白线会一直维持在零轴之上，且黄白线高点通常比 a 段高；b 段可以是次级别或次级别以下级别的走势类型，b 段通常由 5 个线段的类趋势组成，b 段是"背了又背"的高发区，在上涨趋势中 b 段是逃顶者的地狱，在下跌趋势中 b 段是抄底者的地狱。

中枢 B 会将 MACD 黄白线从零轴之上回拉到零轴附近或稍跌破零轴。判断背驰时，这个条件必须满足。

c 段会再次把 MACD 黄白线拉起，但黄白线高点不会再次高于 b 段黄白线高点；c 段中会出现 MACD 红绿柱子一波比一波低的现象。

c 段，必须是次级别的，而且一定要出现中枢 B 的第三类买点，以便确定中枢 B 结束，否则可以把 c 段看作中枢 B 的中枢震荡。c 段通常是一个 5 个线段的类趋势，或者 c 段里面通常能划分出 2 至 3 个与中枢 B 同向但级别更低的笔中枢（笔者注：笔中枢，是指仿照线段构成中枢的方式，用笔作为基础构件构成的中枢，当只有 1 笔构成中枢时，可以称为类笔中枢。虽然我们没有基于笔构建走势中枢并作为整个理论的核心，但依然可以借助笔中枢这个概念对特定走势进行有益的分析），且其中一个笔中枢的结束点高于中枢 B 的 ZG。判断背驰时，这个条件必须满足，即 c 段必须是次级别的，且包含中枢 B 的第三类买点，否则中枢没有结束，没有背驰。

c 段中，价格一定要创新高，即 c 段的最高价，一定要高于 b 段的最高价和中枢 B 的最高价 GG。判断背驰时，这个条件必须满足，即没有创新高或新低，没有背驰。在上涨趋势中，c 段是逃顶者的天堂，在下跌趋势中，c 段是抄底者的天堂。

上面讲了背驰必须满足的几个条件，关于 c 段，还需要再次强调两点。一是 c 段的黄白线不能再次创新高，如果 c 段的黄白线再次创新高，即比 b 段黄白线的高点还要高，则还可以期待中枢 C 的出现。二是 c 段里面要出现红绿柱子一波比一波低的情况，且黄白线要逐步走低，这说明 c 段内部也有更低级别走势的背驰，出现了本书后面即将描述的"区间套"状态，从操作实践的角度，如果 $a+A+b+B+c$ 这个趋势的级别是我们操作的级别，这个时候就要毫不犹豫地离场。

2.1.6　MACD 对背驰的辅助判断（三）

MACD 指标的缺省参数一般是 12、26、9，这些数字的大小，关系到指标的灵敏度，一般而言，缺省参数适应多数的走势，但也不是适用所有的情况，在某些情况下，需要一些变通。

对于一个快速或强势的走势，在 1 分钟走势图上，MACD 指标也有很明显的滞后性。对这种情况，如果做超短线，那就要看实际的走势，例如图 2.1-5 所示的水井坊（600779）1 分钟走势图，从 16.4 元上冲 19.08 元的这段，是一个 1 分钟以下级别上涨趋势的不断延伸，如果想抓住这种超短线的卖点，那就需要忽略黄白线，即 DIF 和 DEA 的变化，重点关注 MACD 柱子的高度。根据 MACD 指标的算法可以知道，MACD 柱子的高度通常表达了走势的当下力度，柱子越高，力度越大。因此，对一个股票走势图，应该关注该股票 MACD 红绿柱子的一般高度，通常而言，在盘整中，MACD 红绿柱子高度到达一定的程度，就一定会缩短；在趋势中，MACD 红绿柱子的高度通常会比盘整中的高，不过也是有限的，一般触及某个极限高度后，再两次或三次上冲该极限，然后就会回调。因为这种上涨和回调变动很快，在 1 分钟级别上都不能达成背驰的基本要求，如黄白线（DIF 和 DEA）回拉到零轴附近，即必须用单纯的 MACD 柱子来判断。强调一下，这里的前提是 1 分钟以下级别的急促上升或下跌，正常情况下，必须配合黄白线，即快线 DIF 和慢线 DEA 的走势进行判断分析。从水井坊（600779）1 分钟走势图可以看出，17.5 元时 MACD 柱子的高度，是一个极限高度，后面分别在 18.5 与 19.08 元附近，MACD 柱子有两次上冲，这两次上冲时 MACD 柱子的高度都不能突破该极限高度，虽然这两次上冲形成的 MACD 柱子面积大于前面 17.5 元附近的 MACD 柱子面积，但这种两次或更多次冲击 MACD 柱子极限高度但不能突破，通常就意味着这种强势的走势就要结束了。再次强调一下，这里说的是超短线的情况，前提是 1 分钟以下级别的急促上升或下跌（笔者注：务必注意这个前提），其他情况下，必须配合黄白线的走势来用。

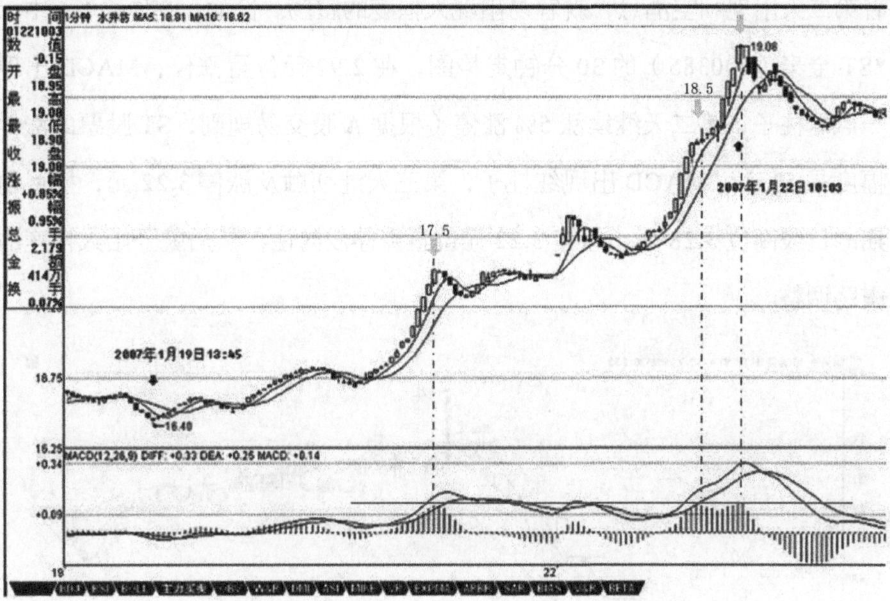

图 2.1-5　水井坊（600779）1 分钟走势图

同时，由于 MACD 设计上的局限，在中国 A 股的涨跌停制度下，对股票持续涨停，特别是一字涨停的情况，在 1 分钟甚至 5 分钟 K 线图上，MACD 柱子会出现类似正弦波动的走势，这种情况下，在 1 分钟、5 分钟等 K 线图上，就不能用前面介绍的 MACD 辅助判断背驰的方法进行判断。而是要回到缠中说禅技术分析理论最重要的概念，即用缠中说禅走势中枢来看，如果我们把每个涨停价格看作一个 1 分钟以下级别的中枢，只要这个低级别的中枢能够不断上移，就可以不管。直到打开涨停板，结束中枢上移，此时就意味着即将进入一个较高级别的调整，比如 1 分钟级别的调整，然后再根据这个高级别的走势进行判断。如果一定要用 MACD 来进行辅助判断，就用时间周期长一点的 K 线图，比如用 30 分钟 K 线走势来进行判断。一般来说，对这种持续一字涨停的走势，MACD 红柱子会越来越低，最后触及零轴，甚至稍微跌破零轴，这就是一个值得关注的警告信号，后续继续涨停，然后再次出现 MACD 红柱子并升高，如果这时候在高级别上刚好碰到前期高点、低点等形成的阻力位，一旦封不住涨停，或者第二天出现利空消息，就容易出现大幅度的震荡。例如，在图 2.1-6 中，*ST 金泰（600385）的 30 分钟走势图，在 2.92 元位置涨停，MACD 出现一点绿柱子，第二天继续涨 5% 涨停（根据 A 股交易规则，ST 股票的涨停幅度是 5%），MACD 出现红柱子，第三天继续触及涨停 3.22 元，接近前期的日线高位 3.28 元，但在 3.22 元位置涨停没封住，然后就开始大幅度的震荡调整。

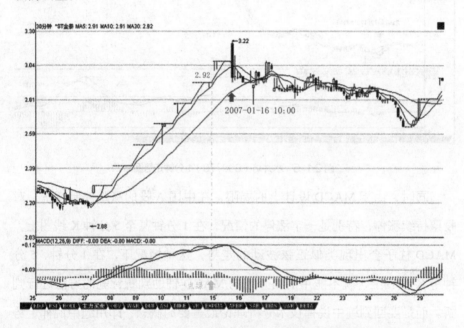

图 2.1-6　*ST 金泰（600385）的 30 分钟走势图

　　类似该走势的情况还有很多，如图 2.1-7 中的晶雪节能（301010），MACD 红柱子一波比一波低的情况在 15 分钟走势图上最左侧的地方出现一次，在走势图上最右侧的地方又出现一次。

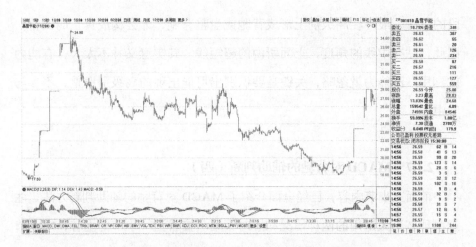

图 2.1-7 晶雪节能（301010）15 分钟走势图

这种判断方法，既能用在涨停上，也能用在跌停上，如图 2.1-8 中的中国武夷（000797），在 30 分钟走势图上，最高价 5.70 元左侧是持续涨停，右侧是持续跌停，可以看出，无论是涨停还是跌停都符合前文描述，当然跌停就要反过来看绿柱子了。

图 2.1-8 中国武夷（000797）30 分钟走势图

多说一句，针对这种连续的涨停，如果是出现在某个明显低点后的第一段上涨中，即使在某天打开涨停进入一个较高级别的震荡过程，形成一定级别的中枢，比如 1 分钟、5 分钟或 30 分钟中枢后，往往还有新一段的上涨，最终在高级别上形成背驰或盘整背驰，才会构成真正的调整，因此，站在中线的角度，上面所说的超短线，其实意义并不太大，有能力就利用，没能力就忽略，关键是要识别出可能出现的高级别调整，不参与其中。

2.1.7　MACD 对背驰的辅助判断（四）

前面三小节内容，已经全面介绍了 MACD 对背驰的辅助判断方法、注意事项、不太适用的两种情况和应对策略。接着上一小节的内容，本小节简要谈谈正确的步骤、如何选择 K 线图时间周期的问题，并举例说明，然后简单引入区间套的方法，为学习后续章节做好准备。

MACD 就是一个线性计算的指标，计算方法决定了 1 分钟 K 线图和 30 分钟 K 线图的 MACD 并没有实质的区别，如果硬要说区别，只是由于时间周期不同，给人以稍微灵敏与稍微迟钝的区别，这个区别是由人的感觉造成的。

用 MACD 辅助进行力度比较，首先要确定好比较哪两段走势，然后才确定是选择 1 分钟 K 线图，还是 30 分钟 K 线图进行比较，选择的标准是，哪个时间周期 K 线图走势清晰明了，就选哪个时间周期的 K 线图，比如在确定了要比较的两段走势后，如果这两段走势在 1 分钟 K 线图有很复杂的 MACD 柱子和黄白线变化，但在 30 分钟 K 线图上有很清晰明了的 MACD 柱子面积以及标准的黄白线变化，那就选择 30 分钟 K 线图进行判断。注意，无论选择哪个时间周期的 K 线图，都不能改变先根据缠中说禅技术分析理论进行走势中枢与走势类型的分析，选出需要比较力度的走势段，然后才用 MACD 进行辅助判断的顺序。

我们以沪深 300 指数 2021 年 12 月初高点 5143.84 点，至 2022 年 5 月 6 日收盘前的走势为例进行说明，这段走势的低点 3757.09 点出现在 2022 年 4 月 27 日。如图 2.1-9 所示，是沪深 300 指数从 2021 年 12 月初到 2022

年 5 月 6 日收盘的 15 分钟行情走势图，显然是一个 *a*+*A*+*b*+*B*+*c*+*C*+*d* 的下跌趋势。该下跌的最后一个中枢是 *C*，为了判断是否出现背驰，我们需要比较中枢 *C* 前后两段，即比较线段 *c* 和线段 *d* 的力度。

图 2.1-9　沪深 300 指数 15 分钟走势图

从沪深 300 指数 15 分钟走势图上，可以明显看到，线段 *c* 和线段 *d* 这两段走势，都有比较复杂的 MACD 红绿柱子和黄白线的变化，不方便比较。故而我们需要在高级别时间周期的走势图中，看看是否有合适的时间周期。为此，笔者首先查看了日线图，发现不方便比较，然后又查看了 120 分钟走势图，发现也不方便比较，最后查看了 60 分钟走势图（见图 2.1-10），发现基本符合要求。从沪深 300 指数 60 分钟走势图上，可以看出线段 *c* 和线段 *d* 对应的两段走势，在 60 分钟走势图上刚好是 2 笔，这 2 笔走势，无论是红绿柱子还是黄白线，都出现了背驰。

图 2.1-10 沪深 300 指数 60 分钟走势图

上面介绍的方法，适合在没有工具辅助，完全依赖人工的情况下采用。如果有相应的缠论指标，能算出低级别走势图上很复杂的 MACD 柱子和黄白线变化表达的力度，那就能直接对比，而不需要在高低级别时间周期走势图上来回切换，更重要的是，高级别时间周期还不好确定。笔者开发的缠中说禅技术分析指标，不但能准确画出分型、笔、线段、中枢、盘整走势类型和趋势走势类型，还能算出每笔、每个线段或每个走势类型的力度，这些内容被直接标在走势图上，方便使用者直接进行对比。比如，沪深 300 指数 15 分钟走势图，是一个 3 个中枢的下跌趋势，在每个线段的结束位置，都有类似"线 -1079.8""线 -552.0"等文字，表达了前面一个线段的下跌力度，具体如图 2.1-11 所示。显然，对下跌趋势最后一个中枢 C 而言，该中枢后面一个线段 d 的下跌力度 552.0，明显小于该中枢前面一个线段 c 的下跌力度 1079.8，出现背驰，因而有了之后的一个线段的反弹。

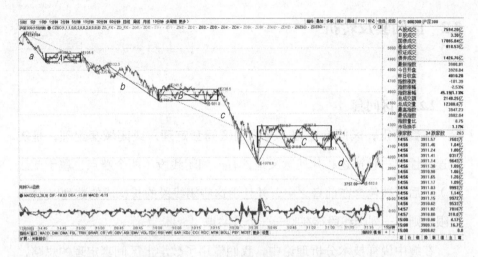

图 2.1-11　沪深 300 指数 15 分钟走势图

在此多说一句，图 2.1-11 中下跌力度为 552.0 的线段，在 1 分钟走势图上也是一个 $a+A+b+B+c$ 的标准下跌趋势，如图 2.1-12 所示。也就是说，沪深 300 指数，从高点 5143.84 点到低点 3757.09 点的下跌，在 15 分钟级别和 1 分钟级别走势图上，出现了完美的区间套，故此，其后的转折，是必然的。关于"其后的转折，是必然的"的具体意思，请参考本书后续"背驰转折定理""转折的力度与级别"等相关内容的解释。

图 2.1-12　沪深 300 指数 15 分钟级别线段 d 对应的 1 分钟走势图

2.2　区间套及转折

2.2.1　区间套

在数学上，区间套定理，又称闭区间套定理，或闭域套定理，是实数连续性的一种描述，几何意义是，有一列闭线段（两个端点也属于此线段），后者被包含在前者之中，并且由这些闭线段的长构成的数列以 O 为极限，则这一列闭线段存在唯一一个公共点。

在缠中说禅技术分析理论中，我们借用了数学上区间套定理的思路，来确定各个级别走势类型上那唯一的公共点，即用区间套的方法来确定背驰点。

具体来说，区间套、区间套定理或者区间套方法，是根据背驰段从高级别向低级别逐级寻找背驰点（即买卖点）的方法，比如，在日线上形成上涨趋势，则对日线趋势上的背驰段，用 30 分钟走势图来分析，看是否也形成了上涨趋势；如果在 30 分钟走势图上也形成了上涨趋势，则对 30 分钟上涨趋势的背驰段，用 5 分钟走势图来分析，看是否也形成了上涨趋势；如果在 5 分钟走势图上也形成了上涨趋势，则对 5 分钟趋势的背驰段，用 1 分钟走势图来分析，看是否也形成了上涨趋势；如果在 1 分钟走势图上也形成了上涨趋势，则对 1 分钟趋势的背驰段，用 10 秒走势图来分析，看是否也形成了上涨趋势……如此一直进行下去，直到找到最后那个点，就是各级别走势类型唯一的公共点，也就是背驰点。当然，在实际的分析中，没有必要日线、30 分钟、5 分钟、1 分钟、10 秒、1 秒这样一直区间套下去，在实际的分析和操作中，高低级别区间套一次或两次就足够了。

换句话说，在缠论中，区间套就是从高级别向低级别逐级寻找背驰点（即买卖点）的一种方法，区间套分析的对象是各个级别的背驰段，区间套的目的是找到各个级别背驰段共用的最终的背驰点。

低级别背驰是本级别背驰的必要条件而非充分条件，换句话说，就是只有在低级别发生背驰时，本级别才可能背驰，这就是区间套寻找背驰点的理论依据。所以，我们可以从低级别去发现本级别背驰的精确点，也就是说，次级别的背驰决定了背驰点，我们说某个级别的走势背驰了，那么必须确定它以下所有级别都背驰了，这是所有背驰的前提。

还是以"MACD 对背驰的辅助判断（四）"中沪深 300 指数 15 分钟走势作为例子进行说明，如图 2.2-1 所示。沪深 300 指数 2021 年 12 月初高点 5143.84 点，至 2022 年 4 月 27 日的低点 3757.09 点，在 15 分钟走势图上是一个标准的 $a+A+b+B+c+C+d$ 三中枢的下跌趋势，该下跌趋势的最后一个中枢是 C，为了判断是否出现背驰，我们需要比较中枢 C 前后两段，即比较线段 c 和线段 d 的力度，c 的下跌力度为 1079.8，d 是背驰段，d 的下跌力度为 552.0，显然到最低点 3757.09 点时依然处于背驰状态。

图 2.2-1　沪深 300 指数 15 分钟走势图

为了判断是否出现区间套，我们要看离开最后一个中枢 C 的走势段，在低级别上，是否形成趋势，是否也出现背驰。也就是说，在这个例子中，具体要看 15 分钟走势图上离开最后一个中枢 C 的线段 d，是否也是一个趋势，并出现背驰。图 2.2-2 就是 15 分钟级别线段 d 对应的 1 分钟走势图，显然在 1 分钟走势图上是一个 $a+A+b+B+c$ 的标准下跌趋势，c 是背驰段，c 的下跌力度小于 b 的下跌力度。也就是说，沪深 300 指数，从高点 5143.84 点到低点 3757.09 点的下跌，在 15 分钟级别和 1 分钟级别走势图上，出现了完美的区间套。

图 2.2-2　沪深 300 指数 15 分钟级别线段 d 对应的 1 分钟走势图

多说一句，沪深 300 指数，15 分钟走势图上三中枢下跌趋势对应的那一段，放到 120 分钟或 60 分钟走势图上看，是属于非盘整背驰下跌的，换句话说，15 分钟走势图上三中枢下跌趋势，在当下可以认为是 120 分钟或 60 分钟走势图上的主跌浪，或者说 120 分钟或 60 分钟走势正在进行中枢下移，后续可能在 120 分钟或 60 分钟走势图最后一个中枢下方形成第三类卖点，120 分钟和 60 分钟走势图分别如图 2.2-3 和图 2.2-4 所示。关于区间套的例子，后续章节还会介绍。

图 2.2-3 沪深 300 指数 120 分钟走势图

图 2.2-4 沪深 300 指数 60 分钟走势图

2.2.2 背驰转折定理

在上涨趋势、下跌趋势、盘整三个走势类型的定义中，上涨趋势、下跌趋势是有方向的，但盘整走势类型是没有方向的，而当我们谈论转折时，通常谈论的是方向的转折，故而，从严格的意义上来说，在某级别的盘整中，或某级别的中枢震荡过程中，或者中枢延伸时，是没有转折一说的，不存在转折的问题。通常情况下，我们也会说方向向上的盘整、方向向下的盘整，这只是为了沟通和表达的方便，当然，对于本级别的盘整，如果站在次级别或次级别以下级别的走势图上，也是有转折一说的。通常而言，如果把盘整也加上方向，那么一个向上的盘整结束后，就会转折向下，出现一个向下的盘整，或者出现一个下跌趋势。

根据定义，趋势分为上涨趋势和下跌趋势，趋势显然是有方向的，故有转折一说。对于上涨趋势，可以转折为下跌趋势，或者转折为盘整；对于下跌趋势，可以转折为上涨趋势，或者转折为盘整。

走势类型是有级别的，那么转折也是有级别的。例如，一个 5 分钟下跌趋势，我们可以利用区间套的方法，通过分析 1 分钟级别走势类型，或者 1 分钟级别以下级别走势类型，精确地找到背驰点，然后就出现反弹。当然，通常情况下反弹是一个一般术语，不够精确，但在缠中说禅技术分析理论中，我们给反弹一个明确的分类，将其分为三种情况：①该趋势最后一个中枢的级别扩展；②该级别更高级别的盘整；③该级别及以上级别的反趋势。

根据上面的例子及其大致思路，关于转折与背驰的关系，我们可以得到如下定理。

缠中说禅背驰转折定理：某级别趋势的背驰将导致该趋势最后一个中枢的级别扩展、该级别更高级别的盘整或该级别及以上级别的反趋势。

2.2.3 转折的力度与级别

一个下跌趋势出现背驰后，必然会出现反弹。根据缠中说禅背驰转折定理，这个反弹有三种情况，分别是该趋势最后一个中枢的级别扩展、该级别更高级别的盘整和该级别及以上级别的反趋势。本小节，我们仅对下跌趋势的三种转折情况进行分析，对上涨趋势背驰后的回调，读者可仿照自行分析。

1. 该趋势最后一个中枢的级别扩展

当 5 分钟级别趋势出现背驰时，根据定义，这个 5 分钟级别趋势里最大的中枢是 5 分钟级别的中枢，而且最少有两个 5 分钟级别的中枢，不妨假设该趋势里一共有 n 个 5 分钟中枢，n 大于等于 2，第 n 个中枢就是该趋势最后一个 5 分钟中枢。以 5 分钟级别下跌趋势为例，最后的背驰段跌破最后一个 5 分钟中枢后，该背驰段必然是一个 1 分钟级别或 1 分钟以下级别的走势类型，否则就和该中枢是 5 分钟级别趋势的最后一个中枢的前提矛盾了。该背驰段，即 1 分钟级别或 1 分钟级别以下级别的走势类型出现第一类买点，然后发生反弹。显然，该反弹一定触及最后一个 5 分钟级别中枢的 DD，也就是围绕下跌趋势最后一个 5 分钟级别中枢震荡的最低点，如图 2.2-5 所示。如果反弹没有触及该 5 分钟级别中枢的 DD，那就等于又至少形成了一个新的 5 分钟级别中枢，这与第 n 个中枢是最后一个 5 分钟中枢相矛盾。这种只能触及最后一个中枢 DD 的反弹，是背驰后最弱的反弹，即便是这种最弱的反弹，根据缠中说禅走势中枢中心定理二，也将把最后一个中枢扩展成一个高级别的中枢，例如，把 5 分钟级别中枢扩展成 30 分钟级别中枢，或者是更高级别的中枢。对这种最弱的反弹，我们进一步分成如下 4 种小场景进行讨论。

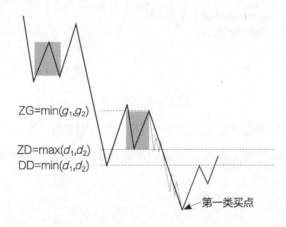

图 2.2-5　背驰后的反弹一定触及 DD

①第一次反弹高于第三次反弹，第一次回 DD，第三次当然回不到 ZD，中枢扩展，走势扩展为一个未完成的更高级别的走势，如图 2.2-6 所示。

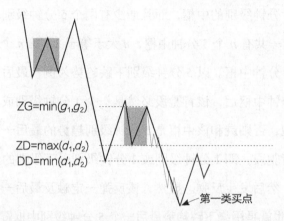

图 2.2-6　中枢扩展

②第一次反弹低于第三次反弹，第一次回 DD，第三次也没有回到 ZD，中枢扩展，走势扩展为一个未完成的更高级别的走势，如图 2.2-7 所示。

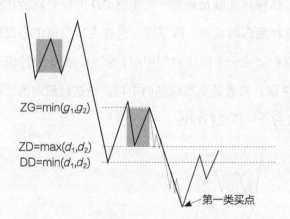

图 2.2-7　中枢扩展

③第一次反弹低于第三次反弹，第一次不回 DD，第三次才回到 DD，中枢扩展，走势扩展为一个未完成的更高级别的走势，如图 2.2-8 所示。

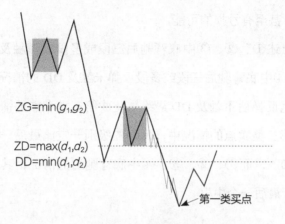

图 2.2-8　中枢扩展

④三段反弹的高点都不到 DD，就等于在下面又至少形成一个新的 5 分钟中枢，这与背驰点前的中枢是最后一个中枢的假定相矛盾，下跌走势延伸，如图 2.2-9 所示。

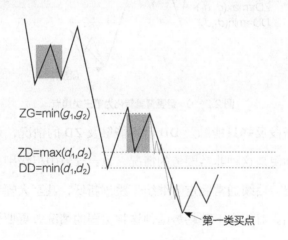

图 2.2-9　下跌延伸

背驰出现后，在背驰点买入，即便只出现这种又形成一个下跌中枢的最弱的反弹，也有足够的获利空间，因此第一类买点是绝对安全的。一般而言，这种底背驰后又形成一个新的下跌中枢的情况出现得特别少，是很特殊的一种情况。为简化起见，我们将其作为特例归类在该趋势最后一个中枢的级别扩展这一类中（笔者注：其实不应该在此处讨论）。如果非常不幸地碰到这种情况，就要找机会马上卖出，否则会浪费时间，降低资金的利用效率，甚至有亏损的可能。

注意，上述①、②、③中底背驰后三段或多段反弹触及 DD 但不触及 ZD 的情况与④中底背驰后三段或多段反弹未触及 DD 的情况，和盘整背驰中三笔或多笔反弹后不触及 DD 最终转化成第三类卖点的情况不同。盘整背驰转化成第三类卖点的情况中，反弹的级别一定比最后一个中枢级别低（见图 2.2-10），而①、②、③、④中底背驰后的情况，其反弹的级别一定等于或高于最后一个中枢。

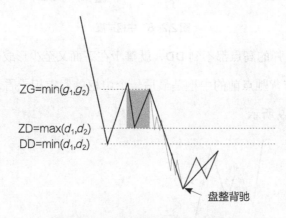

图 2.2-10　盘整背驰转化为第三类卖点

三段或多段反弹只能触及 DD 但不能触及 ZD 的情况，是一种非常弱势的情况。即使是这种非常弱势的情况，也会导致中枢级别的扩展，对这种弱势的情况，后续通常假定会继续下跌创新低，甚至大幅下跌，故要找机会马上退出。对④中下跌趋势延伸这种更弱的情况，更要快速退出。对于更强势一点的反弹，或者说，那些通过三段或更多段反弹能触及中枢 ZD 的反弹，除了力度强一点外，如果后续也是继续下跌创新低，那么，这个触及 ZD 的反弹和上面分析过的不触及 ZD 的反弹，它们没有任何本质的区别，或者说它们实质上是一样的。对这种触及 ZD 但后续还是继续下跌创新低的反弹，因为这种反弹也导致了最后一个中枢级别的扩展，所以也被归类为第一大类，即该趋势最后一个中枢的级别扩展。对于能触及 ZD 的反弹，考虑到我们分析和理解了那种只能触及 DD 不能触及 ZD 的最弱的反弹，自然也能理解能触及 ZD 这种更强的反弹，这里就不举例子了，留待读者自己参照上面的例子进行分析。

2. 该级别更高级别的盘整

3. 该级别及以上级别的反趋势

当后续走势不创新低时，具体包括该级别更高级别的盘整、该级别及以上级别的反趋势两种情况，这两种情况原理是一样的，只是对应的力度有区别，故放在一起介绍。

当反弹重新触及最后一个中枢的 **ZD**，通常将发生转折，也就是出现至少同级别的上涨趋势与更高级别盘整两种情况，对于前述 5 分钟下跌趋势的例子，就意味着，将出现 5 分钟级别或更高级别的上涨趋势，或出现比 5 分钟级别更高级别的盘整，因此原 5 分钟下跌趋势与即将出现的走势类型的连接，就有两种情况：下跌＋盘整（见图 2.2-11），或者下跌＋上涨（见图 2.2-12）。注意，这里的盘整的中枢级别一定高于下跌中的中枢级别，否则就和下跌的延伸或第一种该趋势最后一个中枢的级别扩展搞混了。而上涨趋势的中枢，其级别不一定高于下跌中的中枢，例如，一个 5 分钟级别的下跌后是一个 5 分钟级别的上涨，这是很正常的，但如果是盘整，那就至少是 30 分钟级别的。

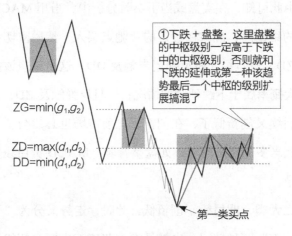

图 2.2-11　下跌＋盘整

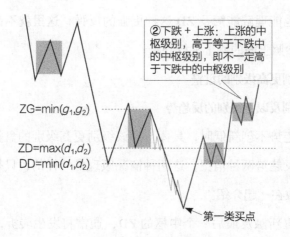

②下跌 + 上涨：上涨的中枢级别，高于等于下跌中的中枢级别，即不一定高于下跌中的中枢级别

$ZG=\min(g_1,g_2)$

$ZD=\max(d_1,d_2)$
$DD=\min(d_1,d_2)$

第一类买点

图 2.2-12　下跌 + 上涨

　　为什么上述"下跌 + 盘整"中盘整的中枢级别一定高于下跌中的中枢？其理由是：如果下跌和盘整两者的级别一样，那只有两种情况，下跌延伸或下跌最后一个中枢扩展，而这两种情况和"下跌 + 盘整"是不同的。这里，我们用是否创新低分为两大类，进行具体分析。

　　针对第一大类，即后续创新低的情况，此时有下跌最后一个中枢扩展、下跌延伸两种情况。对下跌最后一个中枢扩展的情况，本小节的前半部分进行了全面的分析，这里不再重复。对下跌延伸，即反弹不触及 DD 的情况，和假定背驰并转折相矛盾，不在转折分析之列，而应归于下跌延续的分析。由此可知，在实盘或当下实时分析中，当用 MACD 辅助判断得出出现背驰的结论时，应该在假定的背驰点买入，然后密切观察反弹是否触及 DD 和 ZD，一旦经 3 段反弹还未触及 DD，这时就应该找机会马上退出，因为这大概率属于下跌延续的情况；一旦反弹触及 ZD，通常不会再创新低，即便后续又创新低了，在创新低之前市场也必然给了相当多的离场时间，甚至相当多的离场信号，如盘整背驰、MACD 黄白线双回拉还碰不到零轴等信号。

　　针对第二大类，即后续不创新低，此时，走势又分为"下跌 + **盘整**"和"下跌 + 上涨"两种情况，也就是本小节接下来要介绍的两种情况。虽然它们的前提是后续不创新低，但在学习和理解了缠中说禅走势类型分解原则、非同级别分解、同级别分解、走势类型连接等知识后，特别的是在改变了"走势类型的高低点一定要在起止点上"这样僵化甚至错误的观点后，后续即便创新低，"下跌＋盘整"中盘整的中枢级别一定高于下跌中的中枢级别也是成立的。

为什么上述"下跌＋盘整"中盘整的中枢级别一定高于下跌中的中枢级别？这里再看一个例子，还是一个 5 分钟的下跌趋势，那至少有两个中枢，整个下跌，一般的情况就是 $a+A+b+B+c$，其中的 a、b、c，其级别最多就是 1 分钟级别的，甚至最极端的情况，可以就是一个缺口。而 A、B，由于是 5 分钟级别的中枢，那至少由三个 1 分钟的走势类型构成，如果都按 1 分钟级别的走势类型来计量，而且不妨假设 a、b、c 都是 1 分钟的走势类型，那么 $a+A+b+B+c$ 就有九个 1 分钟的走势类型。此外，根据中枢定义，构成 5 分钟级别中枢的 1 分钟级别走势类型最多不超过七个，也就是说 $a+A+b+B+c$ 的任何一个中枢最多只有七个 1 分钟级别走势类型。

而一个 30 分钟的盘整，至少有三个 5 分钟的走势类型，而一个 5 分钟的走势类型，至少有三个 1 分钟的走势类型，一个 30 分钟的盘整，就至少有九个 1 分钟的走势类型，如图 2.2-13 所示。也就是说 30 分钟盘整中的 1 分钟级别走势类型最少有九个，而 5 分钟趋势 $a+A+b+B+c$ 中单个中枢的 1 分钟级别走势类型最多只有七个，甚至整个 5 分钟趋势 $a+A+b+B+c$ 也就只有九个 1 分钟级别走势类型，显然，九大于七，从数量平衡的角度，就大致能理解"下跌＋盘整"中盘整的级别一定比下跌的级别高了。

一个 30 分钟的盘整，至少有三个 5 分钟的走势类型

一个 5 分钟的走势类型，至少有三个 1 分钟的走势类型

一个 30 分钟的盘整，就至少有九个 1 分钟的走势类型

图 2.2-13 30 分钟盘整最少有九个 1 分钟走势类型

如果下跌最后一个中枢扩展，例如 5 分钟扩展成 30 分钟，这和"5 分

钟级别下跌 +30 分钟级别盘整"是有重大区别的。因为在"5 分钟级别下跌 +30 分钟级别盘整",也就是"下跌 + 盘整"中,下跌和盘整都是完成的走势类型,这意味着是两个走势类型的连接,如图 2.2-14 所示。而下跌最后一个中枢扩展,是一个未完成的走势类型的延续,还在一个走势类型里。例如,在上面的 $a+A+b+B+c$ 里,如果 $B+c$ 发生中枢扩展,从 5 分钟扩展成 30 分钟,那么 $a+A+b$ 就是一个 5 分钟的走势类型,把 $a+A+b$ 用 $a\sim$ 表示,而 $B+c$ 发生中枢扩展用 $A\sim$ 表示,那么整个走势就表示成 $a\sim+A\sim$,也就是扩展成一个 30 分钟级别的下跌走势,如图 2.2-15 所示。其后的走势还可以继续演化,如形成 30 分钟级别的下跌趋势 $a\sim+A\sim+b\sim+B\sim+c\sim$,当然还可以有其他的演化,总之,必须把走势类型完成,这和"下跌 + 盘整"的情况显然是不同的。如果看了图 2.2-14 和图 2.2-15 之后还是理解不了,就从数量平衡的角度,进行更简单但不是很恰当的理解,未完成的走势类型 $a\sim+A\sim$ 的线段通常比已经完成的"下跌 + 盘整"的线段数目少,即未完成的走势类型要等更多的线段生长出来后才能完成。

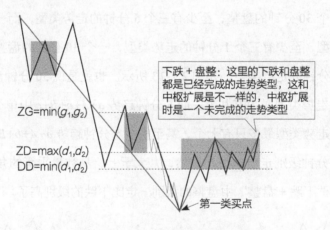

图 2.2-14 已完成的走势类型的连接

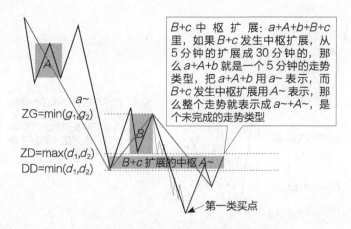

图 2.2-15 形成一个未完成的高级走势类型

在理解了该级别更高级别的盘整这种情况后，很容易理解该级别及以上级别的反趋势这种情况，它们大体相同，只是后者转折的力度和幅度通常更大，因此对反趋势的情况就不展开介绍了。

该趋势最后一个中枢的级别扩展、该级别更高级别的盘整、该级别及以上级别的反趋势三种情况，完全分类了某级别趋势背驰后转折的级别与力度，也就是完全分类了某级别的第一类买点出现后走势的演变情况。同理，上涨趋势顶背驰出现第一类卖点，其后回调时，出现的情况是一样的，只是方向相反。由于只触及 **DD** 但不触及 **ZD** 的情况很少发生，并且和能触及 **ZD** 的第二种情况类似，所以可以粗略地说背驰以后就意味着盘整和反趋势。那么，怎么区分这几种情况呢？关键就是看反弹的第一个次级别走势类型，例如前面的下跌是 5 分钟级别，就看 1 分钟 K 线图上第一个向上的 1 分钟级别走势类型（见图 2.2-16），或 5 分钟 K 线图上第一个反弹的线段，是否重新回抽最后一个中枢里，即能否触及最后一个中枢的 **ZD**，如果不能，那是第一种情况的可能性就很高了，而且也证明反弹的力度值得怀疑，当然这种判别不是绝对的，但有效性很大。

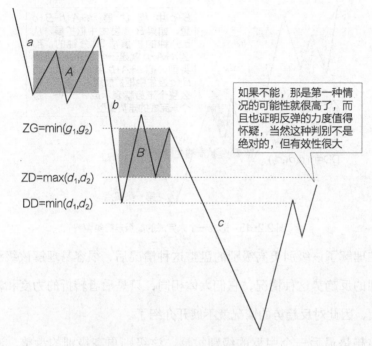

ZG=min(g_1,g_2)

ZD=max(d_1,d_2)

DD=min(d_1,d_2)

如果不能，那是第一种情况的可能性就很高了，而且也证明反弹的力度值得怀疑，当然这种判别不是绝对的，但有效性很大

图 2.2-16　1分级别走势类型的反弹

例如，图 2.2-17 和图 2.2-18 分别是沪深 300 指数 15 分钟和 1 分钟的走势，可以通过 15 分钟级别走势类型和 1 分钟级别走势类型的区间套，非常精确地确定 2022 年 4 月 27 日的低点 3757.09 点就是背驰点。

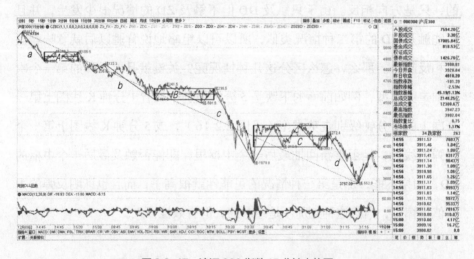

图 2.2-17　沪深 300 指数 15 分钟走势图

图 2.2-18　沪深 300 指数 15 分钟级别线段 d 对应的 1 分钟走势图

　　背驰点出现后开启反弹,首先出现一个 1 分钟级别的反弹,这个反弹于 5 月 5 日在一个七个线段类趋势背驰中结束,然后开始中枢震荡,具体如图 2.2-19 所示。按本章的定理,可以提前判断,这个中枢震荡至少是15 分钟级别的。因为从背驰点 3757.09 点开始的第一个 1 分钟向上走势类型,在 15 分钟 K 线图上,没有回到最后一个中枢 C 的 ZD,仅回到中枢 C的 DD,此时可以确定一个快速的 15 分钟上涨趋势可能就无法出现了,也无法排除第一种最弱的情况,而是要等第三个甚至更多 1 分钟走势类型出现,直到碰到最后一个中枢 C 的 ZD 后才能排除第一种最弱的情况。其后的演化,只有两种情况,一种是至少 15 分钟级别的盘整,另一种是至少15 分钟级别的向上趋势。

图 2.2-19　沪深 300 指数从 3757.09 点开始的 1 分钟走势图

对于实际的操作，到底是 15 分钟级别以上级别的盘整，还是 15 分钟级别或以上级别的上涨趋势，其实并没有多大的区别，都是在第一、二类买点先买了，然后观察第三类买点是否出现，出现就继续持有，不出现就卖出。当然，如果是资金量特别小，或者缠中说禅技术分析水平比较高，那么完全可以在突破的次级别走势背驰时先减仓，然后看回调时是否形成第三类买点，形成就回补，不形成就不回补。

掌握了上面的分析方法，就能有效提高资金的利用效率。例如，在实际的买卖操作中，一个被理论保证的方法就是：在第一次抄底时，要买超跌的股票，简单来说，就是要买那些当下位置离最后一个中枢的 DD 幅度最大的股票。因为本章的定理保证了，反弹一定达到最后一个中枢 DD 之上，然后在反弹的第一次次级别背驰后卖出，如果这个位置还不能达到最后一个中枢，那么这个股票后续基本可以不考虑。在反弹的第一次次级别回调后，再重新买入那些反弹能达到最后一个中枢的股票，特别是要重新买入那些突破最后一个中枢的且回调不触及最后一个中枢的股票，根据走势必完美，一定还有一个次级别的向上走势类型。在这个必然出现的次级别向上走势类型完成后，如果出现盘整背驰，那就要卖掉，如果不出现盘整背驰，那就买到了一个 V 形反转的股票，其后的力度当然不会小。

2.2.4　背驰级别和当下走势类型级别的分类

转折必然由背驰导致，但背驰导致的转折并不一定是同一级别的。这一点在缠中说禅背驰转折定理中说得特别清楚：某级别趋势的背驰将导致该趋势最后一个中枢的级别扩展、该级别更高级别的盘整或该级别以上级别的反趋势。

缠中说禅背驰转折定理，是一个十分重要的定理，这个定理说明某级别的背驰必然导致该级别原来的走势类型结束，并新生一个同等级别或更高级别的走势类型，这对实际操作有很大的意义。

例如，根据缠中说禅背驰转折定理，1 分钟级别趋势出现背驰，会导致该 1 分钟级别趋势的最后一个中枢级别扩展、更高级别的盘整、同级别或以上级别的反趋势。对一个 1 分钟上涨趋势而言，其后无论是原趋势最后一个中枢的扩展、更高级别（如 5 分钟级别）的盘整，还是 1 分钟级别的下跌趋势，都必然会出现一个至少 1 分钟级别的盘整，这就为背驰以后可能的走势以及级别给出了很明确的划定，即首先出现一个向下的 1 分钟级别的盘整。当然，该向下的 1 分钟级别盘整，只要导致原趋势最后一个中枢的扩展，就符合定理的要求，然后可以继续上涨而不违反定理，这是 1 分钟顶背驰后可能出现的情况之一。除此之外，还有其他可能出现的情况，甚至包括极端的情况，如制造出一个周线级别的下跌。在理论上和实践中，我们都不能说这个周线级别的下跌是由 1 分钟顶背驰造成的，因为即使出现周线级别的下跌，也是在 1 分钟顶背驰后先出现 1 分钟盘整，再逐步生长升级、慢慢形成的。正是因为存在低级别背驰后，低级别走势逐步积累并导致高级别转折的可能，市场才会充满生机。

因为所有的转折都与背驰相关，所以区分上述例子中两种不同的转折方式，在实践中非常有意义。根据背驰的定义，背驰的级别不可能高于当下走势的级别（例如一个 30 分钟级别的背驰，只可能存在于一个至少 30 分钟级别的走势类型中），对于背驰导致的转折，在考虑了背驰的级别与当下走势级别的关系后，就有了如下两种不同的分类。

1. 背驰级别等于当下的走势级别

例如，一个 30 分钟的走势类型，出现一个 30 分钟级别的背驰，那么这个背驰至少把走势拉向该 30 分钟走势最后一个中枢，这时当然就会跌破或升破相应的高点或低点。这种情况，我们在"转折的力度与级别"小节进行了详细的讨论，这里不再详细介绍。

2. 背驰级别低于当下的走势级别

需要注意的是，走势进入背驰段，并不意味着最终背驰点的确认，哪怕形成顶底分型，甚至形成反向一笔，也并不意味着背驰已经成立，因为低级别走势的延伸，足以使得高级别最终摆脱背驰。例如，一个 30 分钟的走势类型 $a+A+b+B+c$，A、B 是 30 分钟中枢，c 是 1 分钟走势类型，创新高或新低后，对 $a+A+b+B+c$ 趋势而言就在 30 分钟级别上进入背驰段。显然当背驰段 c 在 1 分钟级别或 1 分钟级别以下级别趋势上不断延伸时，背驰段 c 最后的力度可能比 b 大，即可以不背驰，不出现背驰点。这种情况下，$a+A+b+B+c$ 走势已经明显没有 30 分钟级别的背驰，但在 c 里面却出现一个 1 分钟级别的背驰，这时候，没有任何定理和逻辑保证这个 1 分钟级别背驰导致的转折，使得回调或反弹的走势最终就一定不回到 30 分钟中枢 B 里面。如果 1 分钟背驰导致的走势最终重新回到 30 分钟中枢里面，其形式也和第一种情况"背驰级别等于当下的走势级别"不同。第二种情况必然会先形成一个比 1 分钟级别高的中枢，如 5 分钟中枢，然后再突破该中枢，最终回到 30 分钟中枢 B 里面。

要注意，第一种情况中如果是 5 分钟级别的回跌或反弹，也会形成一个比 1 分钟级别高的中枢。既然都会形成 5 分钟中枢，那么这两种情况有什么区别吗？以 $a+A+b+B+c$ 上涨为例，其区别就是，第一种情况回跌是必然的，第二种情况在形成一个比 1 分钟级别高的中枢后，并不一定会回跌，而是可以往上突破，使得 a+A+b+B+c 继续延伸。一般情况下，这种低级别背驰最终转化成高级别转折的情况，我们不需要特别关注。但是，当趋势走势正在冲顶或赶底，这种低级别背驰一般都会引发高级别的转折，此时就非常值得留意。

2.2.5 小转大

一般而言，对"背驰级别等于当下的走势级别"这种情况，经过仔细的研究之后，应该可以掌握，但对"背驰级别低于当下的走势级别"这种情况，也就是所谓的低级别背驰引发高级别转折，理解起来可能有一定困难，本小节对这种俗称小转大的情况进行进一步的分析。

还是以 30 分钟级别的上涨趋势 a+A+b+B+c 作为例子，其中 A、B 是 30 分钟中枢，c 是背驰段，c 的力度已经比 b 的力度大了，即在 30 分钟上已经明显不背驰了，如果最后 c 在 1 分钟级别上出现背驰，最终引发下跌拉回 30 分钟中枢 B 里面，这种情况下背驰段 c 是如何生长的，出现了哪些特别的现象？

首先，c 至少要包含一个 5 分钟的中枢，否则，中枢 B 就不可能完成，因为这样不可能形成一个第三类买点。不妨假设中枢 P 是 c 中最后一个 5 分钟的中枢，显然，这个 1 分钟的顶背驰，只能出现在中枢 P 之后。在假定最终拉回 30 分钟中枢 B 的情况下，那肯定是先拉回最后一个 5 分钟中枢 P 里面，这个拉回 5 分钟中枢的运动，可以看成围绕中枢 P 的一个中枢震荡，而这个震荡要出现高级别的向下变动，显然要出现中枢 P 的第三类卖点，否则就一直是围绕中枢 P 的一个震荡，直到中枢 P 升级为 30 分钟中枢为止，如图 2.2-20 所示。

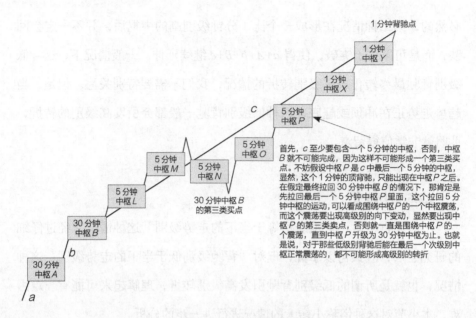

右侧文字框内容：

首先，c 至少要包含一个 5 分钟的中枢，否则，中枢 B 就不可能完成，因为这样不可能形成一个第三类买点。不妨假设中枢 P 是 c 中最后一个 5 分钟的中枢，显然，这个 1 分钟的顶背驰，只能出现在中枢 P 之后。在假定最终拉回 30 分钟中枢 B 的情况下，那肯定是先拉回最后一个 5 分钟中枢 P 里面，这个拉回 5 分钟中枢的运动，可以看成围绕中枢 P 的一个中枢震荡，而这个震荡要出现高级别的向下变动，显然要出现中枢 P 的第三类卖点，否则就一直是围绕中枢 P 的一个震荡，直到中枢 P 升级为 30 分钟中枢为止。也就是说，对于那些低级别背驰后能在最后一个次级别中枢正常震荡的，都不可能形成高级别的转折

图中标注文字：
1 分钟背驰点
1 分钟中枢 Y
1 分钟中枢 X
5 分钟中枢 P
5 分钟中枢 O
5 分钟中枢 M
5 分钟中枢 N
5 分钟中枢 L
30 分钟中枢 B
30 分钟中枢 A
30 分钟中枢 B 的第三类买点
a、b、c

图 2.2-20　低级别背驰

也就是说，对于那些低级别背驰后能在最后一个次级别中枢正常震荡的，都不可能形成高级别的转折，这是一个很重要的结论，所以归纳成如下定理。

缠中说禅小背驰大转折定理：低级别顶背驰引发高级别向下的必要条件是该级别走势的最后一个次级别中枢出现第三类卖点；低级别底背驰引发高级别向上的必要条件是该级别走势的最后一个次级别中枢出现第三类买点。

关于缠中说禅小背驰大转折定理，有一点一定要特别注意，那就是定理描述的情况，只是必要条件，不是充分条件。也就是说，没有一个充分的判断使得一旦出现某种情况，就必然导致高级别的转折。低级别顶背驰后，即便最后一个次级别中枢出现第三类买卖点，也不一定就必然导致高级别的转折，具体到上面的例子，即便中枢 P 出现第三类卖点，也并不必然导致走势一定回到最后的高级别中枢 B 里面。

显然，缠中说禅小背驰大转折定理和"背驰级别等于当下的走势级

别"时必然回到最后一个高级别中枢的情况相比，肯定性要弱一点，这也是很正常的情况，毕竟这种情况比较少见而且复杂很多。因此，在具体的操作中，必须设计更复杂的程序来应对这种低级别背驰导致高级别转折的情况，而对于"背驰级别等于当下的走势级别"，如果背驰级别刚好是我们的操作级别（笔者注：关于操作级别的具体意思，请参考"操作级别"小节的内容），那么在顶背驰时直接全部卖出就可以，不需要特别复杂的应对程序。

对于"背驰级别低于当下的走势级别"的情况，简单起见，我们还是以 30 分钟级别的上涨趋势 $a+A+b+B+c$ 作为例子。如果一个投资者的操作级别是 30 分钟级别，那么，该投资者必然能承受 5 分钟级别的回调，否则，该投资者就应该把操作级别降到 5 分钟级别。对于一个 30 分钟级别的走势类型，任何一个低于 30 分钟级别的顶背驰，如 1 分钟级别的顶背驰，首先要导致一个 5 分钟级别的向下走势类型，如果这个向下走势没有回到构成最后一个 30 分钟中枢的第三类买点那个 5 分钟向下走势类型的高点（笔者注：这句话比较绕，具体参见图 2.2-21 可能容易理解一些），那么这个向下的 5 分钟级别的走势就不必理睬，因为走势完全在可接受的范围内。在最强势的走势下，这个 5 分钟的向下走势，甚至不会接触到包含最后一个 30 分钟中枢第三类买点那个 5 分钟向上走势类型的最后一个 5 分钟中枢，这种情况就更无须理睬了（笔者注：这句话也比较绕，具体参见图 2.2-22 可能容易理解一些）。如果那向下的 5 分钟走势跌破构成最后一个 30 分钟中枢的第三类买点那个 5 分钟向下走势类型的高点，那么，出现向上反弹时必须先卖出或减仓（笔者注：这句话也比较绕，具体参见图 2.2-23 可能容易理解一些）。

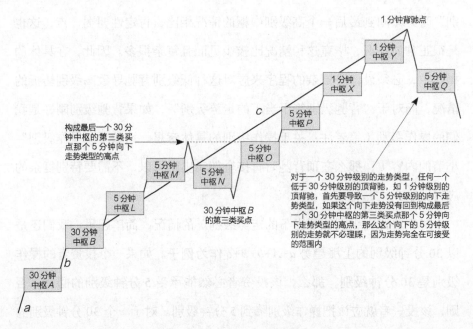

1 分钟背驰点

1 分钟
中枢 Y

1 分钟
中枢 X

5 分钟
中枢 Q

5 分钟
中枢 P

c

5 分钟
中枢 O

构成最后一个 30 分
钟中枢的第三类买
点那个 5 分钟向下
走势类型的高点

5 分钟
中枢 M

5 分钟
中枢 N

5 分钟
中枢 L

30 分钟中枢 B
的第三类买点

30 分钟
中枢 B

对于一个 30 分钟级别的走势类型,任何一个
低于 30 分钟级别的顶背驰,如 1 分钟级别的
顶背驰,首先要导致一个 5 分钟级别的向下走
势类型,如果这个向下走势没有回到构成最后
一个 30 分钟中枢的第三类买点那个 5 分钟向
下走势类型的高点,那么这个向下的 5 分钟级
别的走势就不必理睬,因为走势完全在可接受
的范围内

30 分钟
中枢 A

b

a

图 2.2-21 小转大（正常行情）

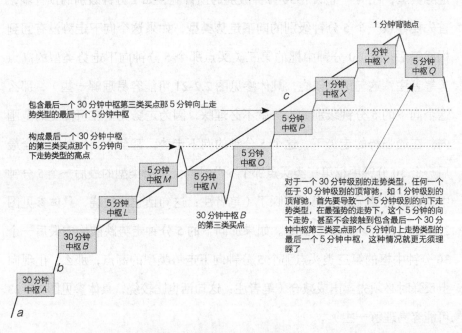

1 分钟背驰点

1 分钟
中枢 Y

1 分钟
中枢 X

5 分钟
中枢 Q

包含最后一个 30 分钟中枢第三类买点那个 5 分钟向上走
势类型的最后一个 5 分钟中枢

5 分钟
中枢 P

c

构成最后一个 30 分钟中枢
的第三类买点那个 5 分钟向
下走势类型的高点

5 分钟
中枢 O

5 分钟
中枢 M

5 分钟
中枢 N

5 分钟
中枢 L

30 分钟中枢 B
的第三类买点

30 分钟
中枢 B

对于一个 30 分钟级别的走势类型,任何一个
低于 30 分钟级别的顶背驰,如 1 分钟级别的
顶背驰,首先要导致一个 5 分钟级别的向下走
势类型,在最强势的走势下,这个 5 分钟的向
下走势,甚至不会接触到包含最后一个 30 分
钟中枢第三类买点那个 5 分钟向上走势类型的
最后一个 5 分钟中枢,这种情况就更加无须理
睬了

30 分钟
中枢 A

b

a

图 2.2-22 小转大（最强行情）

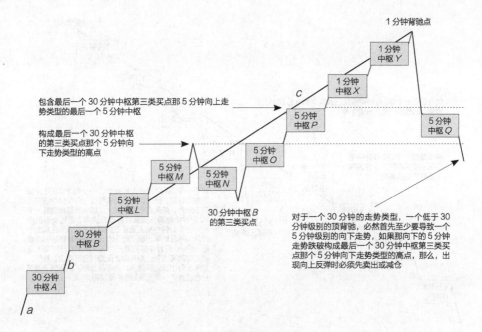

图 2.2-23　小转大（较弱行情）

　　上面这三种处理情况，是资金量比较少的情况下满仓操作的处理方法。如果资金量比较大，那么当包含最后一个 30 分钟中枢第三类买点那个 5 分钟向上走势类型的最后一个 5 分钟中枢出现第三类卖点，就必须先卖出一部分，随后如果出现"向下的 5 分钟走势跌破构成最后一个 30 分钟中枢的第三类买点那个 5 分钟向下走势类型的高点"，则在向上反弹时全部卖出。当然，如果没有出现这种情况，就可以回补，这相当于用部分仓位做了一次低级别的中枢震荡，可参考图 2.2-24 理解。

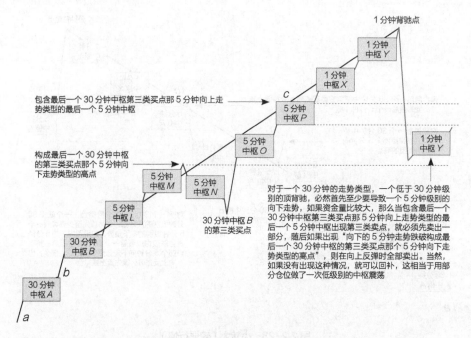

图 2.2-24　小转大（较大资金操作）

　　上面的操作是在假定操作级别为 30 分钟走势类型级别的情况下进行的，即不能一见到 1 分钟顶背驰就全部卖出，因为这样就变成按 1 分钟级别操作了，和预先设定的 30 分钟级别买卖相违背。通常而言，对走势的发展，我们不能进行具体的预测，因为预测通常是不可靠的。即我们不可能假定任何 1 分钟顶背驰都必然导致高级别的转折，在实际的行情中，虽然有这种情况存在，但也不常见。如果我们的资金量较小，时间和能力也支持我们在 1 分钟级别上进行交易，那就没必要按 30 分钟级别操作，当在 1 分钟级别上交易时，除了交易级别不同之外，买卖的程序和 30 分钟级别一样。当然，对于比较大的资金来说，即使设定操作级别是 30 分钟级别的走势类型，当出现 1 分钟的顶背驰时，也可以先卖出部分持仓，然后根据后续回调走势的具体情况，决定是买回来还是继续卖出。这样的操作，对大资金是唯一可行的办法，因为资金量较大，市场流动性不可能支持该资金在一个低级别的卖点全部都卖掉，否则就不是大资金了。至于下跌趋势出现底背驰的情况，将上面的买卖操作反过来就可以了。

2.2.6　缠中说禅走势类型分解原则

在前面的章节中，我们已经对"背驰级别等于当下的走势级别"和"背驰级别低于当下的走势级别"这两种情况进行了完整的介绍，这两种情况，对指导走势分解非常有意义。例如对一个 30 分钟的走势类型，最终结束时也同样有两种情况，其中一种就是出现一个 30 分钟的背驰，从而完成一个 30 分钟级别走势类型。在"背驰级别等于当下的走势级别"的情况下，对该走势类型的分解就不存在任何含糊的地方，前后两个走势类型，就以该背驰点为分界。

对于背驰级别低于当下的走势级别，最终由低级别背驰引发高级别转折的情况，虽然比较复杂，但走势类型的分解原则是一样的，具体如下。

缠中说禅走势类型分解原则：一个某级别的走势类型中，不可能出现比该级别更高的中枢，一旦出现，就证明这不是一个某级别的走势类型，而是更高级别走势类型的一部分或几个该级别走势类型的连接。

背驰级别低于当下的走势级别，最终由低级别背驰引发高级别转折情况的分解，具体如下。

简单起见，还是以向上 30 分钟级别的 $a+A+b+B+c$ 上涨趋势作为例子，在 c 中出现一个 1 分钟级别背驰，我们假定后面随着行情的发展，演化出一个 30 分钟级别的中枢 C，如果中枢 C 和中枢 B 没有任何重叠，那就意味着原来的 $a+A+b+B+c$ 并不是一个完成了的 30 分钟走势类型，该走势类型将延伸为 $a+A+b+B+c+C$，要等到该 30 分钟走势类型完成了之后，才可以进行相应的走势分解；如果中枢 C 和中枢 B 有重叠区间，那么根据缠中说禅走势中枢中心定理二，$a+A+b+B+c+C$ 走势类型中的（$B+c+C$）必然演化成一个高级别的日线中枢，也就是说 $a+A+b+B+c$ 只是一个日线级别走势类型的一部分。如果我们一定要按 30 分钟级别对 $a+A+b+B+c+C$ 走势进行分解，那么此时，那个 1 分钟级别的背驰点就可以作为 30 分钟级别的分解点，即 $a+A+b+B+c+C$ 就可以分解为（$a+A+b+B+c$）和 C 两个走势类型。

上面这个例子，大致解释了走势分解的基本原则，以及背驰在走势分解中的地位。熟悉了这个走势分解原则和方法，就可以有效分析市场走势图，而不是无处下手。

第 3 章

多义性和走势分解

3.1 走势的多义性

3.1.1 多义性的定义及来源

市场上有各种各样的观点和买卖力量，这些市场分力放在一起会非常复杂，而市场走势是各种分力共同作用的结果，这使得市场走势呈现多种多样的状态，而不是标准的 $a+A+b+B+c$ 趋势或盘整。在缠中说禅技术分析理论中，我们用多义性来描述市场呈现的多种状态。多义性是站在一个严格、精确的理论基础上，用同一理论的不同视角对同一现象进行分析。简而言之，多义性就是可以多个角度看走势，多义性不是理论的含糊性。所有走势的多义性，都与缠中说禅走势中枢有关，走势的多义性有三种来源：中枢延伸、模本简略、对走势的多种合理释义。

3.1.2 中枢延伸造成的多义性

第一种多义性，是中枢延伸造成的多义性，例如，5分钟级别中枢形成后，中枢不断延伸，最终出现9段或更多的1分钟级别走势，此时，如果我们换个角度来看这个走势，根据定义，每3个一分钟级别走势构成一个5分钟级别的中枢，即每3个1分钟级别走势类型就可以形成一个5分钟级别走势类型，9个1分钟级别走势类型，就可以形成3个5分钟级别的走势类型，而3个5分钟级别的走势类型就可以形成一个30分钟级别的走势类型，因此一旦有了9个或更多个的1分钟级别走势类型，就可以形成30分钟级别中枢或30分钟级别的走势类型。这种情况会导致多义性，即这个走势到底是 5 分钟走势类型，还是 30 分钟走势类型呢？对这种中枢延伸造成的多义性，我们只需对中枢延伸的走势类型数量进行限制，就可以消除。一般来说，中枢延伸不能超过 5 段，也就是一旦出现第 6 段延伸，加上形成中枢本身那 3 段，就构成更高级别的中枢了，如图 3.1-1 所示。

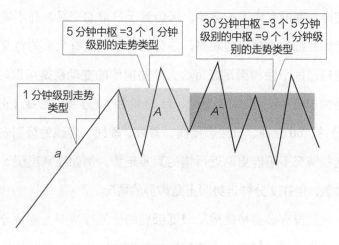

图 3.1-1　中枢延伸造成的多义性

3.1.3　模本简略造成的多义性

第二种多义性，是 K 线时间切片造成的。不同时间级别的走势图，都是真实走势的不同精度的模本，例如，1 个分笔行情走势图的精确度，肯定比一个年 K 线走势图的精确度高，在高级别的走势图里面，很多重要的细节都被忽略掉而看不到了。严格地说，所谓走势的级别，可以从每笔成交，即从股票行情上每 3 ～ 5 秒一次的成交消息及价格，或者期货上每秒 2 ～ 4 次的成交消息及价格构成的最低级别走势图上，不断按照中枢延伸、扩展等的定义精确地确认出来，这种从分笔行情图上按递归定义画出来的走势类型是最精确的，这种划分不涉及 5 分钟、30 分钟、日线等 K 线的时间切片。但这种方法相当复杂，即便用程序自动画，对数据和程序算法的要求也非常高，在真实的交易实践上，也没这个必要。我们用 1 分钟、5 分钟、30 分钟、日线、周线、月线、季线、年线等的级别安排，是一个常见的 K 线切片或行情走势简略的方式，现在可以查到的走势图基本上都是这样安排的。当然，现在软件系统功能很强大，很多软件都可以按不同的分钟数或秒数显示走势图，例如，5 秒、15 秒、3 分钟、7 分钟这样的走势图，甚至我们可以按照某个等比数列来设计一个级别序列。无论怎么安排，都没有太大的必要。因为对于日常的交易，并不需要对真实走势进行如此细致、精确的观察，走势图的精确没有太大的意义。当然，为了适应自己的个性和满足好奇心，一些简单的变动也是可以的，例如去掉 5 分钟和 30 分钟，换成 3 分钟、15 分钟和 60 分钟，形成 1 分钟、3 分钟、15 分钟、60 分钟、日线、周线、月线、季线、年线的级别安排。这种变动在这些情况下可能更贴近行情的真实走势，例如经常出现 5 分钟走势图上是盘整，但在 3 分钟走势图上是趋势的情况。

虽然没有必要精确地从最低级别的分笔行情图上逐步分析，但如果行情软件的功能比较强大，能提供的数据也比较多，当我们把分笔图或 1 分钟图不断缩小，获取越来越多的数据，我们看到的走势也会越来越多，这种从细节到整体的逐步呈现，会让我们对走势级别的不断生长、扩张有一个非常直观的感觉，这种感觉，对我们以后形成市场感觉或直觉是有帮助的。当我们看了非常多的走势图之后，在某个阶段，我们有可能会形成一种感觉——我们仿佛站在重重叠叠、连绵不绝的走势中，但当下行情的走势照亮着整个走势，这个时候，我们往往可以忘记中枢之类的概念，让所有的中枢，都按照各自的级别，变成大小不同的迷宫关口，此时我们通常能直观地感应到那唯一真实的路。当我们有了这种市场直觉时，看行情走势，就如同看一首诗，真正的有感觉的读者，是不需要一字一句解读的，读完就会直观地感受到诗的意境。在一名能充分直观感受的阅读者眼里，多义性是不存在的，而当这种敏锐的直觉还没出现时，对走势多义性的分析依然有必要，因此也必须继续。换句话说，如果玩不了超逻辑的游戏，那只能继续在逻辑的范围里探索。

3.1.4　对走势的多种合理释义造成的多义性

除上面中枢延伸、模本简略造成的多义性外，还有走势分析中的多种合理解释，这些解释都符合理论内在的逻辑，是一种有实质意义的多义性。这种可以从多个角度对走势进行分析而造成的多义性，通常不是负担，而是优势。

我们可以从很多个角度对走势进行分析，比如从纯粹中枢的角度、从走势类型分解的角度、从级别的角度等多个视角对走势进行合理的分析。

在这里，我们先介绍从纯粹中枢的角度怎么看走势和背驰，然后在本书后面介绍走势分解时，再从走势类型分解和级别这两个角度，介绍如何解读走势、如何进行当下判断、如何重新组合走势使得走势更清晰，以及如何在中枢震荡等场景中应用多义性。

1. 从纯粹中枢角度看走势

例如，对 $a+A+b+B+c$ 走势类型，虽然中枢 A 是在 a 之后出现的，但还是可以把 a 看成是围绕中枢 A 的一个波动，同样 c 也可以看成是中枢 B 的一个波动，这样一来，$a+A+b+B+c$ 整个走势就简化为两个中枢与连接这两个中枢的一个走势，如图 3.1-2 所示。在极端的情况下，在 $a+A+b+B+c$ 的走势系列里，a 和 c 并不是必然存在的，而 b 完全可以是一个跳空缺口，这样，整个走势就可以简化为两个孤零零的中枢 A 和中枢 B。把这种看法推广到所有的走势中，那么任何走势图，其实就是一些级别大小不同的中枢，把这些中枢看成不同的星球，在当下位置之上的星球对当下位置产生向上的拉力，在当下位置之下的星球对当下位置产生向下的吸引力，所有这些力的合力构成一个总的力量。市场当下买卖也产生一种力量，买的是向上的力，卖的是向下的力，这两个力也构成一个合力。显然这两个合力，前一个合力是市场已有走势构成的一个当下的力，后者是当下买卖交易产生的力，研究这两种力之间的关系，就构成了市场研究的另一个角度，也就是另一种解释分析市场的过程。

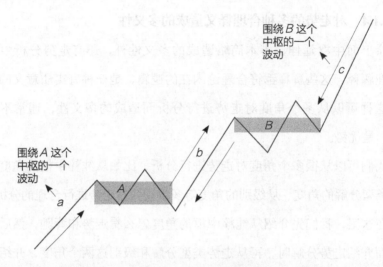

围绕 B 这个
中枢的一个
波动

B

c

围绕 A 这个
中枢的一个
波动

b

A

a

图 3.1-2　从中枢角度看走势

2. 从纯粹中枢角度对背驰的释义 I

对 $a+A+b+B+c$，背驰的大概意思就是 c 段的力度比 b 段力度小。那么，站在 B 这个中枢的角度，不妨先假设 $b+B+c$ 是一个向上的过程，那么 b 可以看成是向下离开中枢 B，而 c 可以看成是向上离开中枢 B，所谓顶背驰，就是对于走势最后一个中枢而言，向上离开比向下离开的力度弱。根据前面的分析，无论是向上离开中枢，还是向下离开中枢，中枢都有相同的回拉作用，既然更大力的向下离开都能被拉回中枢，那么更小力的向上离开当然也能被拉回中枢里面，如图 3.1-3 所示，在这种情况下，当 $b+B+c$ 是向上的走势，就构成顶背驰，当 $b+B+c$ 是向下的走势，就构成底背驰。对于盘整背驰，这种分析也同样有效。其实，站在中枢的角度，盘整背驰与背驰，本质上是一样的，只是力度、级别以及发生的中枢位置不同而已。

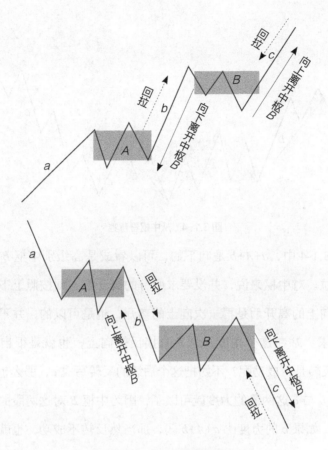

图 3.1-3　从中枢角度看背驰

3. 从纯粹中枢角度对背驰的释义 II

同样，纯粹站在中枢的角度，对 $a+A+b+B$，其中 B 级别高于 A 的这种情况就很简单了，这时候，中枢 B 之后即将出现的走势不一定是沿着 $a+A+b$ 的方向运行，而是可以进行反方向的运行，如图 3.1-4 所示。

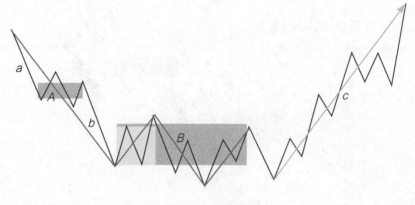

图 3.1-4　从中枢看背驰

在图 3.1-4 中，a+A+b 是向下的，可以看成是高级别中枢 B 一个向上离开的回拉。对中枢来说，并没要求所有的离开都必须按照上下上下的次序，一次向上的离开后是再一次向上的离开，也是可以的，并不违反理论的规范要求。站在这个角度，从 B 直接反转向上，也就是很自然的。那么，这个反转是否成功呢？不妨把这个后续的反转写成 c，那么也只要比较一下 a+A+b 与 c 这两段的力度就可以了，因为中枢 B 对这两段的回拉力度是一样的，如果 c 的力度比 a+A+b 弱，那当然反转不成功，也就意味着一定要重新回到中枢里，在最强的情况下也至少有一次回拉去确认能否构成一个第三类买点。而 a+A+b 与 c 两者力度的比较，与背驰判断时力度的比较没有本质区别，只是两者的方向不同而已。如果用 MACD 来辅助判别，背驰比较的黄白线和柱子面积都在零轴的一个方向上，例如都在上面或下面，而 a+A+b 与 c 分别在不同的方向上，即用红柱子面积和绿柱子面积比较，或用绿柱子面积和红柱子面积比较，同时也不存在黄白线回拉的问题，但有一点是肯定的，就是黄白线至少要穿越一次零轴。

4. 多义性和买卖点

即便是在由线段构成中枢和走势类型这种比较稳定的体系下，对同一个点，因为多义性的存在，在不同视角下，该点在某种视角下可能是第三类买点，而在另一种视角下则不是第三类买点，也就是说，买卖点是有前

提的，或者说是有条件的。图 3.1-5 中的第三类买点，显然对那个较长的深
灰色中枢而言不是第三类买点，而对较小的浅灰色中枢而言，就是第三类
买点。

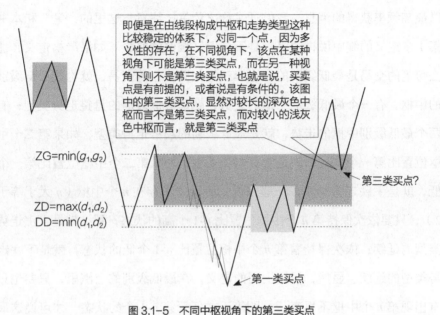

即便是在由线段构成中枢和走势类型这种比较稳定的体系下，对同一个点，因为多义性的存在，在不同视角下，该点在某种视角下可能是第三类买点，而在另一种视角下则不是第三类买点，也就是说，买卖点是有前提的，或者说是有条件的。该图中的第三类买点，显然对较长的深灰色中枢而言不是第三类买点，而对较小的浅灰色中枢而言，就是第三类买点

$ZG=\min(g_1,g_2)$

$ZD=\max(d_1,d_2)$
$DD=\min(d_1,d_2)$

第三类买点？

第一类买点

图 3.1-5　不同中枢视角下的第三类买点

3.2　走势分解

3.2.1　缠中说禅走势级别再理解

　　走势中枢、走势类型及其连接是缠中说禅技术分析理论非常基础的两
个概念，它们相互依存：如果没有走势类型，就无法定义走势中枢；而没
有走势中枢，也无法分出走势类型。如果理论就此打住，那么一个循环定
义就不可避免。要解决该循环，级别的概念是不可缺少的。有了级别，一
个严格的递归式定义才可以展开。

市场交易不是无限连续的，所谓的最低级别，就如同量子力学中量子概念。在现实的交易世界，如 A 股股票行情上每 3 ~ 5 秒一次的成交消息及价格，或者期货上每秒 2 ~ 4 次的成交消息及价格，对这种现实中能以最高频率获得的消息，我们通常称之为笔，注意，这里的"笔"和本书第 1 章定义的缠中说禅"笔"是不同但又相似的概念。如果严格定义，那么每笔的交易是最低级别的，连续三笔相同价位的交易，就构成最低级别的中枢。有一个最低级别中枢的走势，就是最低级别的盘整走势类型；有两个最低级别中枢的走势，就是最低级别的趋势走势类型，如果第二个中枢位置比第一个高，那就是上涨走势类型，如果第二个中枢位置比第一个低，就是下跌走势类型。一般来说，假设依次存在 n 个中枢（n 大于等于 2），只要依次保持第 n 个中枢位置比 $n-1$ 个高的状态，那么就是上涨走势类型的延续；依次保持着第 n 个中枢位置比 $n-1$ 个低的状态，就是下跌走势类型的延续。显然，根据上面的定义，在最低级别的上涨里，只要也只有出现第 n 个中枢不再高于，即等于或低于第 $n-1$ 个的状态，才可说这最低级别的上涨结束。最低级别下跌的情况与此相反。

上面用最低级别的中枢把走势在最低级别上进行了完全分类，而三个连续的最低级别走势类型之间，如果发生重叠关系，也就是三个最低级别走势类型所分别经过的价格区间有交集，那么就形成了高一级别的缠中说禅中枢。有了该中枢定义，依照在最低级别上的分类方法，同样在高级别上可以把走势进行完全的分类，而这个过程可以逐级上推，然后就可以严格定义各级别的中枢与走势类型而不涉及任何循环定义的问题。但如果按严格定义操作，必须从最低级别开始逐步确认其级别，因太麻烦也没多大意义，所以才有了后面 1 分钟、5 分钟、15 分钟、30 分钟、60 分钟、日、周、月、季、年的级别分类。在这种情况下，就可以不严格地说，三个连续 1 分钟走势类型的重叠构成 5 分钟的中枢，三个连续 5 分钟走势类型的重叠构成 15 或 30 分钟的中枢等。在实际操作上，这种不严格的说法不会产生任何原则性的问题，而且很方便，所以就用了。

更进一步，在现实的交易世界，既有乌龙等人为错误的影响，又有真正的大单买卖、突发消息等带来的影响，为了在一定程度上过滤噪声的影响，又保留真实交易的结果，缠中说禅技术分析理论设计了分型、笔、线段等概念，同时把 1 分钟走势图上的线段作为"最低级别"的次级别，解决走势中枢、走势类型、走势级别三者之间相互递归定义的死循环，然后以此为基础，逐步定义高级别，达成整个递归定义的完整性。在日常沟通使用中，当我们说 5 分钟级别、30 分钟级别、日线级别、周线级别时，分两种情况：第一种是从 1 分钟走势图上线段构成的 1 分钟级别递归上来的；第二种就是对应时间周期，如 30 分钟走势图上线段构成的中枢或走势类型。

显然，站在任意一个固定级别里，走势类型是可以被严格划分的。例如，一个 5 分钟的走势类型，显然不可能包含一个 30 分钟的中枢，因为按定义，一个单独的 5 分钟走势类型无论如何延续，也不可能出现一个 30 分钟的中枢。要形成一个 30 分钟的中枢，显然只能是三个以上 5 分钟走势类型的连接才可能。走势类型与走势类型的连接，是两个不同的概念。5 分钟走势类型，必须包含也最多包含 5 分钟级别中枢，至于是一个还是五个，都不影响是 5 分钟走势类型，区别只不过是被分类成 5 分钟级别的盘整类型还是趋势类型而已。

3.2.2 走势类型连接的结合律

根据定义，一个高级别的走势类型必然由几个低级别的走势类型连接而成，但这些低级别走势类型不一定都是次级别的走势类型，例如，$a+B+b$，B 是 30 分钟中枢，由 3 个 5 分钟走势类型构成，a、b 是 1 分钟走势类型，那么 $a+B+b$ 这个 30 分钟走势类型就能分解成 2 个 1 分钟走势类型和 3 个 5 分钟走势类型的连接。但我们还可以通过拆散重分，使得一个高级别的走势类型必然由几个次级别的走势类型连接而成，由于中枢里至少有 3 个次级别走势类型，所以就有了缠中说禅走势分解定理二：任何级别的任何走势类型，都至少由 3 段以上次级别走势类型构成。

针对 $a+B+b$ 的例子，图 3.2-1 中，假设 B 中有 3 段 5 分钟走势类型，分别表示为 B_1、B_2、B_3，那么 $a+B+b$ 就等于 $a+B_1+B_2+B_3+b$，当然也可以进一步分为（$a+B_1$）$+B_2+$（B_3+b），显然根据定义，（$a+B_1$）、B_2、（B_3+b）都是 5 分钟走势类型，这就是缠中说禅走势分解定理二所表达的内容。用抽象的话说，走势类型连接这种运算是符合结合律的。所谓符合结合律的运算规则，就是任何两项之间都能结合，而不改变运算的最终结果，怎么方便运算（计算或者看图）就怎么运算，例如加法就满足结合律，（185+399）+（101+500）+315=185+（399+101+500）+315。说到加法的结合律，一般就很容易想到加法的交换律，交换律是指任何两个元素的位置能交换，而不影响运算的结果，例如（185+399）+（101+500）+315=（185+315）+（399+101+500）。但是因为走势是和时间相关的，是由 1 分钟 K 线、日 K 线等组合而成的，而时间不可逆，不能改变位置，故走势类型的连接运算不符合交换律，这也是走势类型连接的特别之处。只要明白了走势类型连接运算的结合律，那就不难同时明白缠中说禅走势分解定理一：任何级别的任何走势，都可以分解成同级别盘整、下跌与上涨三种走势类型的连接。

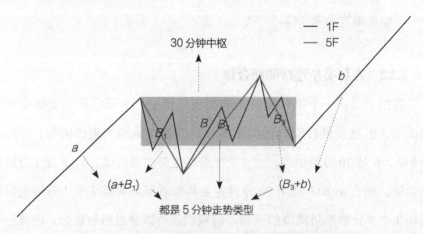

图 3.2-1　30 分钟中枢至少是 3 个 5 分钟走势类型的连接

3.2.3　走势类型连接结合律的简单运用

依据走势类型连接运算的结合律，也就是走势类型的连接符合结合律的事实，$A+B+C$ 可以看作是（$A+B$）$+C$ 这样的组合，也可以看作是 $A+$（$B+C$）这样的组合，其中 A、B、C 的走势类型级别可以相同，也可以不同。因此，站在多义性的角度，根据走势类型连接运算的结合律，任何一段走势，都可以有很多不同的释义。必须注意，多义性不是含糊性，而是站在一个严格、精确的理论基础上，用同一理论的不同视角对同一现象进行分析。

1. 从不同级别角度对走势的不同解读

从级别角度来讲，任何一段走势，都可以根据不同的级别进行分解，不妨用 $An\text{-}m$ 的形式表示根据 n 级别对 A 段进行分解的第 m 段，就有 $A=A_{1\text{-}1}+A_{1\text{-}2}+A_{1\text{-}3}+...+A_{1\text{-}m_1}=A_{5\text{-}1}+A_{5\text{-}2}+A_{5\text{-}3}+...+A_{5\text{-}m_5}=A_{30\text{-}1}+A_{30\text{-}2}+A_{30\text{-}3}+...+A_{30\text{-}m_{30}}=A_{日\text{-}1}+A_{日\text{-}2}+A_{日\text{-}3}+...+A_{日\text{-}m_日}$ 等，显然这些分解都符合缠中说禅技术分析理论，如图 3.2-2 所示。而根据某级别进行操作，站在纯理论的角度，无非等价于选择该等式列中某个分解方式进行操作。

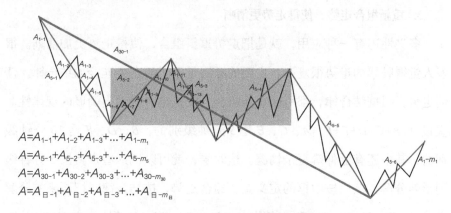

$$A=A_{1\text{-}1}+A_{1\text{-}2}+A_{1\text{-}3}+...+A_{1\text{-}m_1}$$
$$A=A_{5\text{-}1}+A_{5\text{-}2}+A_{5\text{-}3}+...+A_{5\text{-}m_5}$$
$$A=A_{30\text{-}1}+A_{30\text{-}2}+A_{30\text{-}3}+...+A_{30\text{-}m_{30}}$$
$$A=A_{日\text{-}1}+A_{日\text{-}2}+A_{日\text{-}3}+...+A_{日\text{-}m_日}$$

图 3.2-2　走势分解成不同级别走势类型

2. 走势的当下判断

多义性有一种应用，就是关于走势的当下判断。当下判断，其基础在于采取的分解方式。例如，一个按 5 分钟分解的操作角度与一个按 30 分钟分解的操作角度，在同一时间看到的走势意义是不同的。更重要的是，在5分钟分解中完成的走势，在30分钟却不一定完成。图 3.2-3 的 $A+B$，其中 A、B 都是 5 分钟的走势类型，那么 $A+B$ 走势，对于 30 分钟的分解就是未完成的。根据走势必完美的原则，未完成的走势必完成，也就是说，在不同的分解角度，可以在当下看到不同级别的未完成走势根据走势必完美原则产生的运动。

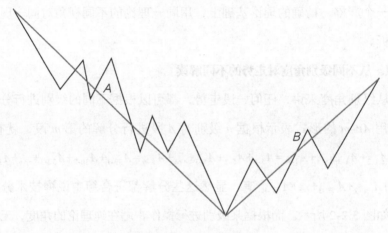

图 3.2-3　走势的当下判断

3. 重新组合走势，使得走势更清晰

多义性还有一种应用，就是把走势重新组合，使得走势更加清晰。很多人觉得股票的走势很复杂，主要的原因是不了解走势连接的结合律。任何走势，根据结合律，都可以重新组合，使得走势显示出明显的规律性。假设 $A+B+C+D+E+F$，A、C、E 是 5 分钟级别的，B、D、F 是 30 分钟级别的，其中还有延伸等复杂情况。这时候，就可以把这些走势按 5 分钟级别重新分解，然后按中枢的定义重新组合走势，按结合律，把原来的分解变成 $A`+B`+C`+D`+E`+F`$，使得 $A`$、$B`$、$C`$、$D`$、$E`$ 都是标准的 30 分钟级别走势，而最后的 $F`$ 变成在 30 分钟意义上未完成的走势，这样进行分析，就会很明晰了，如图 3.2-4 所示。当然，具体的组合有很多可能，如何

根据当下的走势选择一种最有利于操作的组合，依赖于理论理解程度和应用水平。

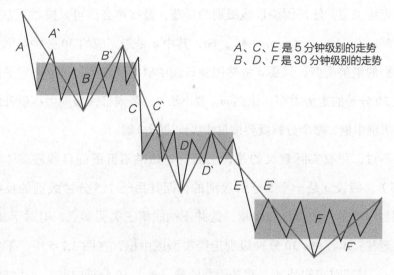

A、C、E 是 5 分钟级别的走势
B、D、F 是 30 分钟级别的走势

图 3.2-4 重新组合走势

这种根据结合律的最佳组合，是根据市场当下的走势随时变化的，而所有的变化，都符合理论要求且不会影响实际操作，对实际操作起着更有力的帮助。重新组合的关键是避繁就简，因为中枢扩展比较复杂，如果有组合使得不出现扩展，采取该种组合就更简单。有人可能会问，中枢扩展是否还适用呢？当然适用，中枢扩展是在两个中枢都完全出现后的情况下定义的，而实际操作，往往第二个中枢还没有走完，还在继续延伸，所以，除非出现明确的、符合理论定义的破坏，就可以根据有利于判断、操作的原则，对走势进行当下的组合。必须强调的是，当下采取什么组合，就要按该种组合的具体图形意义来判断、操作，组合过程不能涉及预测。

4. 多义性在中枢震荡中的应用

多义性还有一种更重要的应用，就是在中枢震荡中的应用。围绕中枢的震荡，不一定都是次级别走势类型。例如，围绕日线中枢的震荡，可以是 30 分钟级别以下任意级别的走势类型，甚至是一个跳空缺口。有些股票今天一字涨停，明天一字跌停，但如果明白走势连接的结合律，就知道，无论怎么涨停或跌停，只要不脱离日线中枢，最后都至少会形成 30 分钟级别的走势类型。任何围绕日线级别的震荡，最终都必然可以按如下方式进行分解：$A_{30-1}+A_{30-2}+A_{30-3}+...+A_{30-m_{30}}+a$，其中 a 是未完成的 30 分钟级别或以下级别的走势类型，只要 a 依然围绕日线中枢继续震荡，那 a 一定最终会完成 30 分钟的走势类型。显然 m_{30} 要小于 9，否则日线级别中枢就升级成周线级别中枢，整个分解就要按日线级别进行分解。

不过，更有实际意义的是，上面的 a 如果不再围绕日线震荡（见图 3.2-5），假设 a 是一个 5 分钟级别的，而其后一个 5 分钟级别的反抽也不回到中枢里，按照日线中枢，这并不构成第三类买卖点，但对于 $A_{30-m_{30}}$（笔者注：$A_{30-m_{30}}$ 指 30 分钟级别走势类型或中枢，在图 3.2-5 中，下文中的 $A_{30-m_{30}}$ 其实对应的是 A_{30-4} 走势类型的最后一个 30 分钟中枢），可能就构成 30 分钟的第三类买卖点。由于走势都是从未完成到完成的，都是从小级别不断积累而来的，因此，对于真正的日线第三类买卖点来说，这 $A_{30-m_{30}}$ 的第三类买卖点，肯定在时间上要早出现，对于 $A_{30-m_{30}}$，这绝对安全，但对日线却不一定，因为这 $A_{30-m_{30}}$ 的第三类买卖点后完成的 30 分钟走势，可以用一个 30 分钟走势又重新回到日线中枢里继续中枢震荡。但这个 $A_{30-m_{30}}$ 的第三类买卖点依然有参与的价值，因为如果其后的 30 分钟出现趋势，最后如果真出现日线的第三类买卖点，往往就在 30 分钟的第二个中枢附近就形成了，根本回不到这 $A_{30-m_{30}}$ 的第三类买卖点位置，所以，这样的买卖点，即使不符合操作级别的要求，例如操作级别是日线级别的，但一旦这样的 $A_{30-m_{30}}$ 的第三类买卖点出现，至少要充分重视，甚至可以适量参与了，因为一旦该低级别买卖点后出现趋势走势，该低级别买卖点就有高级买卖点的操作意义了。

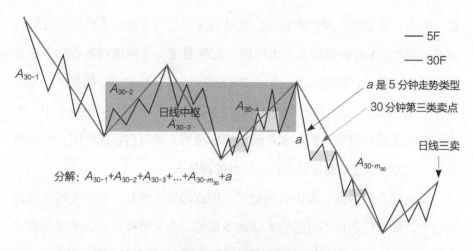

图 3.2-5 有高级别操作意义的低级别买卖点

在实践中，不应该对走势进行任何具体的预测，但对所有已出现的走势，却可以根据级别与结合律等随意组合，无论如何组合，只要不违反基本规律和定理，任何最终的走势，都会符合缠中说禅技术分析理论。但能否找到最合适的组合指导操作，以及能否根据不同的组合，对走势进行综合分析，这就和经验有关了。经验来自实践，丰富的经验来自大量的实践。在任一时刻，走势都是有最适合组合的，关键是能否当下组合出来。这种当下的组合，根本不涉及任何的预测，只是对已有走势的分解。多义性的应用，是缠中说禅技术分析理论的基本功之一，但必须在当下的走势中不断磨炼才能真正掌握。

3.2.4　操作级别

走势是客观的，不以个人意志转移，但用什么级别以及如何分析走势却是主观的。根据缠中说禅走势分解定理一，任何级别的任何走势，都可以分解成同级别盘整、下跌与上涨三种走势类型的连接，那么就意味着，按某种级别去操作，就等于永远只处理三种同一级别的走势类型及其连接。还是前文图 3.2-1 所示 a+B+b 的例子，站在 5 分钟级别的角度，这里有三个走势类型的连接，站在 30 分钟级别的角度，就只有一个走势类型。那么，确定自己操作的级别，就是确定自己究竟按什么级别来分析、交易。例如，5 分钟级别上下上三段，意味着在 5 分钟级别上有两个底背驰、两个顶背驰，按买点买、卖点卖的原则，就有两次完整的操作；而按 30 分钟级别看，这里没有买卖点，就没有操作（笔者注：这个例子中，两次顶背驰比较好理解，两次底背驰比较难理解，建议自己画个图，根据结合律，努力尝试理解这里说的两次完整的操作）。

从纯理论的角度，操作级别越低，相应的效率越高，但在实际的交易实践中，操作级别是不可能想多低就多低的，而究竟按什么级别来分析、交易，这与投资者的资金、时间以及交易制度等具体条件相关。例如，T+1 的情况下，按 1 分钟级别以下级别操作，就面临着不能顺利兑现的风险，而系统的操作，要把所有可能的情况都考虑进来，因此完全按 1 分钟级别以下级别操作是不可能的，除非是 T+0。此外，一般而言，级别越低，平均的买卖点间波幅也越小，因此，那些太低的级别，不足以让交易成本、交易误差等相对买卖点间波幅足够小，这样的操作，从长期的角度看，是没有意义的。所谓的交易误差，包括很多种，例如你看见买点到你实际操作完成，必然有一个时间差，因此也就有了价位上的差别。这种交易误差，对高级别无所谓，但对特别低的级别，那就需要消除，而这显然是不可能长期达到的。

因此，投资者根据自己的实际情况，以及需要投资者共同遵守的交易制度，可以相应定好自己的操作级别，这样就可以按照相应的级别分析、交易。也就是说，一旦该级别出现买点，投资者就必须买入，一旦出现该级别的卖点，就必须卖出。也就是说，对于只能做多的市场，在指定的操作级别上，投资者是不参与任何调整或下跌走势类型的。

确定了相应的操作级别后，是否按照次级别以下进行部分操作，由个人自己决定，但最好还是安排这种操作，特别当进入一个你的操作级别的次级别盘整或下跌，这是你可以忍受的最高级别非上涨走势，当然要操作一下来降低自己的成本。如果你的操作级别很高，那么其次级别的次级别，也可以用来部分操作，当然这是在有能力和有时间等资源进行更低级别操作的前提下说的。这样，整个操作就有一定的立体性，从而更好地降低风险。

3.2.5 缠中说禅买卖点级别定理

根据缠中说禅走势分解定理，很容易就能证明缠中说禅买卖点级别定理：高级别的买卖点必然是次级别或次级别以下某一级别的买卖点。

这个证明过程很简单，还是用前文图 3.2-1 所示 $a+B+b$ 的例子进行说明。$a+B+b=a+B_1+B_2+B_3+b=（a+B_1）+B_2+（B_3+b）$，最后的（$B_3+b$）形成 30 分钟的买卖点，那么自然其极限点在 b 上，对 b 进行分解，如果该极限点不是 b 的买卖点，那么就意味着 b 还没完成，还要延伸下去，那么这极限点自然也不会是（B_3+b）的极限点，这就矛盾了。但注意，高级别的买卖点不一定就是次级别的买卖点，在这个例子里，b 可以是 1 分钟级别的走势类型，其背驰点就不是 30 分钟级别的次级别即 5 分钟级别的买卖点，而是 30 分钟级别的次次级别即 1 分钟级别的买卖点了。所以，定理中只能说是次级别及以下某一级别的买卖点。这也是为什么有时候一个 1 分钟的背驰就会引发高级别下跌的原因（笔者注：低级别背驰引发高级别下跌／上涨的情况，我们在前面的章节进行了具体分析，这种情况通常发生在冲顶或赶底的过程中，即在大家都很贪婪或恐惧的时候）。在最规范的走势中，该高级别的买卖点刚好是下面所有级别的买卖点。由于低级别背驰引发高级别转折在理论和实际中都是存在的，故买卖点同样具有级别属性，缠中说禅买卖点级别定理说的就是这种情况。

3.2.6 走势类型连接的同级别分解

站在纯操作的角度，由于任何买卖点，归根结底都是某级别的第一类买卖点，因此，只要搞清楚如何判断背驰，然后选好适合的级别，当该级别出现底背驰时买入，出现顶背驰时卖出即可。不过，有些事情应该刨根问底，这有点像练习短跑，练习到后面，提高 0.01 秒都很难，所以越往后，难度和复杂程度都会越来越深，如果一时深入不了，就选择可以把握的，先按能理解的内容选择操作模式，等积累的市场操作经验多了，能发现更多需要解决的问题，可形成直观感觉了，再回头看之前无法深入的问题，这也不失为一种学习的办法。当然，以上内容都能理解并能马上实践，自然是最好的。

前面介绍了有关走势类型连接结合的多义性问题，并强调多义性不是含糊性，多义性是与走势的当下性密切相关的，但对已完成的走势类型连接进行相应的分解，就如同解问题设定不同的参数，虽然参数的设定有一定的随意性，但一个好的参数设定，往往能使问题的解决变得简单。根据结合律，选择一种恰当的走势分解，对把握当下的走势极为关键。显然，一个好的分解，在符合分解规则的前提下，必须保证分解的唯一性，否则这种分解就绝对不可能是好的分解。其中，最简单的就是进行同级别分解。所谓同级别分解，就是把所有走势按一个固定级别的走势类型进行分解。根据缠中说禅走势分解定理，同级别分解具有唯一性，这个分解的唯一性，是由具体分解原则和分解方法确定的，也是评判分解方法好坏的标准之一，不存在任何含糊和乱分解的可能。

同级别分解的应用，前面已有论述，例如，以 30 分钟级别为操作标准的，就可用 30 分钟级别的分解进行操作，对任何图形，都分解成一个个 30 分钟级别走势类型的连接，操作中只选择其中的上涨和盘整类型，而避开所有下跌类型。对于这种同级别分解视角下的操作，永远只针对一个正在完成中的同级别中枢，一旦该中枢完成，就继续关注下一个同级别中枢。注意，在这种同级别的分解中，是不需要中枢延伸或扩展的概念的，对 30 分钟级别来说，只要 5 分钟级别的三段上下上或下上下走势类型有价格区间的重合就构成中枢。如果这 5 分钟次级别延伸出六段,那么就当成两个 30 分钟盘整类型的连接,在这种分解中,是允许盘整 + 盘整情况存在的。注意,以前说不允许或没有盘整 + 盘整这样的连接,是在非同级别分解方式下说的,所以不要搞混了。

那么同级别分解的次级别分解是否也是同级别分解呢? 答案是不需要。这可能很难理解,因为一般人都喜欢把一个原则在各级别中统一运用,但实际上,完全可以采取这样的分解形式,即只在某级别中进行同级别分解,而继续用中枢扩展、延伸等确定其次级别,这里只涉及组合规则的问题,而组合规则,是为了方便操作以及判断而设定的,只要不违反连接运算的结合律以及分解的唯一性,就是允许的,因此问题的关键在于是否明晰且易于操作。虽然"同级别分解的次级别分解是否也是同级别分解"的答案是否定,但在实际分解中,按肯定的答案进行分解并不违反连接运算的结合律以及分解的唯一性,故在没有很好地理解同级别分解之前,可以要求同级别分解的次级别分解也是同级别分解,只是很多时候这样的分解,不利于把握具体的交易操作机会,或者说会让交易操作机会减少,特别是不利于把握各类突发消息带来的操作机会。

说得深入一点,走势分解、组合的难点在于走势有级别,而高级别的走势是由低级别构成的,处理走势有两种基本的方法,一种是纯粹按中枢进行分解和组合,一种是纯粹按走势类型进行分解和组合,但更有效的是在不同级别中组合运用这两种方法。一般来说,纯粹按中枢来,只有第三类买卖点和大量的中枢震荡操作机会,没有第一类和第二类买卖点;纯粹按走势类型来,可以认为只有第一类和第二类买卖点,但可能会错失第三类买卖点和大量的中枢震荡操作机会。因此,完全合理、不违反任何理论原则的,可以制定出这样的同级别分解规则:在某级别中,不定义中枢延伸,允许该级别上有盘整 + 盘整连接;与此同时,规定该级别以下的所有级别,都允许中枢延伸,不允许盘整 + 盘整连接;至于该级别以上级别,根本不考虑，因为所有走势都按该级别给分解了（笔者注：这是推荐的同级别分解原则；同时，从本质上来讲，线段的划分方法，就是一种走势的同级别分解方法）。

按照以上的同级别分解规则，用结合律很容易证明，这种分解下，其分解也是唯一的。这种同级别分解，对机械化操作十分有利。在同级别分解视角下无所谓牛市、熊市，例如，如果分解的级别规定是 30 分钟，那么只要 30 分钟上涨就是牛市，否则就是熊市，完全可以不管市场的实际走势如何，在这种同级别分解的视角下，市场被有效地分解成一个个 30 分钟走势类型的连接，如此分解，如此操作。

注意，这种分解方法是可以运用在更大的操作系统里的。例如，当资金量比较大时，完全可以设定某个量的筹码按某个级别的分解操作，另一个量的筹码按另一个更高级别的分解操作，这样机械地按照一个规定的节奏去交易。这样不断地机械操作会使持仓成本不断降低，这种机械化操作的获利是比较大的。

其实，根本无须关心个股的具体涨幅有多少，只要足够活跃，上下震荡大即可，这种机械化操作产生的利润是与时间成正相关关系的，只要时间足够长，就会比任何单边上涨的股票产生更大的利润。甚至可以对所有股票按某级别走势的幅度进行数据分析，把所有历史走势都计算一次，选择一组历史上某级别平均震荡幅度最大的股票，不断操作下去，这样的效果更好。这种分解方法，特别适合小资金又时间充裕的投资者进行全仓操作，也适合大资金进行一定量的差价操作，更适合主力资金进行震荡整理降成本操作。具体的操作程序，按一般的情况列举如下。注意，这是一个机械化操作，按程序来就行。

以一个 30 分钟级别的分解为例子，按 30 分钟级别的同级别分解，假定出现一个下跌背驰，在背驰点买入，然后必然首先出现向上的第一段走势类型，根据其内部结构可以判断其背驰或盘整背驰结束点，先卖出，然后必然有向下的第二段（见图 3.2-6），这里共有三种情况：①不跌破第一段低点，重新买入；②跌破第一段低点，如果与第一段前的向下段形成盘整背驰，也重新买入；③跌破第一段低点且和背驰段 c 相比没有出现盘整背驰，那就继续观望，直到出现新的下跌背驰或不创新低，再重新买入。

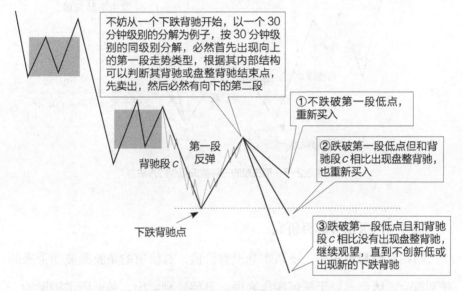

不妨从一个下跌背驰开始，以一个 30 分钟级别的分解为例子，按 30 分钟级别的同级别分解，必然首先出现向上的第一段走势类型，根据其内部结构可以判断其背驰或盘整背驰结束点，先卖出，然后必然有向下的第二段

①不跌破第一段低点，重新买入

②跌破第一段低点但和背驰段 c 相比出现盘整背驰，也重新买入

③跌破第一段低点且和背驰段 c 相比没有出现盘整背驰，继续观望，直到不创新低或出现新的下跌背驰

第一段反弹

背驰段 c

下跌背驰点

图 3.2-6　第二段的三种情况和应对方法

在第二段重新买入的情况下，然后出现向上的第三段（见图 3.2-7），以是否超过第一段高点和是否背驰作为判断条件，也相应有三种情况：①超过第一段高点且对比第一段没有出现盘整背驰，此时持有观望，直到出现上涨背驰或不创新高，再卖出；②超过第一段高点且对比第一段发生盘整背驰，此时重新卖出；③低于第一段的高点，此时重新卖出。

这个过程可以不断延续下去，直到下一段向上的 30 分钟走势类型相对前一段向上的走势类型出现盘整背驰或者不创新高为止，这就结束了向上段的买卖操作。向上段的买卖操作，都是先买后卖的。一旦向上段的买卖操作结束，就进入向下段的买卖操作。向下段的买卖操作刚好相反，是先卖后买，从刚才向上段结束的背驰点开始，所有操作刚好反过来。

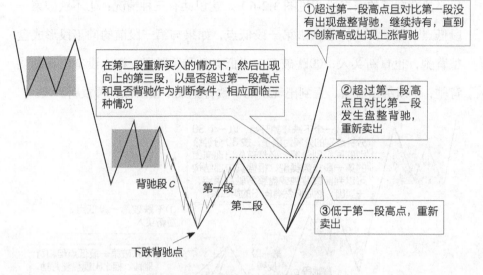

图 3.2-7　第三段的三种情况和应对方法

3.2.7　同级别分解再研究

站在纯交易的角度，股票本身没有价值，有价值的是股票波动带来的获利机会，因此，对于任何操作来说，只要获利卖出，是无所谓错误的。反过来，股票是挣取价差的凭证，没有这个凭证，至少在股票市场里是无法获利的，因此，只要卖了能低价位回补，就无所谓错误。至于卖了可能还涨，回补可能还跌，这是技术应用的精度问题，就像练习短跑，如果永远只会撒腿乱跑，那就不可能达到高层次，而基础的练习都很枯燥，比如100米短跑，每段怎么跑，共跑多少步，可能都要按一个机械的要求来，最终形成肌肉记忆，这才有可能达到高层次。股票操作也一样，首先就要培养这样一个操作节奏，不排除在这个培养、训练的过程中，开始的速度还比不上以前撒腿乱跑的速度，但坚持下去，等节奏感形成，水平和速度就不是撒腿乱跑能比的了。

上一小节介绍的操作程序里面，就有一个基本的操作节奏，其中最重要的就是向上段先买后卖、向下段先卖后买，如果这个节奏错了，最终的交易结果就会一团糟。很多中小投资者的买卖，不管位置、不管时间、不管当下的走势结构，胡乱瞎买，然后又胡乱瞎卖，最终盈亏全靠运气。即使高级别走势的操作节奏把握了，还要注意每个向上或向下段中的每个低级别走势类型的操作节奏，显然，只要其中一步错了就有可能会步步错。这时候，唯一正确的选择就是停止操作，先把心态、节奏调节好，然后再继续。当一直按这个机械节奏不断操作下去，我们就可能会形成正确的第一反应。其实，这一点都不神秘，就好像有些人无论睡多晚，早上到点都会自动醒来。

按同级别分解操作，还可能有更广泛、更精确的操作。在再进一步分析前，请先准备纸和笔，对着文字描述画图，相信对理解下述文字会有很大的帮助，否则会感觉很枯燥，甚至会不知所云。

对 5 分钟的同级别分解，以最典型的 $a+A$ 为例子，一般情况下，a 并不一定就是 5 分钟级别的走势类型，但通过结合律，总能使得 $a+A$ 中，a 是一个 5 分钟的走势类型，而 A，也分解为 m 段 5 分钟走势类型，即 $A=A_1+A_2+...+A_m$。假定 $a+A$ 是向上的情况，显然，A_i 当 i 为奇数时是向下的，为偶数时是向上的，开始先有 A_1、A_2 出现，而且 A_1 不能跌破 a 的低点，如果 A_2 突破 a 的高点而 A_3 不跌回 a 的高点，这样可以把 $a+A_1+A_2$ 当成一个 a'，还是 5 分钟走势类型。因此，这里可以一般性地考虑 A_3 跌破 a 的高点情况，这样，A_1、A_2、A_3 必然构成 30 分钟中枢。因此，这一般性的 $a+A$ 情况，都必然归结为 a 是 5 分钟走势类型，A 包含一个 30 分钟中枢的情况。

把 a 定义为 A_0，则 A_i 与 A_{i+2} 之间就可以不断地比较力度，用盘整背驰的方法决定买卖点。这和前面说的围绕中枢震荡的处理方法类似，但那不是站在同级别分解的基础上的。注意，在实际操作中下一个 A_{i+2} 是当下产生的，但这不会影响所有前面 A_{i+1} 的同级别唯一性分解。这种机械化操作，可以一直延续，该中枢可以从 30 分钟一直扩展到日线、周线甚至年线，但这种操作不管这么多，只理会一点，就是 A_i 与 A_{i+2} 之间是否盘整背驰，只要盘整背驰，就在 $i+2$ 为偶数时卖出，为奇数时买入，具体请参见图 3.2-8。如果没有盘整背驰，当 i 为偶数，若 A_{i+3} 不跌破 A_i 高点，则继续持有到 A_{i+k+3} 跌破 A_{i+k} 高点后在不创新高或盘整顶背驰的 A_{i+k+4} 卖出，其中 k 为偶数；当 i 为奇数，若 A_{i+3} 不突破 A_i 低点，则继续保持不回补直到 A_{i+k+3} 升破 A_{i+k} 低点后在不创新低或盘整底背驰的 A_{i+k+4} 回补，具体请参见图 3.2-9 和图 3.2-10。

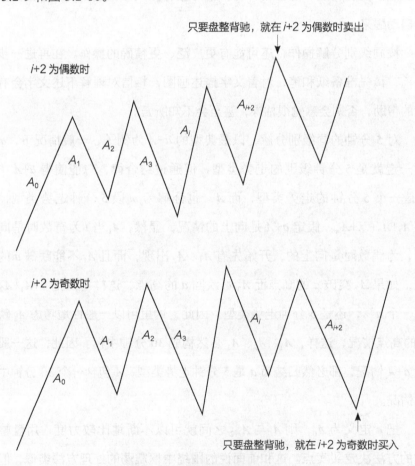

图 3.2-8　盘整背驰时的处理办法

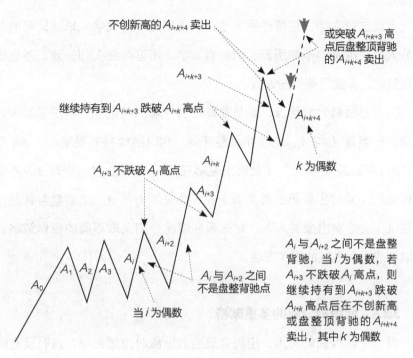

不创新高的 A_{i+k+4} 卖出

或突破 A_{i+k+3} 高点后盘整顶背驰的 A_{i+k+4} 卖出

A_{i+k+3}

继续持有到 A_{i+k+3} 跌破 A_{i+k} 高点

A_{i+k+4}

A_{i+3} 不跌破 A_i 高点

A_{i+k}

k 为偶数

A_{i+3}

A_{i+2}

A_i 与 A_{i+2} 之间不是盘整背驰点

A_1　A_2　A_3　A_i

A_0

当 i 为偶数

A_i 与 A_{i+2} 之间不是盘整背驰，当 i 为偶数，若 A_{i+3} 不跌破 A_i 高点，则继续持有到 A_{i+k} 跌破 A_{i+k} 高点后在不创新高或盘整顶背驰的 A_{i+k+4} 卖出，其中 k 为偶数

图 3.2-9　非背驰上涨时的处理办法

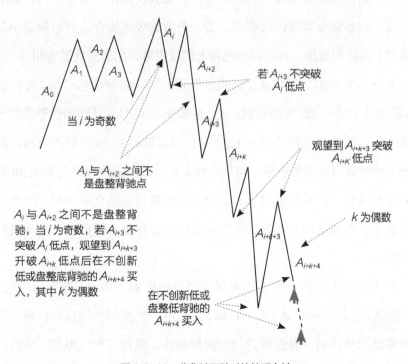

A_i

A_2

A_1　A_3

A_0

A_{i+2}

若 A_{i+3} 不突破 A_i 低点

当 i 为奇数

A_{i+3}

观望到 A_{i+k+3} 突破 A_{i+K} 低点

A_{i+k}

A_i 与 A_{i+2} 之间不是盘整背驰点

A_i 与 A_{i+2} 之间不是盘整背驰，当 i 为奇数，若 A_{i+3} 不突破 A_i 低点，观望到 A_{i+k+3} 升破 A_{i+k} 低点后在不创新低或盘整底背驰的 A_{i+k+4} 买入，其中 k 为偶数

A_{i+k+3}

k 为偶数

A_{i+k+4}

在不创新低或盘整低背驰的 A_{i+k+4} 买入

图 3.2-10　非背驰下跌时的处理办法

上面这段文字，是精确的表述，很难用简短的文字来描述，可能会让部分人眼花缭乱、不知所云，但对着文字，用笔在纸上画一遍，还是很容易理解的，多画几遍就能掌握。

以上方法最大的特点，就是在同级别分解的基础上，将图形基本分为两类：一类是 A_i 与 A_{i+2} 之间非盘整背驰，此时继续持有观望："当 i 为偶数，A_{i+3} 不跌破 A_i 高点"（此时出现第三类买点）或" i 为奇数 A_{i+3} 不突破 A_i 低点"（此时出现第三类卖点）；一类是" A_i 与 A_{i+2} 之间盘整背驰，此时在 A_{i+2} 之处卖出或买入"。对这两种情况分别采取不同的操作策略，就可以构成一种机械的操作方法。

3.2.8　同级别分解的多重赋格

当一个低级别的买入，出现高级别的上涨时应怎么办？这时候有两个选择：①继续按低级别操作，通常而言，低级别操作比较累，对精确度要求比高，而且资金容量还比较小；②升级为高级别操作，同时保留小部分资金用于低级别操作。对于资金比较大的投资者，后者是比较实用的。

上一小节中的" A_i 与 A_{i+2} 之间盘整背驰"，将演化出"当 i 为偶数，A_{i+3} 跌破 A_i 高点"或" i 为奇数，A_{i+3} 突破 A_i 低点"，从而相应形成高一级别的中枢，例如在该例子里，A_{i+1}、A_{i+2}、A_{i+3} 就构成 30 分钟的中枢，而所有比 5 分钟级别更高的中枢，当然是先有高一级别的中枢，否则连 30 分钟的中枢都没有，自然也就没有日、周、月线等更高级别的中枢，这个事实就保证了，在同级别分解下，一个低级别的操作是可以换成一个高级别的操作的。

一般情况下，在上面 5 分钟同级别分解的例子中，只要从 A_0 开始到 A_i，使得 $A_0+A_1+...+A_i=B_1+B_2$，B_1 和 B_2 是 30 分钟级别的同级别分解，这时候就可以继续按后一种分解进行相应的操作，具体见图 3.2-11。当然，是否变为后一种级别的操作，与投资者的时间、操作风格、资金规模等很多因素有关，但笔者还是建议，可以进行这种短线变中线的操作，即使资金量很小，但如果出现一种明显的高级别走势，这种操作会让我们有机会获得高级别波动利益。

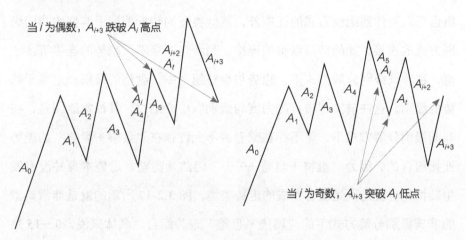

图 3.2-11　低级别操作变高级别操作

对于大资金来说，这种两个或多个级别的操作可以一直延续下去，可以变成 n 重层次的操作，每一重都对应着一定的资金与筹码，从而对应着不同的节奏与波动。如果对古典音乐有点了解，就知道，这如同赋格曲，简单的动机、旋律在 n 重层次上根据不同的转位、移位、对位等原则运动着，合成统一的乐曲。市场的走势，其实就如同这样的多重赋格，看似复杂，其实脉络清晰，可以有机地统一在多层次的同级别分解操作中。

在这种同级别分解的多重赋格操作中，可以在任何级别上进行操作，而且都遵守该级别的分解节奏与波动，只是在不同级别中投入的筹码与资金不同而已。

3.2.9　非同级别分解

非同级别分解，就是把走势分解成多个级别不相同的走势类型，其核心是站在高低点视角下，对多个不同级别中枢进行排列组合。市场走势，归根结底是在前后两个高低点关系构成的一个完全分类中展开和生长的。

这种非同级别走势类型的连接方式，典型和形象的应用之一就是大家都容易理解的概念——转折。转折有两种基本类型，一是趋势与反趋势的组合，二是趋势与盘整的组合。除了同级别趋势＋同级别反趋势的走势连接组合可以看作同级别方式的连接外，其他类型的转折都属于典型的非同级别方式的连接，如趋势与盘整的连接、趋势与高级别反趋势的连接等。注意，在非同级别分解方式下，趋势与盘整组合中，盘整的级别一定高于趋势的级别，这在前文"转折的力度与级别"中介绍过，其根本原因是，在非同级别分解方式下，是不存在或者说不允许存在"盘整＋盘整"的走势连接组合的，因为"盘整＋盘整＋……"仍然是盘整，走势本身并没有发生转折，也就是说是没有完成的走势类型。图 3.2-12 所示的就是非常典型的非同级别分解方式下的"趋势＋盘整"走势组合，具体来说，0—15 是趋势，15—39 是盘整，该盘整由 4 个和 0—15 趋势同级别的盘整组成，分别是 15—22、22—31、31—36 和 36—39 这四个盘整。

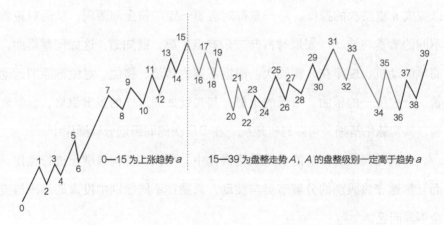

图 3.2-12　非同级别分解方式下的"趋势＋盘整"走势组合

3.3 各类概念再理解

3.3.1 同级别分解和非同级别分解的再理解

对走势进行分解，通常有同级别分解和非同级别分解两种情况：①把走势分解为不同级别的走势类型的连接，这种连接方式是非同级分解；②把走势全部分解为相同级别走势类型的连接，这种连接方式是同级别分解。

同级别分解就是把所有走势按一个固定级别的走势类型进行分解，根据缠中说禅走势分解定理一，任何级别的任何走势，都可以分解成同级别盘整、下跌与上涨三种走势类型的连接，同级别分解具有唯一性，不存在任何含糊乱分解的可能。中枢定义中"三个连续次级别走势类型"的连接方式就是同级别分解方式下的连接。由于任何级别的任何走势类型只有趋势和盘整两种，显然，在同级别分解方式下，是完全允许"盘整＋盘整＋盘整"这样的连接的。例如按照中枢定义，三个连续的 1 分钟级别的盘整走势的重叠区间就构成 5 分钟级别中枢。但是，在非同级别分解时，是不允许"盘整＋盘整"这样的走势类型连接的，因为"盘整＋盘整"依然是盘整。

对于同级别分解方式下的盘整与趋势，或者盘整与盘整走势类型的连接，大家之所以容易将其与非同级别分解方式下趋势与盘整连接的走势组合混淆，是因为两种分解方式下，都有"盘整"这个词。但是只要把概念理顺，就能分清楚了。

无论是非同级别分解，还是同级别分解，只要符合理论要求，不是胡乱分解，那么都是可行的分解方式，本质上没有优劣。如果一定要说两者的异同，那就是同级别分解更像科学，是纯逻辑的分解，非同级别分解更像艺术，既有逻辑的成分存在，也有超逻辑或经验的成分存在。

不管是同级别分解方式下的走势连接，还是非同级别分解方式下的走势连接，在实践中，通常会结合传统技术分析理论中的高低点规则进行走势分解，尽量让每个走势类型的高低点落在走势类型的起止点上，这样看起来会更舒服。当然，虽然这不是缠中说禅技术分析理论的要求，但这完全符合缠中说禅技术分析理论的全部要求，这也是缠中说禅技术分析理论有强大包容性的具体表现。

不管是同级别分解方式下的走势连接，还是非同级别分解方式下的走势连接，当下走势之前的走势一定是已经完成的走势，而当下的走势一定是真正进行中的走势，由于任何走势都要完成，当下走势完成后自然就连接着下一个将要完成的走势，如此循环往复，这也是缠中说禅走势中枢理论中"走势必完美"的应有之义。

最后，针对"非同级别分解"小节列举的走势，在这里同时给出同级别、非同级别两种分解结果，看一下同级别分解和非同级别分解的异同，具体见图 3.3-1 和图 3.3-2。

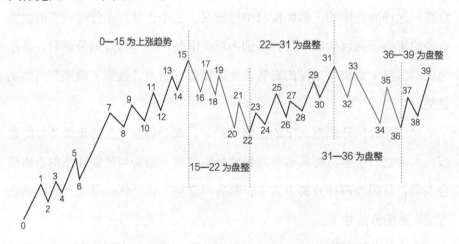

图 3.3-1　同级别分解方式下的趋势＋盘整、盘整＋盘整的连接

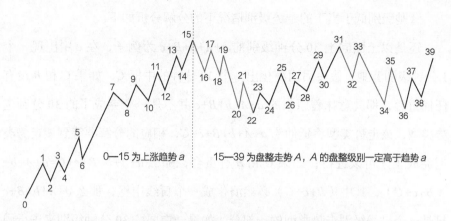

0—15 为上涨趋势 *a*   15—39 为盘整趋势 *A*, *A* 的盘整级别一定高于趋势 *a*

图 3.3-2　非同级别分解方式下的趋势 + 盘整走势组合

3.3.2　缠中说禅走势类型分解原则的再理解

前面在讨论背驰、转折力度时，我们详细讨论过背驰级别等于当下的走势级别、背驰级别低于当下的走势级别两种情况，并指出这两种情况，对走势的分解也是很有意义的。例如对一个 30 分钟的走势类型，其完结也同样有相应的两种情况。一种是，出现一个 30 分钟的背驰，从而完成一个 30 分钟级别走势类型，在这种情况下，对该走势的分解就不存在任何含糊的地方，前后两个走势类型，就以该背驰点为分界；至于低级别背驰引发高级别转折的情况，这种情况比较复杂，但分解的原则是一致的，就是：一个某级别的走势类型中，不可能出现比该级别更高的中枢，一旦出现，就证明这不是一个某级别的走势类型，而是更高级别走势类型的一部分或几个该级别走势类型的连接。

上述分解原则中的某级别，可以是日线级别、30 分钟级别等任何级别，这个缠中说禅走势类型分解原则，也就是同级别分解的基本原则，如果我们对走势进行同级别分解，首先就要确保这个原则得到满足，不能有比指定级别高的走势类型出现，其次才是考虑指定级别的次级别或次级别以下级别的走势类型该如何分解。

背驰级别低于当下的走势级别情况下的分解分析如下。

还是以上面向上 30 分钟级别的 $a+A+b+B+c$ 为例子，在 c 中出现一个 1 分钟级别背驰，假设后面演化出一个 30 分钟的中枢 C，如果 C 和 B 没有任何重叠，那就意味着原来的 $a+A+b+B+c$ 并不是一个完成了的 30 分钟走势类型，该走势类型将延伸为 $a+A+b+B+c+C$，相应的分解要等到该走势类型完成了才可以进行；如果 C 和 B 有重合，那么 $a+A+b+B+c+C=a+A+b+$ $（B+c+C）$，其中（$B+c+C$）必然演化成一个日线中枢，那么 $a+A+b+B+c$ 只是一个日线级别走势类型的一部分。如果一定要按 30 分钟级别来进行同级别分解，那么这两个 30 分钟级别走势类型的连接点（分解点）就是 1 分钟的背驰点，$a+A+b+B+c+C=（a+A+b+B+c）+C$；如果按非同级别分解，则可分解为 $a+A+b+B+c+C=a+A+b+（B+c+C）$。

3.3.3　三类买卖点的再分辨

在实际的行情分析中，一定要搞清楚中枢的递归定义，这是很重要的。如果实在理解不了中枢的递归定义，那就全部使用不同时间级别 K 线图上的线段构成中枢，每次只分析一个 K 线图上的走势类型。

关于级别的问题，如果想不明白，可以想象成用不同倍数的显微镜去看一片树叶，通过不同倍数的显微镜，看到的精细度自然也会不一样，级别和走势的关系，就如同显微镜与树叶的关系。再举个例子，比如看一栋楼房，分析高级别的 K 线图相当于站在远处看，只能看清楼房的轮廓，看不清细节；走近一点，就相当把级别降低一点，可以看清楼房的基本构造；级别一直降低，就相当于进入楼房里面，能看清楼房里面的细节。同理，三个 5 分钟级别走势类型重叠构成一个 30 分钟中枢，站在 30 分钟级别的角度，5 分钟级别的走势类型都可以看成一个没有内部结构的线段，这线段的高低点就对应 5 分钟走势类型的高低点；而站在 5 分钟的次级别 1 分钟上看，不是每个 5 分钟级别走势类型的高低点都在 5 分钟走势的结束或开始位置，当然，把 1 分钟级别的走势类型用结合律重新组合，总能让高低点分别在 5 分钟级别走势类型的开始或结束位置，但站在分笔的级别上，这又不行了。为什么？因为当我们用 1 分钟的级别重新组合时，其实就先把分笔上的级别都看成没有结构的线段了。这是十分自然的，就像我们研究猴子的行为时，如果还考虑每个细胞里包含的分子里的原子里的电子的走势问题，那对研究毫无意义。所以，这个原则是必须明确的，例如你决定用 30 分钟级别来操作、观察时，其实就已经先假定把所有完成的 5 分钟级别走势类型都看成没有内部结构的（30 分钟）线段了。

注意，这里所讲述的内容和区间套定理是没有冲突的，当 30 分钟进入背驰段，为了更精细地定位，用倍数更大的显微镜去看这段走势，这是很自然的行为，重要的是要知道在什么时候该用什么倍数的显微镜去看。再比如，在看 30 分钟的第三类买卖点时，由于要涉及次级别 5 分钟的判断问题，所以要分析 5 分钟走势类型。但无论这些显微镜如何转换，一个原则是不变的，就是当你用一个级别的显微镜时，就等于先把次级别的当成线段了，也就是说次级别不在该级别的观察中。

当然，也有更精细更严格的方法，就是从最低级别的分笔中逐步往高级别递归，这样就不存在上面的问题，但这样太累，而且无必要。理论是拿来用的，只要不违反理论的基础与绝对性，当然要选择更简单的用法。

其次，对于背驰与盘整背驰，前者是有着基础意义的，而后者，只是把前者相应的力度分析方法进行推广，用到盘整或中枢震荡相关的力度比较中。注意，$a+B+c$ 中，a 和 c 的盘整背驰，其实都可以看成是 B 的中枢震荡，虽然 a 存在时，B 还没出现，但也不妨这样看。

至于第一、第二、第三类买卖点，归根结底都可以归到第一类买卖点上，只是级别不同。那为什么还要第二、第三类买卖点，而不是只定义第一类买卖点呢？因为只定义第一类买卖点时，就会涉及不同的级别，等于同时用不同倍数的显微镜去看，实际用起来非常不方便。同时因为不同级别买卖点的意义是不同的，所以要在同一个级别上定义，确保它们在同一个走势中具有相同的级别属性，降低分析和应用的难度，这样才有三类买卖点的分别。当然，最充分的操作，就是按分笔的买卖点，这样所有波动的最细微波动都可以把握了，但这在实际中是不可能的，人需要反应的时间、有交易成本等。因此，忽略掉某些波动，按更高的级别进行操作，就是客观条件的必然要求，也就是说，三类买卖点，都不能偏废，不能说哪一个更重要，站在同一级别上，三者都重要。缠中说禅技术分析理论不是先验理论，而是根本客观条件充分反映当下可能的充分可操作性的理论。

第一类买卖点，就是该级别的背驰点，这足以应付大多数的情况。当出现低级别转高级别的情况时，第一类买卖点就失去用武之地。为什么？因为当低级别背驰时，并未形成高级别的背驰点，即没有形成高级别的第一类买卖点，也就没有买卖操作，对这种情况，就需要用第二类买卖点来补充。当然，第二类买卖点，不是专门针对低级别转高级别这一种情况的。一般来说，从高点开始出现一次次级别向下，然后出现一次次级别向上，如果不创新高或盘整背驰，都构成第二类卖点，而买点的情况反过来就是了。所以，在有第一类买卖点的情况下，第一类买卖点是最佳的，第二类买卖点只是一个补充；但在低级别转高级别的情况下，没有第一类买卖点时，第二类买卖点就是最佳的。

第二类买卖点，站在中枢形成的角度，其意义就是必然要形成更高级别的中枢，因为后面至少还有一段次级别走势类型，且该次级别走势类型必然与前面两个次级别走势类型有重叠。

第三类买卖点，站在中枢的角度，其意义就是决定中枢是否结束。对于一个已经形成的中枢，一旦出现了第三类买卖点，原中枢就结束了，后面行情，只有让原中枢扩展成更高级别的中枢或上涨下跌生成同级别的新中枢两种情况。

在第二、第三类买卖点之间，都是中枢震荡，这时候，是不会有该级别的买卖点的，因此，如果参与中枢震荡操作，用的都是低级别的买卖点。实际操作中，简便的做法，就是不参与中枢震荡，只在预先设定的买卖点上买卖。但对于大资金来说，或者对于有足够操作时间和熟练度的投资者来说，中枢震荡当然是可以参与的，而且中枢级别越高，其产生的利润往往越大而且更稳定。而在趋势的情况下，一般低级别的买卖点并非一定要参与，但如果技术特别好或资金量较大，同样可以参与，这只是为了提高资金的利用率，加快持仓成本变成 0 或增加筹码。

3.3.4 级别的再分辨

一个对象的确立，特别是一个数学和几何对象的确立，首先要证明其存在性，如果我们讨论的内容根本就不存在，那还讨论什么呢？例如中枢或走势类型等对象，如果不能证明其一定存在，而且是按级别存在的，那讨论就没意义了。

利用前面关于中枢的递归定义，就可以解决存在性问题。也就是说，中枢是可以递归式地定义出来的，而该定义是可操作的，该定义实际上是如何找出中枢的一种方法，按照这种方法，就肯定能找出定义中的中枢。

但是，只是存在性定义或定理没什么意义，所谓的可操作性，有时候只是理想化或者数学化的，例如，可以证明自然数的质数分解是唯一的，而且可以很理论化地去设计质数分解程序，但实际上用功能最强的计算机也往往不可能完成所有自然数的质数分解，因此就需要使用变通的方法来满足实际需求。同样的道理，对于中枢和走势类型，也就有了关于不同级别的图形的研究。否则，都从最原始的分笔成交去逐步定义、寻找，那就没有操作性了。

实际上，一般能得到的最低级别 K 线图，多数是 1 分钟级别的，因此，可以从这个图入手。当然，也可以从 5 分钟级别，甚至更高级别的 K 线图入手，但这就等于用倍数较小的显微镜观察，看到的东西自然没有那么多且清楚了。再次强调，什么级别的图和什么级别的中枢没有必然关系，走势类型以及中枢就如同显微镜下的观察物，是客观存在的，其存在性由前文所说的递归定义保证，而用不同级别的 K 线图看走势，就如同用不同倍数的显微镜看树叶，会看到不同精度的细节。

如果我们首先确立了显微镜的倍数，也就是说，我们首先把 1 分钟级别的 K 线图作为基本图，那么就可以开始定义前文说的分型、笔、线段等。有了线段，就可以定义 1 分钟级别的中枢，然后就是 1 分钟级别的走势类型，然后按照递归的方法，可以逐步定义 5 分钟、30 分钟、日、周、月、季、年级别的中枢和走势类型。当然，在日常的交流中，我们通常会说"5 分钟图怎么看""30 分钟图怎么看"，其实，如果我们选择 5 分钟或 30 分钟级别的 K 线图作为基本图，那么看法和 1 分钟的看法一样，只不过显微镜倍数比较小，看起来比较粗糙而已。而如果我们已经选择 1 分钟级别的 K 线图作为基本图，也就是选定了某一倍数的显微镜，那么看 1 分钟级别的 K 线图就可以了，然后根据走势中枢、走势类型的递归定义，不断往上递归，从而看到更高级别的走势中枢和走势类型。如果以 1 分钟级别的 K 线图为基本图，5 分钟、30 分钟等级别的 K 线图还有用吗？当然是有用的，例如走出一个 1 分钟级别的走势类型，如果确定完成了，就可以在 5 分钟级别的 K 线图上做记号，这样做的一个好处就是帮助记忆，否则当 1 分钟级别的 K 线图上的线段成千上万时，会很难处理。而有了 5 分钟、30 分钟、日等级别的 K 线图，就给相应已经完成的走势类型做记号，实际上，在 1 分钟级别的 K 线图上需要记住的，只是最近一个未完成的 1 分钟级别走势类型。当然，由于分解的多样性，实际上需要知道的要多点，这里是站在某种分解角度说的。另外一个好处就是看 MACD 辅助判断时，不用将太多低级别的 MACD 柱子相加，而是可以看高级别的 MACD 图，这样更一目了然。日线的背驰，其实在 1 分钟图上也可以看出来，只不过是需要把所有相应对比段的 MACD 都加起来进行处理，这样当然是很麻烦的，因此就可以看日 K 线图的 MACD，这在理论上没有任何特别之处，只是为了方便。如果用 1 分钟的 MACD 把参数调到足够大，效果其实是一样的，但实际上不可行，比如一般软件上，MACD 的参数有上限，或者能获取的 1 分钟 K 线数据有限制，这实际上也限制了日线的背驰不能用 1 分钟的 K 线图来分析。

一般而言，在高级别 K 线图上标记次级别的走势类型有一个好处，就是能让我们清晰地看到该级别的中枢和走势类型是如何形成的，这样会更直观，但一般不在低级别 K 线图上标记高级别走势类型，例如不在 1 分钟 K 线图上标记 5 分钟级别的走势类型。当然，如果一定要这么做，例如在 1 分钟 K 线图上标记 30 分钟级别甚至年线级别的走势类型也是允许的。

在实际的交易中，一般人面对一只股票，不可能先看 1 分钟 K 线图，大多都是先从日线，甚至周、月、季、年线入手的，这样等于先用倍数小的显微镜，甚至是肉眼看一下，然后再转用倍数大的显微镜，进行精细的观察。因此，对于高级别 K 线图，分型、笔、线段等同样有用，不过，一般这个观察都是快速且不精细的，所以大概估计就可以，而且，一般看图看多了，根本就不需要一步一步按定义来，例如，打开日线图，1 秒钟如果还看不明白一只股票大的走势，那就慢了。基本上说，如果图看多了，形成了机械反应，一看到有好机会的股票走势图，立马就能识别出来，并产生交易想法。

对于股票，在产生可靠的直觉之前，还是踏踏实实按逻辑去分析比较为好。在高级别图粗略选定交易股票后，就要用倍数大的显微镜进行精细的跟踪分析，然后在符合自己操作级别的买卖点上交易，直到在操作级别上没有了交易的机会或者又发现新的更好的股票为止。而站在纯理论的角度，没有任何股票是特别有交易价值的，或者特别没有交易价值，中枢震荡产生的利润不一定比相应级别单边上涨产生的利润少。

3.3.5 上涨趋势及背驰后的典型走势

包含两个中枢的上涨趋势和该趋势标准背驰后的典型走势，具体参考图3.3-3。特别地，要关注每个"数字"位置对应的文字描述。所有的描述，都基于已经出现的走势，即不知道该位置之后的具体走势。

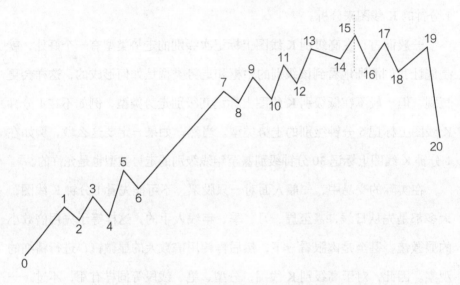

图3.3-3　包含两个中枢的上涨趋势和该趋势背驰后的典型走势

位置0，假定是行情走势的起始点，或者在位置0之前的走势已经确认结束。

位置1，行情刚生长出一个线段，需要等待行情的继续生长。

位置2，还没有中枢，走势图还只是两个线段的连接。

位置3，从中枢角度，可以认为0—3重叠为1分钟级别中枢，中枢区间1—2；从走势类型角度，可以认为0—3是一个类盘整，其类中枢区间是1—2。

位置4，线段3—4可以看作是中枢0—3的中枢震荡；或者把线段3—4看作是类盘整0—3走势的延续。

位置5，走势有了明确的方向，走势0—5是一个典型的暂时包含一个1分钟级别中枢的向上走势类型—盘整。线段1—2、线段2—3、线段3—

4 这"下上下" 3 个线段重叠的区间 1—4，就是这个盘整的中枢，该中枢是回调形成的，线段 4—5 可以看作是离开中枢 1—4 的次级走势，因为还没有出现第三类买卖点，且线段 4—5 的力度没有明显大于线段 0—1 的力度，可以暂时以中枢震荡看待。

位置 6，线段 5—6 的回调没有触碰到中枢 1—4 的 ZG（位置 1），位置 6 就是中枢 1—4 的第三类买点。线段 5—6 的回调没有触碰到中枢 1—4 的 GG（位置 4），是强势的表现，此时可以期待出现中枢上移走势。

位置 7，第三类买点之后线段 6—7 非背驰上涨，也就是中枢上移，大概率形成 1 分钟级别的上涨趋势，后续的重点是关注潜在的 1 分钟级别中枢的形成。

位置 8，线段 7—8 的回调没有触及上一高点 5，是从 4 开始向上走势的类中枢 5—6 的第三类买点，如果再创新高，从 4 开始的走势就形成一个类趋势，因此后续可以关注从 8 开始向上线段的上涨力度。

位置 9，线段 8—9 的力度显然小于线段 6—7 的上涨力度，同时走势 4-9 是线段类趋势上涨，也是中枢上移段并且出现背驰，表明新的 1 分钟级别中枢将形成，此时可少量卖出，也可以不卖出，具体取决于操作级别，但其后的重点都是关注类中枢 7—8 的生长升级情况。线段 8—9 不创新高也是可以的，其走势就没有创新高那么强。

位置 10，线段 9—10 回调到 7 之下，形成第 2 个"下上下" 1 分钟级别中枢 7—10，后续重点关注中枢 7—10 的生长情况，可围绕该中枢高抛低吸做中枢震荡操作。

位置 11，线段 10—11 继续创新高，暂时看作围绕 7—10 中枢的向上离开的震荡过程，但要密切留意走势 0—11 的背驰情况。

位置 12，线段 11—12 的回调，没有触及中枢 7—10 的 ZD（位置 7），是中枢 7—10 的第三类买点，后续要密切关注从 0 开始走势的背驰。同时，也可以把 4—9 看成是离开第一个中枢 1—4 的走势，把 9—12 看成是从 0 开始的走势形成的第二个中枢。

位置 13，线段 12—13 再创新高，一是继续看作中枢 9—12 的中枢震荡，二是要开始注意趋势背驰的确认，随时准备减仓。

位置 14，线段 13—14 回调，14 没有碰到中枢 9—12 的 ZD，是第二个中枢 9—12 的第三类买点。如果 14 没有碰到 11，则依然是强势的表现，但因为有 2 个中枢了，其后再次向上，如果创新高，就要注意标准的趋势背驰点是否出现，如果不创新高，就可以开始减仓了。

位置 15，线段 14—15 再创新高，进入趋势背驰确认的最后阶段。这时，10—15 就相当于标准背驰的 c 段，其与 4—7 的 b 段相比背驰，10—15 的 c 段内部，也出现线段类趋势上涨背驰，满足趋势背驰的区间套，因此 15 就是 1 分钟上涨趋势的背驰点，也是 1 分钟级别的第一类卖点，要卖出。注意，此处，也可以是 12—15 与 4—9 进行力度比较，甚至是 10—15 与 4—9 进行力度比较。

位置 16，线段 15—16 是第一类卖点之后的第一个向下线段，并跌破前一低点 14。如果我们对 15 的背驰判断把握不了，或者 15 是不太符合区间套的非标准背驰，那么也可以把 13—16 看作是从 0 开始走势的第三个中枢，暂时以中枢震荡看待。

位置 17，线段 16—17 不创新高，形成第二类卖点，要卖出。如果不能确认此处是第二类卖点，继续以中枢 13—16 的中枢震荡看待，但是因为已经是第三个中枢，即使以震荡看待，在 17 也要减少仓位了。

位置 18，线段 17—18 跌破前期高点 11，无论在位置 15、位置 17 是否卖出，都要做好再次反弹不新高就全部卖出的准备。

位置 19，从 15 的向下走势已经出现"上下上"性质中枢。如果我们是 1 分钟级别的操作者，即使对位置 15 这个背驰点把握不准，也应该全部卖出，因为后续必然会升级为 5 分钟级别中枢。

位置 20，因为 20 跌破 7，从 15 开始的向下走势已经完全成型，中枢

7—10 和中枢 13—16 也确认扩展为 5 分钟级别中枢，也实现了背驰后必然回到趋势的最后一个中枢的背驰基本要求。至于 20 之后行情怎么走和演化，可以有很多选项，但是从 1 分钟同级别分解看，0—15 就是一个完成的 1 分钟级别上涨走势类型，15—20 就是一个正在生长和完成中的 1 分钟级别向下走势类型。

图 3.3-3 中，我们是基于两个数之间的走势是线段进行讲解的，我们也可以把每个线段替换为走势类型，无论每一段是 1 分钟走势类型还是其他任意级别的走势类型，其当下思维和分析是完全类似的，其差别主要是级别不同，例如每一段是 1 分钟走势类型，那么 15 处就是 5 分钟走势类型的第一类卖点和 5 分钟上涨趋势的背驰点，也是 5 分钟同级别分解的连接点。

另外，如果把该图向上翻转 180 度，自然就对应着下跌趋势背驰、"上下上"型中枢、三卖、一买、二买等知识点。因此，以上分析其实就把中枢、走势类型和买卖点等知识点都讲解到了。

图 3.3-3 中，相邻数字之间的每一段可以代表一线段或者任意级别的任意走势类型，假设 0 为上图走势的历史原点，我们通过该图的生长过程来逐步感性理解最低级别中枢和各级别中枢的构成以及走势不同阶段的当下思维和分析。其中 0—15 是一个某级别上涨趋势中几乎接近完美形态的标准背驰走势。

3.3.6 盘整及其完成后的典型走势

仅包含一个中枢的盘整类型的向上走势和该盘整走势完成后的典型走势，请参考图 3.3-4。由于某级别走势从原点开始，最初是不知道到底是发展为趋势还是盘整走势的，因此，对图 3.3-4 仅包含一个中枢的盘整类型的向上走势，其 0—6 的当下分析过程与对图 3.3-3 的分析应该是完全一样的，此处就不再重复讲解。下面仅讲解发展到 7 以后的当下分析和相关的知识点。

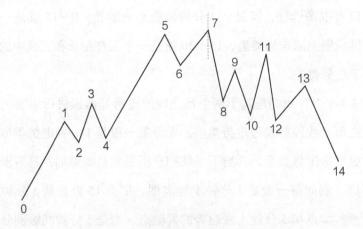

图3.3-4　盘整和盘整背驰后的典型走势

位置 7，生长到 7 的时候，由于线段 6—7 的上涨力度比线段 4—5 的上涨力度小，出现盘整背驰，或者说 2—7 出现线段类上涨背驰，先卖出，后续的重点是关注类中枢 5—6 的生长和升级情况。

位置 8，在中枢 1—4 最高点 3 附近受到支撑，技术高的可以回补，但要注意线段 7—8 比线段 5—6 的下跌力度大，后续一旦不能强势上涨就要买出。为后续描述方便，假定位置 8 高于位置 3，即此时中枢 1—4 还未形成的扩展，同时形成第二个上涨中枢 5—8。

位置 9，在前期低点 6 附近受阻，表明趋势无望，应该先卖出。为描述方便，假定位置 9 高于位置 6，即此时还没有形成中枢 5—8 的第三类卖点，没有确认向上走势 0—7 的结束。

位置 10，跌破中枢 1—4 的 GG 即最高点 3，确认中枢 1—4 出现中枢扩展，或者在同级别分解视角下确认走势 0—7 结束，新生成向下盘整走势类型 7—10。但是 10 没有跌破 1，说明有强势扩展的可能，技术高的就可以在 10 处再少量买入，非同级别分解视角下依然可以认为从 0 开始的向上走势还未结束。

位置 11，不能创新高，再次卖出。

位置 12，跌破位置 1 即中枢 1—4 的 ZD，暂时观望。如果 12 没有跌破 1 且线段 11—12 的下跌力度小于线段 7—8 的下跌力度，可以少量买入。

位置 13，低于位置 6，形成中枢 5—8 的第三类卖点，全部卖出。或者位置 13 不能有效突破位置 5，全部卖出。

位置 14，继续创新低，且下跌力度加大，此时观望。后续重点关注从 7 开始向下盘整走势的中枢 8—11，看是形成第三类卖点进而发展成趋势，还是继续中枢震荡。

在图 3.3-4 中，6 仍然是三买，扩展确认后，7 就相当于类一卖，9 相当于类二卖。与趋势背驰不同的是，盘整走势的类一卖是在事后通过原来的盘整中枢扩展后才能绝对确认的，因此如果在 6—7 发展的过程中认为从 0 开始的走势发展成趋势的可能性更大（笔者注：因为 4—5 强势上涨，6 是第三类买点，所以有此期待是正常的，但始终要观察 6—7 是否出现盘整背驰并及时反应），就往往会错过最佳的卖点。

与趋势背驰的同级别分解不一样，标准趋势背驰，第一类卖点就是同级别分解的连接点。而某级别盘整背驰走势结束后，其同级别分解连接点需要到盘整中枢扩展后才能确认，而这时分界点开始的向下走势往往已经走了相当一段距离，甚至可以在类似 12 和 14 的地方随时结束，这就给操作带来难度。如果在这个位置被套，只要不是有明显的下跌趋势将要形成的迹象，一般要等再次的向上同级分解走势确认后的高点出来。

因此，上述走势图的当下分析，最关键的是"中枢震荡和中枢扩展"的预判。操作难度显然要大于趋势背驰走势。

3.3.7　缠中说禅缺口

在本书的"缺口"小节，我们简单介绍过缺口的定义：缺口是指受到利好或者利空消息的影响，股价大幅上涨或者大幅下跌，导致日 K 线图出现当日最低价超过前一交易日最高价或者当日最高价低于前一交易日最低价的图形形态的一种现象。

注意这个定义，是传统技术分析里面最原始、最基本的定义，是受消息影响走势在日 K 线图上的一种现象。后续随着数据的可获得性提高，分析的时间周期越来越短，对日 K 线的要求也随着放松和改变，可以是 5 分钟、30 分钟、60 分钟等时间周期，当然周、月等其他时间周期也依然适用。因为在日 K 线上留下缺口，必然在 1 分钟、5 分钟、30 分钟、60 分钟等小于日 K 线的走势图上留下缺口，反过来则不一定。

从方向来讲，缺口可以顺着原走势，也可以逆着原走势。缺口作为一种特殊的走势，也有级别之分，有的缺口级别高，有的缺口级别低。

当缺口顺着原来走势的方向出现，则加大了原走势的力度。例如原来的走势是上涨，现在出现向上的跳涨缺口，那么这个缺口加大了原来走势的力度，无须特别关注。同理，当原来的走势是下跌，现在出现向下的跳跌缺口，那么这个缺口加大了原来走势的力度，也无须特别关注。在日常交流中，无论是向上跳涨，还是向下跳跌，都称为跳空。对顺着走势出现的跳空缺口，缺口的级别可以任意给定，基本上都不影响分析，一般而言，假定该缺口是最低级别的缺口。

当缺口逆着原走势的方向出现，例如原来的走势是上涨，现在出现向下的跳空缺口，那我们需要对该缺口给予关注，同时可以根据缺口的范围确定缺口的级别。一般而言，如果该缺口两端高低点的价差超过了该缺口出现之前一笔的范围，无论该缺口两端的高低点之间是否满足笔规范要求，我们都可以认为这个缺口是一笔。同理，如果该缺口两端高低点的价差超过了该缺口出现之前一个线段的范围，无论该缺口两端的高低点之间是否有三笔、是否满足线段的定义和规范要求，我们都可以认为这个缺口是一个线段。更进一步，如果该缺口两端高低点的价差超过了该缺口出现之前一个走势类型的范围，那么我们可以认为这个缺口是一个反向的走势类型，缺口的级别和缺口之前的走势类型的级别相同。为什么可以这样处理呢？我们可以认为缺口是 0，就像 0=0+0+0，缺口可以看成是三个缺口的叠加，这样就由三笔或更多笔构成线段了，或由三个或更多个线段构成本级别的走势类型。

例如，2022 年 5 月 19 日，上证指数早上出现向下的跳空缺口。

在 15 秒 K 线图上，缺口是逆着昨天收盘时最后一笔方向的，而且这个缺口范围超过最后向上的一笔，那么我们会认为这个缺口的级别和 15 秒的笔相同，如图 3.3-5 所示。

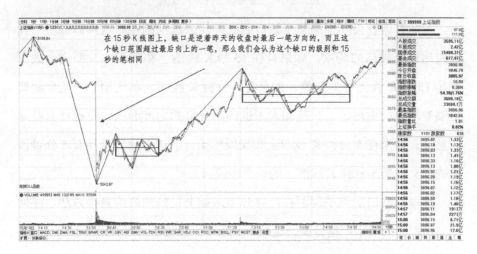

图 3.3-5 上证指数 15 秒 K 线图

还是这个缺口，在 5 分钟 K 线图上，是顺着昨天最后一笔继续向下的，那么对笔而言，只是加大了这向下一笔的力度而已，无须特别关注。但是，在线段级别上，是逆着昨天收盘时最后一个向上线段的，而且这个缺口前后高低点的范围超过最后的一个向上线段，那么，虽然只有向下一笔，我们还是暂时会认为这个缺口所在的一笔构成一个线段，该缺口的级别和 5 分钟线段的级别相同，如图 3.3-6 所示。

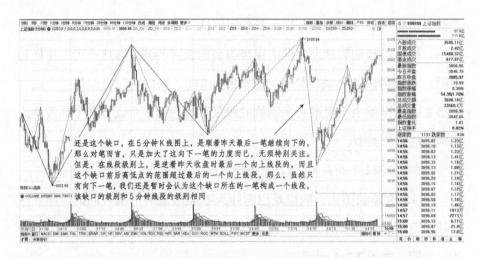

图 3.3-6　上证指数 5 分钟 K 线图

可能有读者会问，那这个缺口到底是什么级别的呢？这具体取决于我们应用这个缺口的场景，如果是在 15 秒 K 线图上和笔相比，那这个缺口就是 15 秒 K 线图上的一笔；如果在 5 分钟 K 线图上和笔相比，这个缺口是顺着笔方向出现的，只是加大了这向下一笔的力度而已，没有什么特殊的意义；如果在 5 分钟 K 线图上和线段相比，那这个缺口就具有 5 分钟线段的意义，是 5 分钟 K 线图上的一个线段。

这里用缺口的例子说明在严格分类基础上正确预测的思维方法。任何预测，都必须基于严格分类，这是一个基本的思维。

例如缺口，用向上的为例子。首先，要给缺口一个明确的定义，这定义是有利于分类的，有了明确的定义才会有明确的分类。何谓缺口，就是 K 线图上两相邻的 K 线间出现没有成交的区间。缺口的这个定义，更有普适性。例如，在上证指数日 K 线图里，1994 年的 7 月 29 日与 8 月 1 日，就出现 [339,377] 这个区间没有成交，如图 3.3-7 所示。那就说，[339,377] 是一缺口。而缺口的回补，就是在缺口出现后，该缺口区间最终全部再次出现成交的过程。这个过程，可能在下一根 K 线就出现，也可能永远不再出现。例如 [339,377] 这一缺口，虽然不敢说永远不再回补，但回补的机会应该不大了。

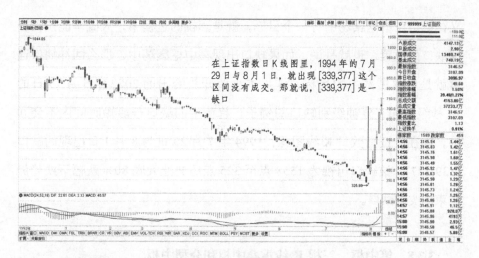

在上证指数日 K 线图里，1994 年的 7 月 29 日与 8 月 1 日，就出现 [339,377] 这个区间没有成交。那就说，[339,377] 是一缺口

图 3.3-7 上证指数日 K 线图

根据缺口是否回补，就构成了对走势行情力度的一个分类：①不回补，这显然是强势的；②回补后继续创新高或新低，这是平势的；③回补后不能创新高、新低，因而出现原来走势的转折，这是弱势的。

一般来说，突破性缺口极少回补，而中继性缺口，也就是趋势延续中的缺口，回补的概率为 50%，但都一定继续创新高或新低，也就是至少是平势的。而一旦缺口回补后不再创新高、新低，那么就意味着原来的趋势发生逆转，这是衰竭性缺口的特征，一旦出现这种情况，就会出现较高级别的调整，这级别至少高于缺口所在走势类型或缺口所形成的走势类型的级别。也就是说，一个日线级别趋势的衰竭性缺口，至少制造一个周线级别的调整。而一个 5 分钟级别的衰竭性缺口，至少制造一个 30 分钟级别的调整。注意，这里的级别和缺口与所在的 K 线图无关，只和缠中说禅技术分析理论中的走势级别有关。

显然，日 K 线图有缺口，在日线以下的任何周期的 K 线图都会相应有缺口，而回补日线的缺口，不一定能回补日线以下周期 K 线图上的缺口。另外，在盘整走势中的缺口，与在趋势中的缺口性质不同，属于普通缺口，这种缺口，一般都会回补，而且没有太大的分析意义，唯一的意义，就是在中枢震荡中有一个目标，就是回拉的过程中，大概率能拉回补掉缺口的位置，也就是说，如果缺口出现在中枢震荡中，那么回补缺口通常就是中枢震荡中的目标，详见本小节开头给出的 2022 年 5 月 19 日的 15 秒级别和 5 分钟级别缺口的例子。趋势中的缺口一般短时间内不会回补，如在上证指数日 K 线图里，1994 年 7 月 29 日与 8 月 1 日出现的缺口 [339,377]，该缺口可视为 1558 点至 325 点历史性大底 80% 跌幅下跌趋势结束的突破缺口。

3.3.8 笔中枢、三根 K 线重叠中枢和分型中枢

前面我们介绍过，缠中说禅中枢是由三个线段或三个走势类型重叠构成的，而且让大家忘掉诸如三根 K 线重叠、三笔重叠构成中枢这样的概念，不是这样的概念完全不对，而是在最终的缠中说禅技术分析理论中，线段作为最低级别的次级别，在线段以下是没有中枢概念的，线段是构成中枢的基本材料。

但在正确掌握了缠中说禅技术分析理论，理解了中枢的本质是多空双方相互缠绕的阵地战之后，三笔重叠构成中枢、三根 K 线重叠构成中枢，这些概念是可以用的，在某些时候，如获取不到粒度足够细、足够多的数据时，或者辅助精确定位背驰点时，或者辅助分析每日行情时，这些概念都是有帮助的。但一定要注意，这些概念只是辅助，且只能用于辅助。

三笔重叠构成中枢，此时，把笔想象成线段，仿照三个线段构成中枢那样处理即可。关于笔中枢的应用，也可以参照线段中枢或走势类型构成的中枢那样进行应用，但要注意，在相同时间周期 K 线图上，笔中枢的可靠性不如线段中枢的可靠性高，更没有走势类型构成的中枢的可靠性高。

三根 K 线重叠构成中枢，此时，只需把一根 K 线想象成一个线段即可。在应用三根 K 线重叠构成中枢时，第一根 K 线的选取点，可能会有

一定的争议，或者需要比较丰富的经验。关于三根 K 线重叠构成中枢的应用，可以参考本书"每日走势的分类"相关的内容。

除用三根 K 线重叠构成中枢外，我们也可以用分型构成中枢。例如，我们可以认为在向下笔中一个顶分型就是一个低级别的中枢，在向上笔中一个底分型可以构成一个中枢。更进一步，向下笔中，如果有两个顶分型的范围重叠，那我们可以认为这两个顶分型共同构成了中枢，只是级别比单个顶分型中枢高一点点，如果三个以上顶分型重叠，我们可以近似地认为这些顶分型的组合类似于向上一笔；同理在向上笔中，可以定义两个、三个或更多个底分型重叠形成的中枢。关于分型中枢，更多内容可以参考本书"分型结构的心理因素"等相关的内容。

关于中枢级别，在同一个时间周期 K 线图上，大致有如下关系：三个走势类型构成的中枢 > 三个线段构成的中枢 > 三笔构成的中枢 > 两个或更多个顶底分型构成的中枢 > 三根 K 线重叠构成的中枢 ≈ 单个分型构成中枢。此外，在高级别时间周期 K 线图上的分型中枢，可能对应着低级别笔中枢、线段中枢，如周 K 线多个分型重叠构成的中枢，可能对应着日 K 线上的笔中枢，或 15 分钟 /30 分钟 K 线走势上的线段中枢，但这种对应关系没有绝对性。

例如，在图 3.3-8 和图 3.3-9 中，2018 年 3587.03 点至 2440.91 点的下跌，在周 K 线上是向下一笔，有两个由多个顶分型构成的分型中枢；在日 K 线上，是向下一个线段，有三个笔中枢，前两个笔中枢对应着周 K 线上两个分型构成中枢，其实第三个笔中枢也在周 K 线第二个分型中枢的范围内；在 30 分钟 K 线图上，是由两个线段中枢构成的一个下跌趋势走势类型。

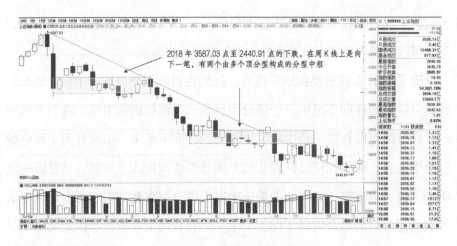

图 3.3-8　上证指数周 K 线图

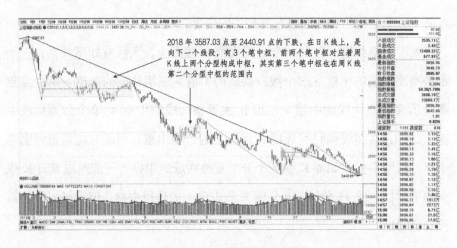

图 3.3-9　上证指数日 K 线图

再来看一个例子，2021 年 2 月 18 日的 3731.69 点开始的下跌，截至 2022 年 5 月 19 日，下跌的最低点是 2863.65 点。在周 K 线上有 5 笔，最后一笔开始于 3708.94 点，结束于 2863.65 点，有两个由单个顶分型构成的分型中枢，注意虽然是单个顶分型，但涵盖多根 K 线，而且在第一个分型中枢之前，还有一个三根 K 线重叠构成的中枢，即在周 K 线上 3708.94 点至 2863.65 点是一笔，共有三个中枢，第一个中枢是三根 K 线重叠构成的中枢，第二个和第三个中枢均是含有多根 K 线的顶分型构成的中枢，见图 3.3-10。在日 K 线上 3708.94 点至 2863.65 点是一个有七笔的向下线段，该线段有三个笔类中枢，见图 3.3-11。在 30 分钟 K 线上 3708.94 点至 2863.65 点是一个有七个线段的类趋势，该类趋势有三个线段类中枢，见图 3.3-12。在 15 分钟 K 线上 3708.94 点至 2863.65 点是一个下跌趋势，该趋势有三个线段中枢，见图 3.3-13。也就是说 3708.94 点至 2863.65 点的下跌，在周 K 线、日 K 线、30 分钟 K 线、15 分钟 K 线这四个级别的 K 图上，均有三个由不同构件构成的中枢，它们基本能一一对应上。具体见图 3.3-10 至图 3.3-13。

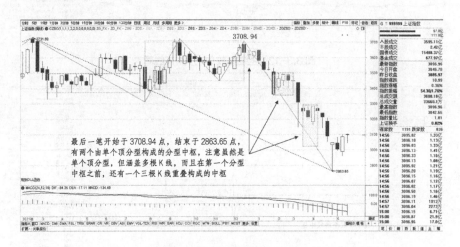

图 3.3-10　上证指数周 K 线图

图 3.3-11　上证指数日 K 线图

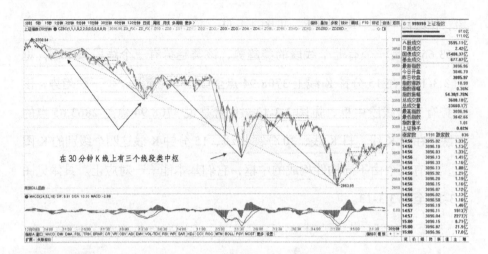

图 3.3-12　上证指数 30 分钟 K 线图

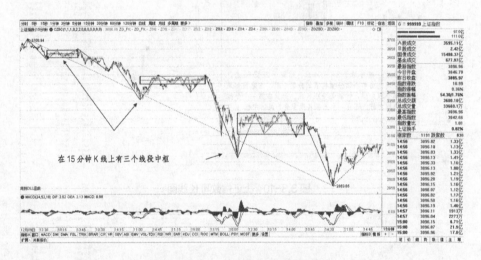

图 3.3-13　上证指数 15 分钟 K 线图

读者可能会问，上述 3708.94 点至 2863.65 点的下跌，有 4 种看起来都正确的方法，到底以哪个为准呢？答案是应该以操作的级别为准。如果一定要在这 4 种中选一种，那以 15 分钟的走势类型为准，因为在这个级别中，中枢是由最少三个线段构成的，最符合缠中说禅技术分析理论的要求，而且看到的细节最多。

3.3.9　每日走势的分类

用分型中枢或三根 K 线重叠构成中枢这个简单粗略方法，对每天走势进行分类，虽然不精确，但可以作为操作的一个辅助。如果严格按指定级别操作，走势不会因为交易是按天来的就有什么本质的不同。

目前 A 股股票一天的交易是 4 小时，等于是由 8 个 30 分钟 K 线组成的一个系统。把 3 个相邻 30 分钟 K 线的重叠部分当成每天走势上的一个中枢，根据中枢个数进行分类，那么每一天的走势就只有三种情况：①只有一个中枢；②两个中枢；③没有中枢。这三种走势的力度逐渐加大。三种情况如图 3.3-14 所示。

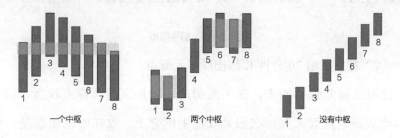

图 3.3-14　每天走势的三种情况

在 A 股之外的期货交易市场，有交易时长达 9.25 小时的品种，如原油、金、银等品种，此外还有交易时长为 7.75 小时、5.75 小时、4.25 小时、3.75 小时等的品种，无论每天交易多少个小时，都可以用类似的思路、方法、工具进行每日走势分类。本小节以 A 股市场为例子进行介绍。

1.　只有一个中枢

只有一个中枢的走势，是典型的平衡市。一般情况下，开盘后前三根 30 分钟 K 线就决定了全天的波动区间，全天的极限位置基本上至少有一个出现在前三根 30 分钟 K 线上，不是创出当天高点，就是创出当天低点（笔者注：这是多数人经过前一个交易日收盘至当日开盘前至少 18 小时的信息轰炸后，迫不及待想交易的表现）。当然，这不是完全绝对的，因此可以对这种情况进行更细致地分类。

（1）在前三根 30 分钟 K 线出现当天高点。

这可以称为弱平衡市，其中最弱的是以当天低点收盘，注意，这和当天是否红盘无关，高开最后红盘收也可以形成这种最弱的弱平衡市；次弱是收在中枢之下，收在中枢里面是一般的弱平衡市；收在当天高点附近的是最强的弱平衡市。具体情况如图 3.3-15 所示。

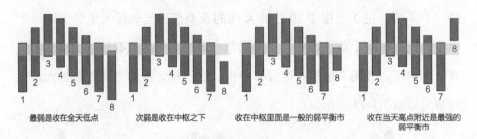

图 3.3-15　弱平衡市

（2）在前三根 30 分钟 K 线出现当天低点。

这可以称为强平衡市，其中最强的，就是以当天高点收盘，同样，这与当天是否红盘无关；次强是收在中枢之上，收在中枢里面是一般的强平衡市；收在当天低点附近的是最弱的强平衡市。具体情况如图 3.3-16 所示。

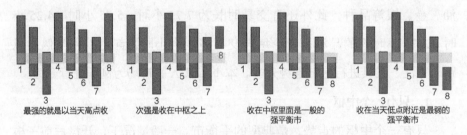

图 3.3-16　强平衡市

（3）在前三根 30 分钟 K 线不出现当天高低点。

这可以称为转折平衡市，同样可以像上面情况一样根据收盘位置定义其强弱，如图 3.3-17 所示。

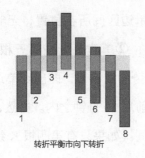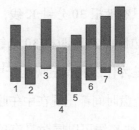

転折平衡市向下転折　　　　　転折平衡市向上転折

图 3.3-17　転折平衡市

注意，以上三种情况中枢的位置不一定是前三根 30 分钟 K 线的重叠，可以是后面几根 K 线，如第三、第四、第五等任意连续的三根 K 线的重叠。

2. 有两个中枢

对于有两个中枢的走势，根据这两个中枢前后方向，可以分为向上、向下两种。以向上的情况为例进行讨论，向下的情况与之相反。

两个中枢，显然不能有重叠的地方，否则就会转化成"只有一个中枢"的第一种情况。因此，这种形态，最大的特点就是这两个中枢之间至少有一根 30 分钟 K 线，其中有部分区间不属于两个中枢中的任何一个，这个区间，称为单边区间（见图 3.3-18），这是这种走势最重要的特点，单边区间是当日走势强弱分类的关键参考。注意，具有单边区间的 K 线不从属于任何一个中枢。

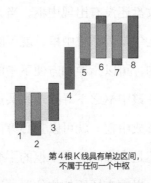

第 4 根 K 线具有单边区间，
不属于任何一个中枢

图 3.3-18　有两个中枢的走势

由于只有 8 根 30 分钟 K 线，根据单边区间所在位置，无非是两种可能：①单边区间在第四根 30 分钟 K 线；②单边区间在第五根 30 分钟 K 线。这也是为什么所有出现两个中枢走势的交易日，即出现单边区间走势的交易，变盘时间都出现在中午收盘的前后 30 分钟之内。当然，第四、第五根 30 分钟 K 线可以同时具有单边区间。如果只有第四根 K 线具有单边区间，那么第八根 K 线，有可能出现穿越单边区间的情况。

显然，对于上涨的情况来说，最强的就是收盘在第二个中枢的上方，最弱的就是第八根 K 线出现穿越单边区间的情况，最终收在第一个中枢之下。根据收盘的位置，可以依次定出其他情况的强弱。

3. 没有中枢

没有中枢是最强的单边走势，8 根 K 线，任何连续的 3 根 K 线都没有重叠部分，是典型的强势走势，这种走势不常见，一旦出现这种走势，该交易日的 K 线就具有重要意义。一般来说，如果在第一、第二、第三类买卖点后紧接着出现这种走势，且这种走势的方向和第一、第二、第三类买卖点指明的方向相同，后续出现高级别的强势趋势的概率就很大；如果在高级别的日 K 线中枢中出现这种走势，则后续走势不一定会在这种单边走势的方向上继续上涨或下跌。

在实际走势中，一旦中午收盘前出现中枢，当天就不可能是没有中枢的单边走势，一旦中午收盘还没有出现中枢，当天就不可能是两个中枢的走势，也就是说，根据上午是否形成中枢，就可以排除掉三种情况中的一种，这种排除是很有用的，可以指导和方便下午的操作。例如，如果上午出现中枢，此时就可以在该中枢之下寻找短线买点，在该中枢之上寻找短线卖点；如果上午没有形成中枢，就可以安心等待走势的生长，看最终是没有中枢的单边走势，还是会形成一个中枢的平衡市，在某种意义上，排除掉两个中枢的走势后，根据市场所处的位置、当天的消息，可以更准确地预判下午的走势。

3.3.10 精确大转折点寻找程序定理

趋势，一定有至少两个同级别中枢，对于背驰来说，肯定不会发生在第一个中枢之后，肯定至少发生在第二个中枢之后，对于最强的趋势延伸来说，有可能在六个或更多个中枢之后才出现背驰。一般来说，第二个中枢后就产生背驰会占大多数，特别在日线以上的级别，这种两个中枢后就出现背驰的概率非常高，因此，如果日线以上级别出现第二个中枢，就要密切注意背驰的出现。而在低级别中，例如 1 分钟的情况下，这种两个中枢后就出现背驰的概率会低一点，但也是占大多数。一般四五个中枢以后才出现背驰的，相当罕见。

如果在第一个中枢就出现背驰，不是真正意义上的背驰，只能算是盘整背驰，其真正的技术含义，其实就是一个企图脱离中枢的运动，由于力度有限，被阻止而回到中枢里。一般来说，低级别的盘整背驰，意义都不太大，而且必须结合位置分析。如果是高位，那低级别下跌盘整背驰时买入的风险就更大了；但如果是低位，那意义就不同了，因为多数的第二、第三类买点，其实都是由盘整背驰构成的，而第一类买点，多数由趋势的背驰构成。一般来说，第二、第三类买点，都有一个三段的走势，第三段往往都突破第一段的极限位置，从而形成盘整背驰，注意，这里是把第一、第三段看成两个走势类型之间的比较，这和趋势背驰里的情况有点不同，这两个走势类型是否一定是趋势，问题都不大，两个盘整在盘整背驰中也是可以比较力度的。

通常将盘整背驰用在高级别上，特别是至少周线级别以上的级别，这种盘整背驰所发现的，往往就是历史性的大底部。配合 MACD，这种盘整背驰是很容易判断的。这种例子很多，例如万科 A（000002）的底部，在掌握缠中说禅技术分析理论的情况下，再用一点斐波那契数列的知识，是可以轻易发现和定位的。请看万科 A 的季 K 线图（见图 3.3-19），1993 年第一季度的 36.7 元下跌到 1996 年第一季度的 3.20 元，构成第一段，前后 13 个季度，13 是一个神奇数字（笔者注：神奇数字，一般指斐波那契数列中的数字）；1996 年的第一季度到 2001 年第三季度的 15.99 元，构成第二段，形成一个典型的三角形，中枢是三角形形态的情况很常见，前后 23 个季度，和神奇数字 21 相差不大；2001 年第三季度下跌到 2005 年第三季度的 3.12 元，前后 17 个季度，神奇数字 34 的一半，也是一个重要的数字。第一段下跌 33.5 元，第三段下跌 12.87 元，分别与神奇数字 34 和 13 极为接近。因为 13 的下一个神奇数字是 21，加上前面说过的 17，都不可能是第三段下跌的值，所以，站在这种角度，万科 A 的 2.99 元附近就是跌底了。不过这种数字分析意义不大，简单的判断还得使用 MACD，第三段跌破第一段的 3.20 元，但 MACD 明显出现标准的盘整背驰形态：回抽零轴的黄白线再次下跌不创新低，而且柱子的面积明显小于第一段，一般来说，只要其中一个符合就可以是一个背驰的信号，两个都满足就更标准了。从季 K 线图就可以看出，万科 A 跌破 3.20 元就发出背驰的信号。而实际操作中，只看季 K 线是不可能找到精确的买点的，但对大资金，这已经足够了，因为大资金的建仓本来就是可以越跌越买的，只要知道其后是一个季度级别的行情就可以了。而对于小资金来说，这太浪费时间，因此精确的买点可以继续从月线、周线、日线，甚至 30 分钟一直找下去，如果技术过关，甚至可以现场指出，就在这 1 分钟，万科 A 见到历史性大底部。因为季 K 线跌破 3.20 元后，这个背驰的成立已经是确认了的，而第三段的走势，从月线、周线、日线等，可以一直分析下去，找到最精确的背驰点。

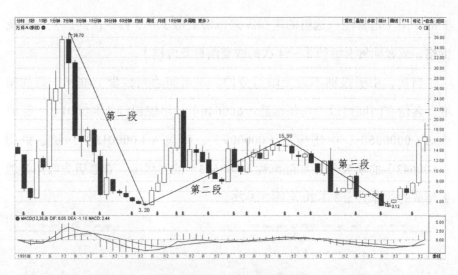

图 3.3-19 万科 A 季 K 线图

这种从高级别往下精确找高级别买点的方法，就是前面介绍的区间套方法。以万科 A 为例子，季 K 线图上的第三段，在月线上，可以找到针对月线最后中枢的背驰段，而这背驰段，一定在季度线的背驰段里，而且区间比较小，把这个过程从月线延伸到周线、日线、30 分钟、5 分钟、1 分钟，甚至是每笔成交，这区间不断缩小，在理论上，甚至可以达到这样一种情况：明确指出，就这一笔是万科 A 历史底部的最后一笔成交，这成交完成意味着万科 A 一个历史性底部的形成与新走势的开始。当然，这只是最理想的情况，因为这些级别不能无限小下去的，因此，理论上并不能证明就是一个如极限一样的点状情况的出现，但用这种方法去确认一个十分精确的历史底部区间，是不难的。

推而广之，可以证明缠中说禅精确大转折点寻找程序定理：某高级别的转折点，可以通过不同级别背驰段的逐级收缩范围而确定。换言之，某高级别的转折点，先找到其背驰段，然后在次级别图里，找出相应背驰段在次级别里的背驰段，将该过程反复进行下去，直到最低级别，相应的转折点就在该级别背驰段确定的范围内。如果这个最低级别是可以达到每笔成交的，理论上，高级别的转折点，可以精确到笔的背驰上，甚至就是唯一的一笔（笔者注：这里的笔指股票行情上每 3 ～ 5 秒一次的成交消息及价格，或者期货上每秒 2 ～ 4 次的成交消息及价格）。

当然，由于级别不是无限可分的，不可能达到数学上唯一一点的精度。各位有时间可以参考新国脉（600640）、平安银行（000001）、深振业 A（000006）、中国宝安（000009）、南玻 A（000012）、爱建集团（600643）的季 K 线图和陆家嘴（600663）的月线图，看看历史底部是怎么形成的，详见图 3.3-20 至图 3.3-26。

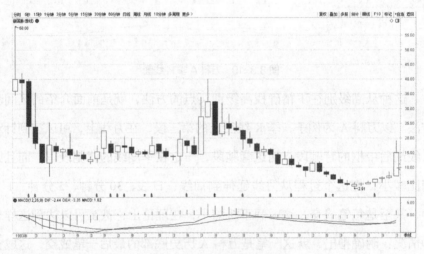

图 3.3-20　新国脉季 K 线图

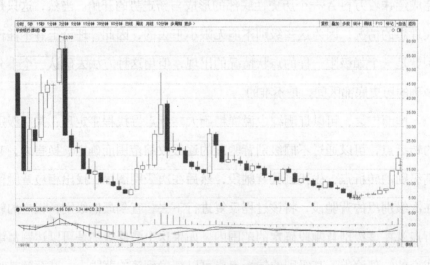

图 3.3-21　平安银行季 K 线图

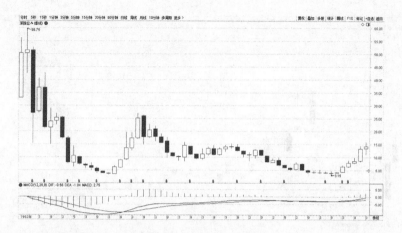

图 3.3-22　深振业 A 季 K 线图

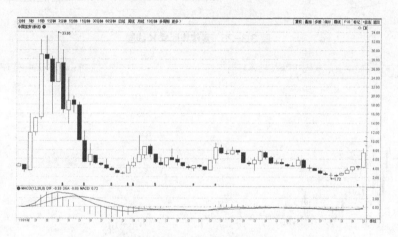

图 3.3-23　中国宝安季 K 线图

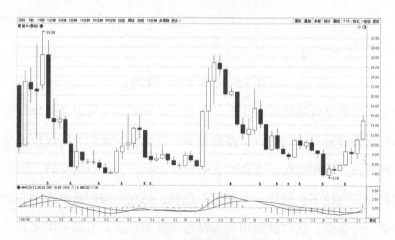

图 3.3-24　南玻 A 季 K 线图

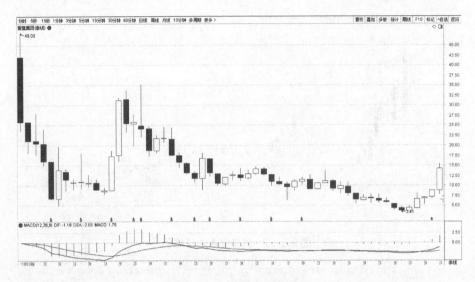

图 3.3-25　爱建集团季 K 线图

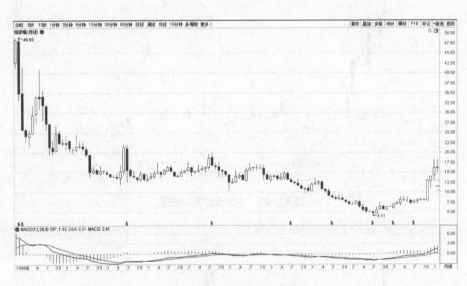

图 3.3-26　陆家嘴月 K 线图

　　上面说的是背驰构成的买点，注意，第一类买点肯定是趋势背驰形成的，而盘整背驰形成的买点，在低级别中是意义不大的，所以也没将其当成一种买点，但在高级别里会构成一种类似第一类买点的买点，因为在超高级别里，往往不会形成一个明显的趋势。站在高级别里，绝大多数股票走势是一个盘整，这时就要用到因盘整背驰而形成的类第一类买点了。这个级别，至少应该是周线以上级别。

同理，在高级别里，如果不出现新低，但可以构成类似第二类买点的买点，在 MACD 上，显示出类似背驰时的表现，黄白线回拉零轴附近，而且后一段对应的 MACD 柱子面积小于前一段对应的 MACD 柱子面积。一个典型的例子就是中船防务（600685）的季 K 线图（见图 3.3-27），2005 年第三季度的 2.21 元构成一个典型的类第二类买点。在实际操作中，2.21 元也是按上面级别逐步往下找背驰段的方法定位的。

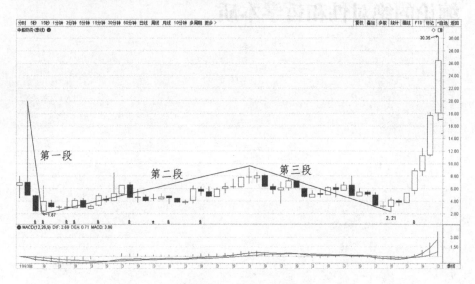

图 3.3-27　中船防务季 K 线图

随着上市早的老股票越来越多，这种看季 K 线图甚至年 K 线图找历史性大底的方法，将在下一轮大牛市中大放异彩。当然，在周 K 线图上也可以用这种方法，只不过根据周 K 线图找出来的，不一定是历史性大底，可能就是一个比较长线的中期底部。如果把这种方法用在日线上，也是可以的，但相应的可靠性就不是那么高了。

第 4 章
缠论的绝对性和哲学本质

4.1　缠论的绝对性

4.1.1　价格和信息

站在交易的角度，当下市场价格是否完全反映所有信息，可以随意假定，无论何种假定，都和实际的交易关系不大。在实际交易中，唯一需要明确的，就是无论市场价格是否完全反映信息，我们都必须以市场当下的价格进行买卖交易，而我们当下买卖交易的价格，将构成市场的价格。对于交易来说，除了价格，一无所有（成交量可以看作在单位时间段内按该价格重复成交数量的交易单位）。这一切，和市场价格是否反映所有信息毫无关系，因为所有价格都是当下的，如果当下的信息没被市场反映，那就是没被市场当下反映的信息，至于会不会被另一个时间的价格反映是另外的事情。站在纯交易的角度，当下只有价格，除了价格与依据时间延伸出来的走势，市场的任何其他东西都是可以忽略不计的。

4.1.2　价格和理智

价格也和人是否理智无关，无论人是否理智，都以价格交易，而交易也形成当下的价格，这是任何理论都必须接受的事实：交易，只反映为价格，以某种价格在某个时间进行交易，然后这个交易价格变成市场当下的价格，这就是交易的全部。至于交易后面的任何因素，如果假定其中一种或几种决定了交易的价格，无论这种因素是基本面、心理面、技术面，还是什么，都是不恰当和不完善的。

4.1.3 价格和时间

对于价格来说，时间并不需要特别指出，因为价格轨迹中就意味着时间的因数，也就是说，交易是可以按时间排序的，这就是交易另一个最大的特征：交易是有时间性的，而时间不可逆。在物理还在探讨时间是否可逆时，对于交易空间的探讨，这最困难的时间问题，就已经有了不可动摇的答案。缠中说禅技术分析理论，当然也是以交易的不可逆为前提的，如果今天的交易可以变成昨天的或者干脆不算了，那缠中说禅技术分析理论就会土崩瓦解。

4.1.4 有效市场

交易，当然是有规律的，而且这规律通常是不变的，归纳起来就是：交易以时间的不可逆为前提完全等价地反映在价格轨迹上。当然，这规律也有其可变之处，例如交易突然因为某种原因可以随便更改，因此，在逻辑上更严谨的说法就是，把满足该条规律的市场称为价格充分有效市场，缠中说禅技术分析理论，就是针对这种价格充分有效市场的，而这种市场，至少对应了目前世界上所有正式的交易市场。那么，非价格充分有效市场是否存在呢？当然存在。

4.1.5 研究误区

以前所有市场理论的误区都在于探讨决定价格的交易后面的因素，交易是人类的行为，没什么可探讨的，其行为即使可以探讨，在交易层面也变得没什么可探讨的。所有企图解释交易动机、行为的理论都不是"交易"的理论，不管人类的交易有什么理由，只要进行交易就产生价格，就有价格的轨迹，站在纯交易的角度，唯一值得数学化探讨的就是这价格轨迹，其他研究对交易毫无意义。

4.1.6　交易的现实性

价格是随机的吗？这又是一个臆测式的问题。决定论和随机论，其背后的基础都是一个永恒因素论、一个永恒模式论，也就是价格行为被某种神秘的理论所永恒模式化。无论这种模式是决定论，还是随机论，这种假设的荒谬性是一样的。交易，只来自现实，因此，价格是被现实的交易所决定的，上面的说法就可以扩充为：交易是现实的行为，交易以时间的不可逆为前提完全等价地反映在价格轨迹上。

4.1.7　理论边界

交易的现实性是交易唯一可以依赖的基础，那么交易的现实性反映了什么，有什么可能的现实推论？首先，人的反应是需要时间的，就算是脑神经的传输，也是需要时间的；其次，社会结构的多层性以及个体的差异性决定了，任何群体性的交易都不具有同时性，也就是说，即使是相同原因造成的相同买卖，都不可能同时出现，必然有先后，即交易不会完全趋同。

由于交易不会完全趋同，没有绝对的同一性，即便有完全由一种因素决定交易的系统，也依然能产生可分析的价格轨迹。任何群体性的交易行为，不会出现完全的价格同一性，也就是说，不会永远出现所有人同一时刻进行同一交易。而一个完全绝对趋同交易，就等价于抛硬币决定买卖，买和卖的概率在任何时候都是 50%，这样的系统是否存在呢？当然，例如某大资金把所有股票都买了，而且任何一笔交易都只有这个资金参与，没有其他人参与。而只要有人买入或还持有 1 股该股票，那么这个交易就可以用缠中说禅技术分析理论来描述，因为，一个不完全绝对趋同的交易就产生了，缠中说禅技术分析理论的另一个界限就在于此。

缠中说禅技术分析理论只有两个前提，只要是价格充分有效市场里的非完全绝对趋同交易，那缠中说禅技术分析理论就永远绝对有效。

4.1.8 理论有效性

对缠中说禅技术分析理论而言，无论有多少人学习、应用这个理论，对理论本身并没有任何实质的影响。即使所有人都学习、应用缠中说禅技术分析理论，由于社会结构以及个体差异，依然不会造成一个完全绝对趋同交易，也就是说，理论成立前提没有被破坏，因此，缠中说禅技术分析理论依然有效。更重要的是，缠中说禅技术分析理论，是永远建立在当下之上的，而不是一个僵化的理论。例如，一个日线级别被判断进入背驰段，某种当下的非常重大的突发事件，使得低级别产生突发性结构破裂最终影响到高级别的结构，这时候，整个判断就建立在一个新的走势基础上了，而往往这时，实际的交易并没有发生。一般人，总习惯于一种目的性思维，往往忽视了走势是当下构成的，而缠中说禅技术分析理论，是建立在当下构成的判断中的，这是缠中说禅技术分析理论又一个关键的特征。

缠中说禅技术分析理论，最终比的是人本身。显然，不可能所有人都相信、应用缠中说禅技术分析理论，因此，那些不用本理论的人，就是缠中说禅技术分析理论通过交易挣钱的对象，现实中，这种对象不是太少，而是太多了。其次，如果有基金学习、应用缠中说禅技术分析理论，因为基金的资金规模大，需要在各个级别上进行交易，对理论水平必然会有更高的要求，所以基金操盘手必须比中小投资者水平高两个或更多层级，才可能和中小投资者取得同样水平的收益，如果出现所有基金学习、应用缠中说禅技术分析理论的情况，那么除了在小级别比技术外，技术差的可以把操作级别提高来应对。更重要的是，应用相同的理论，在现实中也不会有相同的结果，现实就是一个典型的非完全绝对趋同系统，就像同样的相对论，并不会使每个国家同时造出原子弹，同样的理论，在不同的资金规模、资金管理水平、选股策略、基本面把握、交易者性格、气质等情况下，自然地呈现不同的面貌，这就保证了同一理论交易的非完全绝对趋同。

　　缠中说禅技术分析理论，是对价格充分有效市场非完全绝对趋同交易的一个完全的数学公理化理论，唯一需要监测的就是价格充分有效市场与非完全绝对趋同交易这两个前提是否存在。缠中说禅技术分析理论归根结底是一套关系人的理论，只能不断在交易中精进，最后比的就是投资者自身的修养。例如，就算是背驰这件事情，就算利用同一种方法，当成为群体性行为时，比的就是心态与技术，心态不好、出手早或出手晚的，就会在价格上留下痕迹，甚至当趋同性较强时，级别的延伸就会不断出现，这就让技术好的人得到一个更好的买入或卖出价格，这些细微的差别积累下来，足以使得盈利能力天差地别。这也是可以把理论公开的一个深层原因，因为缠中说禅技术分析理论是对价格充分有效市场非完全绝对趋同交易的一个客观理论，即使公开了，也不会让这理论有任何改变，就像牛顿力学不会让万有引力改变一样。至于理论可能造成的趋同交易力度加大，也早在缠中说禅技术分析理论的计算中，最终比的是当下的判断。

　　无论用什么交易方法，只要是在价格充分有效市场非完全绝对趋同交易里，交易就在缠中说禅技术分析理论的计算中。交易，不过是人类行为的一种，要成为成功的交易者，首先要对人类的行为穷其源，得其智慧，否则，糊里糊涂的，采用什么理论都没用。

　　理论，只是把现实解剖和解释清楚，我们不仅要用理论的眼睛看清楚现实，更要逐步让自己和走势合一。怎么才能做到知行合一呢？归根结底就是"恰好"，这个"恰好"是动态的，无论多少人，将每个人的行为当成一个向量，所有人的行为最终构成走势的向量，而所谓的"恰好"，就是这个总向量本身。而如何才能永远和这总向量一致呢？就要首先把自己变成一个零向量，只有当一个零向量加入任何一个向量叠加系统里，才不会影响到最终的总向量。把自己的贪婪与恐惧去掉，看走势如同看自己的呼吸，慢慢就可以下单如有神了，这时的交易，就是顺着市场的总向量的方向增大力度而已，这才是真正的顺势而为。只有这样，才算入门，才能逐步摆脱被走势所转的可悲境地，才能让自己和走势合一，才能让自己和那永远变动的总向量一致而行。至于走势分析的学习，只不过是入门前的热身而已。

如果所有人都变成零向量，那又如何？交易市场存在的基础，就是人的贪婪与恐惧，如果所有参与交易市场的人都没有贪婪与恐惧，那资本市场就没了，那时候，缠中说禅技术分析理论自然就不存在了。

4.1.9　市场预测

一般的预测建立在机械的思维基础上，把市场当成一个绝对的、不受参与者观察所干扰的系统，由此建立一套所谓的预测标准，用来预测市场的点位。一个建立在错误基础上的标准，当然是不可靠的。如果了解量子力学的发展历史，特别是了解海森堡不确定性原理，就很容易理解这一点。当然，这并不是说市场走势就绝对不可预测，相反，在缠中说禅技术分析理论中，市场走势可以绝对预测，只是这里的预测和常说的预测并不是同一个意思。

市场的预测、观察、参与者，恰好又是市场走势的构成者，这就是市场预测的基本起点。因此，市场的走势模式，归根结底就是市场预测、观察、参与者行为模式的同构，这意味着，唯一并绝对可以预测的，就是市场走势的基本形态。一般意义上的预测，喜欢预测点位，却不知道，点位只是基本形态演化的一个结果，是当下形成的。基本形态是必然的，点位是这"必然"的具体"结果"，只要把握了必然的基本形态，就可以把握基本形态的具体结果。因为点位都是在基本形态的演变中当下形成的，那种追求对点位的非当下把握，是不可靠的。

实际操作中，最重要的就是对基本形态的基本把握，基本形态是必然的，只有立足这个必然之后，才能抓住和把握点位这一当下形成的具体结果。因为当下，只能是具体投资者的当下，离开投资者的具体买卖操作，当下根本不存在，所以投资者必须事先确立操作级别，然后才能抓住和把握操作级别上具体的、对投资者有利的买卖点位。

所有的市场，都必然只能是投资者当下观察、操作中的市场，离开投资者当下的观察、操作，市场对投资者来说就不存在，或者说毫无意义。而投资者的观察、操作，必须有一个"必然"的前提，即投资者的操作级别。这操作级别，就等于一双把花看成花或把花看成猴子的眼睛，在具体投资者的眼里，把花看成花与把花看成猴子所包含的基本模式是同构的，关键是这个模式，而不是花还是猴子的不同设定。所以，缠中说禅技术分析理论，可以适用于任何操作级别的人，因为不同级别之间的基本模式是同构的，这就是市场的一个基本特征。市场之所以存在这个特征，是因为市场参与者有着基本相同的贪、嗔、痴、疑、慢结构。

以中枢、级别为基础的趋势与盘整，是市场的基本形态。基于市场基本形态的背驰，就是市场预测的基础手段，因为背驰的级别一定不低于转折的级别。例如，对一个 30 分钟级别的操作者，在只能做多盈利的市场里，任何 30 分钟级别的下跌，以及 30 分钟级别以上的盘整，都没必要参与。因为背驰的级别一定不低于转折的级别，当一个 30 分钟的顶背驰出现后，就要全部卖出，这个卖出是建立在一个绝对的预测基础上的，这就是后面必然是一个 30 分钟级别下跌或扩展成 30 分钟级别以上的盘整。这就是有用、绝对的预测，这才是真正的预测，这个预测是缠中说禅技术分析理论的必然结果，或者说这是被市场参与者的贪、嗔、痴、疑、慢保证的。

归根结底，缠中说禅技术分析理论，就是研究这贪、嗔、痴、疑、慢的理论。因此也就可以理解，为什么市场的操作归根结底就是人自身的比较，为什么可以把理论公开而不影响自身的操作。因为市场参与者必然存在贪、嗔、痴、疑、慢。

4.2 缠论的哲学本质

4.2.1 自同构性

投资者的贪、嗔、痴、疑、慢都是一样的，都有自相似性，只是因时间、环境等不同而程度不同。所有投资者贪、嗔、痴、疑、慢合力的结果，最终反映在走势中，就使得走势显示出自相似性。例如分型，1分钟K线图上的分型结构，和5分钟K线、30分钟K线、日K线、周K线、月K线、季K线、年K线等任何级别走势图上的分型结构都一样。对这种虽然有不同的属性，如级别属性，但结构都是一样的自相似性，缠中说禅技术分析理论称之为自同构性。

股票走势，归根结底是不可复制的，但股票走势的绝妙之处就在于，不可复制的走势，却毫无例外地重复着自同构性结构，而这自同构性结构的复制性是绝对的，是可以用缠中说禅技术分析理论证明，而不需要套用任何诸如分形之类的先验数学理论。这种自同构性结构的绝对复制性的可绝对推导性，是缠中说禅技术分析理论的关键之处，也是缠中说禅技术分析理论对繁复、不可捉摸的股票走势的绝妙洞察之一。

正因为走势具有自同构性，所以走势才是可理解的，才是可把握的，如果没有自同构性，那么走势必然不可理解，无法把握。把握走势，本质上，就是把握其自同构性。

4.2.2 分型、走势类型和缠论的哲学本质

缠中说禅技术分析理论，为什么要研究分型、走势类型呢？就是因为分型、走势类型的本质就是自同构性，走势必完美的本质也是自同构性。因为有了自同构性结构，股票走势才可以被绝对分析。

自同构性有一个最重要的特点，就是自同构性可以自组出级别。本书

先定义级别，再定义自同构性，在严格意义上是不对的。级别，本质上是自同构性自组出来的，或者说是生长出来的，自同构性就如同基因，按照这个基因，走势就如同有生命般自动生长出不同的级别，无论构成走势的投资者如何改变，只要投资者的贪、嗔、痴、疑、慢不改变，那么自同构性就存在，级别的自组性就必然存在。

缠中说禅技术分析理论的哲学本质，就在于投资者的贪、嗔、痴、疑、慢所引发的自同构性，以及由此引发走势级别的自组性这种类生命的现象。走势是有生命的，缠中说禅技术分析理论说"看行情的走势，就如同听一朵花的开放，嗅一朵花的芬芳，见一朵花的美丽，一切都在当下中灿烂"，这绝对不是矫情比喻，而是严谨说明，因为走势确实有着如花一般的生命特征，走势确实在自同构性、自组性中发芽、生长、绽放、枯萎和凋零。

基于此，缠中说禅技术分析理论就是一种可发展的理论，可以被无数人不断研究，研究的方向就是走势的自同构性、自组性。有多少不同构的自同构性结构，就有多少种分析股市的正确道路，任何脱离自同构性的股市分析方法，本质上都是错误的。

分型、走势类型是两种不同构的自同构性结构，也是两种简单的自同构性结构。对实际操作而言，重要的是先深刻理解这两个基础的结构。条条大路通罗马，只要用好这两个基础的结构，就能实现通过交易获利。其他结构的寻找、研究，本质上是一种理论上的兴趣，而不同的自同构性结构对应的操作的差异性问题，更是一个理论上的重大问题。此外，缠中说禅技术分析理论，在理论上暂时没有回答"走势中究竟可以容纳多少自同构性结构"这一问题，也没有研究"起始交易条件对自同构性结构生成的影响"这一有趣的课题。

自同构性结构有很大、很广的用处，比如，一个简单的结论：所有的顶必然都是顶分型的顶，所有的底必然都是底分型的底。如果没有自同构性结构，这结论当然不可能成立。但正因为有自同构性结构，所以才有这样一个对任何股票、任何走势都适用的结论。

同理，可推出如下正确的结论：没有顶分型，没有顶；没有底分型，没有底。因此，在实际操作中，如果在操作级别的 K 线图上，没有出现顶分型，那就可以继续持有，等到出现顶分型再说。

因为自同构性结构，任何级别走势都是独立生长和发展的，也就是说，30 分钟的中枢震荡和 5 分钟的上涨走势，这两个级别的走势之间并不会互相矛盾，而是构成一个类似联立方程的东西，如果说一个方程的解很多，那么联立起来，方程组的解就大幅度减少了。也就是说，因为级别的存在，对走势的判断就可以综合起来系统地看了，各级别、各种类型走势的生长和发展，以及演化转变成其他级别、类型走势的临界点就更简单清晰了。所以，看走势，不能只看一个级别，必须多个级别立体地看，否则，就是浪费了自同构性结构给出的有利条件。

4.2.3 思维框架

如果对其他技术分析理论或方法有研究，就会发现这些理论和缠中说禅技术分析理论是相通的，这就如同勾股定理，都是与欧几里得几何相通的。缠中说禅技术分析理论，集技术分析理论的大成。更重要的是，缠中说禅技术分析理论，完全构建在不同的思维框架下。

由于缠中说禅技术分析理论对任何技术分析以及操作程序具有一个绝对的视角，所以，除了学习缠中说禅技术分析理论，有时间一定要多学其他技术分析理论，这样才会有比较，或许还能帮助进步。特别是要找出其他技术分析以及操作程序在缠中说禅技术分析理论中的具体位置，由此，可以发现分析与操作程序的优点与缺陷，并充分利用这些优点与缺陷获利。在学习其他技术分析理论时，可能会发现，缠中说禅技术分析理论中的某些结论，似乎和别的一些理论有类似的地方，这恰好证明了缠中说禅技术分析理论的涵盖面很广。例如，缠中说禅技术分析理论，可以解释艾略特波浪理论的细节及不足之处。

同样，可能在其他技术分析理论中，也有对 K 线组合定义类似分型的概念，但那些定义，都不过和一般的 K 线分析一样，是将某种经验归纳而来；而缠中说禅技术分析理论的分型定义，源自 K 线组合的一个完全分类，是纯理论的推导。

4.2.4 三个客观支点

缠中说禅技术分析理论有三个基本的客观支点，就是走势的不可重复性、自同构性结构的绝对复制性、理论的纯逻辑推导。

走势的不可重复性，决定了一切的判断必须也必然是不可绝对预测的；自同构性结构的绝对复制性，决定了一切的判断都是可以判断的，有着绝对的可操作性；理论的纯逻辑推导，就证明其结论的绝对有效性。

缠中说禅技术分析理论，是由纯逻辑指导方式构成的，这才是缠中说禅技术分析理论的强大力量所在。如果只有前两个客观支点，而没有纯逻辑推导这第三个支点，那理论就不太可靠，且不能称为理论，只能说是有价值的经验总结。

4.2.5 多空通吃

投资的关键，就是多空通吃从而壮大自己。一根筋的投资者，大概率不会明白这个道理。

多空通吃，不是根据自己的喜好，而应该是像零向量对当下走势的合力那样，无论加多少零向量，都不会改变走势合力，这样，才能真正去感应市场合力本身，感应其转折，感应其破裂，在电光石火中出手，不思多、不思空，才可能做到多空通吃。

4.2.6 递归定义的再理解

首先，分型与分形有着本质的不同，缠中说禅技术分析理论中的分型，是建立在一个 K 线组合的纯粹分类的基础上的，任何与这个纯粹分类不同的，都可能是错误的。至于所谓的分形，当然也可能是一种结构，但这种结构，本质上都具有归纳性，因此可能是有缺陷、划分不唯一的，这和在一种完全分类基础上给出的绝对结论，有着本质的区别。

其次，分型只是走势中枢与走势级别递归定义的一个起始程序，甚至可以说，并不是应用缠中说禅技术分析理论必需的概念。分型存在的目的，不过是在走势中枢、走势类型、走势级别的递归性定义中，给出定义最开始的部分。这个最开始的部分，完全可以用别的定义取代，例如，可以用收盘的价位去定义顶分型、底分型结构，也可以用成交量给出相应的递归开始部分，只要能保证分解的唯一性就可以。

走势中枢定义的关键，在于定义的递归性。一般的递归定义，由两部分组成：① $y_1=f_1(x_0)$；② $y_{n+1}=f_2(y_n)$，n 是从 1 开始到无穷大的正整数。第二个函数，即中枢过程规则 f_2，是递归定义的核心，而第一个函数 f_1 是可以随意设置的，无论如何设置，都不会改变走势中枢、走势类型定义的递归性。而且，在数学上，$y_1=f_1(x_0)$ 之前不再需要递归，也就是说，f_1、f_2 可以是完全不同的两个函数。

例如，可以用分型、线段这样的函数关系去构造最低级别的走势中枢、走势类型，也就是第一个函数 y_1。而在第二个函数中，也就是最低级别以上，可以用另一套规则去定义，这就有了和 f_1 完全不同的 f_2。虽然这个问题比较简单，但这里还是系统地解释一下 f_1 和 f_2 这两套规则的异同和作用。最低级别如 1 分钟 K 线图上的 K 线标准化、分型、笔、线段的划分规则就是确定 x_0 的规则；然后用 x_0，即用线段来构建走势中枢和最低级别的走势类型；这里用线段 x_0 构建走势中枢和最低级别走势类型的规则，就是函数 $f_1(x_0)$ 的规则，通过这些规则，即 $f_1(x_0)$ 函数，我们得到

最低级别走势类型 y_1。换言之，f_1 中包括 K 线标准化 - 分型 - 笔 - 线段划分规则、用线段构建最低级别走势中枢和最低级别走势类型规则等两套子规则，构建线段和最低级别走势类型的两套子规则组成一整套规则，也就是 f_1 函数的规则，即第一套规则；多说一句，这也是"线段就是最低级别的次级别走势类型"的原因所在。在有了由线段构建的最低级别走势类型以后，用最低级别走势类型作为基础材料或构件，用走势中枢、走势类型之间的递归定义这样的规则来构建高级别走势中枢、高级别走势类型，这里的递归定义规则就是 f_2 函数的规则，是上述文字中的"另一套规则"，即第二套规则。将第一套规则和第二套规则放在一起，就可以清楚地看出它们的不同作用。总体来说，第二套规则即走势中枢和走势类型的递归定义是缠中说禅技术分析理论的核心规则，第一套规则是缠中说禅技术分析理论的基础规则或前置规则。能用好第一套规则，就能战胜绝大多数人；在用好第一套规则的基础上，如果能用好第二套规则，就能走向更高的境界。

至于 MACD 的辅助判别，关键不是 MACD，而是走势的分解。

4.2.7　级别的本质

级别，本质上与时间无关，级别也不是时间结构。级别的本质，是按照缠中说禅技术分析理论中走势中枢和走势类型的递归定义，自生长出来的，是一种分类方法。所谓的时间结构，本质上和计算机软件上的 K 线时间周期选择一样。一个最低级别的走势类型，可以延续很久不升级，级别与时间，本质上没有太大的关系。级别的关键，就是缠中说禅技术分析理论设计的那套递归规则。级别，本质上不对任何时间结构有任何的承诺，因为没有任何的绝对的理论可以保证这一点。级别被破坏了，就是因为被破坏了，仅此而已，并不是因为时间到了，走势结构就被破坏了。

4.3 再说走势必完美

走势必完美，是缠中说禅技术分析理论的核心。真正理解"走势必完美"有助于建立对缠论的信心，如果暂时理解不了，就再读一遍、两遍，甚至读很多遍。当然，对股票分析和操作而言，掌握那些具体的、可操作的内容和建议，如分型、笔、线段、中枢、级别、走势类型、力度、背驰等的定义和递归定义，买点买、卖点卖的操作规则，以及相应的判断工具和具体操作策略，就可以取得很好的成绩和进步。

4.3.1 唯一分解

所谓走势必完美，就是缠中说禅技术分析理论给出的分型、笔、线段、不同级别走势类型所对应的递归函数，能将行情的任何走势唯一地分解。

唯一分解定理，在现代数学理论的任何分支中，都是核心问题。一个具备唯一分解定理的理论，都是强有力的。

缠中说禅技术分析理论的厉害之处，就是把仿佛毫无头绪的股票走势，给出了唯一分解定理，也就是走势必完美。

有了走势必完美，就可以把一切关于走势的理论包含其中，缠中说禅技术分析理论之所以可以包含其他常见理论并指出其不足的地方，是因为其解决了根本的理论问题：唯一分解。

多说一句，在缠中说禅技术分析理论中，分型是递归定义的最初始部分，完全可以随意设计，如何设计都不会影响到唯一分解定理的证明。但目前这种设计，是所有可能的设计中最好的，这使得笔出现的可能性最高，并把最多的偶然因数给消除了，使得实际的操作中更容易把走势分解。分型不需要任何假设，只需要符合定义，而是否符合只有唯一的答案。

4.3.2　走势必完美的真正关键

缠中说禅技术分析理论通过递归函数，不仅给出了一种特殊、强有力的唯一分解，而且还揭示了看似毫无规律的市场走势竟然有着完美的整体结构，这才是真正厉害的地方。

运用缠中说禅技术分析理论，可使看似毫无规律的市场走势呈现出完美的整体结构，并能对其进行操作，这才是走势必完美真正关键的地方。

4.3.3　级别在缠中说禅技术分析理论中的关键地位

缠中说禅技术分析理论通过走势级别对走势中枢、走势类型进行递归，揭示出市场的整体结构，也就是说，走势中枢和走势类型是依级别生长的，所以级别在缠中说禅技术分析理论中的地位非常关键。理解不了级别，就很难理解缠中说禅技术分析理论揭示的市场整体结构，更无法高效地利用缠中说禅技术分析理论从市场获利。

因为走势中枢和走势类型是依级别生长的，所以我们可以在不同级别上找它们共同的转折点，即通过应用区间套方法，对各级别的买卖点进行精确定位，让市场变得可操作。或者说，因为级别的存在，让市场具有了可操作性，提供了通过交易从市场获利的可能。

从 1 分钟到年，对应着 8 个级别，其实，这些级别的名字是可以随意取的，只是目前这样命名比较符合习惯。

任何走势，都可以在这些级别确定的分解中唯一地表达。但一般来说，对于一般的操作，没必要递归到年、季、月这么大的级别，或者把月、季、年 K 线作为最低级别进行走势分解，因为这些级别，一般几年都不变。比如，在图 4.3-1 中，从 2007 年 10 月的 6124.04 点，跌到 2008 年 10 月的 1664.93 点，下跌时间超过 1 年，最后在日 K 线上还只是一个线段，大致对应着 30 分钟级别的走势类型。所以，一般来说，1 分钟、5 分钟、30分钟3个级别的分解，就足以应付大多数走势。当然，对于大资金，可以考虑加上日K线级别的分解。

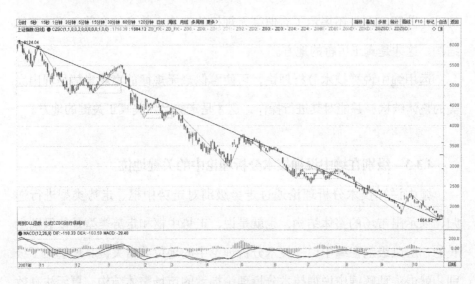

图4.3-1　上证指数日K线图

也就是说，任何走势，都可以唯一地表示为 $a_1A_1+a_5A_5+a_{30}A_{30}$ 的形式。而通过级别，可推导出一个必然的结论：任何高级别的改变都必须先从低级别开始。例如，绝对不可能出现5分钟级别的走势从下跌转折为上涨，而1分钟级别的走势还在下跌段中。正因为级别有这样良好的性质，所以就可以完全分类走势，并让走势具有可操作性。

4.3.4　完全分类

由于走势必完美，所以走势就是可以完全分类的，而所有的分类，都有明确的界限，这样，任何的走势都成为可控的。这种可控并不需要任何人的预测或干预，而是当下直接显现的，投资者只需要根据当下的呈现，按自己的操作原则操作。完全分类是技术分析的一个核心方法，分类的边界条件就是操作的依据。可以说，在缠中说禅技术分析理论中，每一个地方都体现了完全分类的思想。

　　需要注意的是，完全分类是级别性的，是有明确点位界限的，而不是上下盘这样粗糙的概念。也就是说，缠中说禅技术分析理论是数量化的、精确化的，不存在含糊的地方。

第 5 章
走势与买卖点的动态分析

5.1 多义性和结合律综合运用示范

线段是构成中枢和走势类型的基本材料或基本走势，当分析某级别走势类型时，线段就是没有内部结构的次级别走势，只有需要确定次级别走势是否结束、何时结束时，才会去分析次级别走势，即分析线段的内部结构。

图 5.1-1 所示的是沪深 300 指数 5 分钟 K 线图，在本节中，无论是 5 分钟级别的，还是 1 分钟级别的，甚至是日 K 线，都是无所谓的，当只有一个级别时，就把这个分析的级别当成最低级别。但为了表达方便，我们依然用 5 分钟级别来表达。我们就从位置 0，即 4530.32 点开始分析。显然，当下走到 2 时，由于只有两个线段（没有考虑 0 之前的线段），所以不形成任何中枢，当然，如果你是一个线段级别的操作者，或者分析了位置 0 之前的走势类型，那么 2 就是一个第二类卖点或中枢震荡卖点。当走势发展到 3 时，站在纯粹中枢的观点，就形成了一个 5 分钟级别的中枢 0—3，中枢区间是 [1,2]；站在走势类型的视角，0—3 就形成一个向下的盘整，中枢区间也是 [1,2]，由于这个中枢只有一个线段，一般称之为类中枢。无论站在哪个视角，后面出现的线段 3—4，就要以中枢区间 [1,2] 来决定是中枢震荡还是第三类买卖点。由于 4 低于中枢区间的下沿 ZD，即低于 1，那么 4 就是中枢 0—3 或类中枢 1—2 的第三类卖点。

图 5.1-1　沪深 300 指数 5 分钟 K 线图

走势在形成 4 这个第三类卖点后继续下跌，当跌到 5 时，显然 0—5 已经构成了一个 5 个线段的类趋势下跌，3—4 是这个类趋势的第二个类中枢，同时线段 4—5 和线段 2—3 相比，出现明显的背驰，此时就可以预测其后大概率有一个线段 5—6 会触及类下跌趋势的第二个类中枢 ZD，即低点 3。随后随着行情的生长，线段 5—6 果然触及低点 3。此时，站在走势类型的角度，从 0 开始的向下走势，已经形成第一个中枢 3—6，中枢区间是 [3,6]，下一步重点就是看中枢 3—6 的结束方式，具体来说有三种方式：延伸出 9 段形成高级别中枢、形成第三类买点、形成第三类卖点。当行情运行到 7 时，从 0 开始至 7 的走势，可以按以下方式进行划分：

走势 0—7=（0—3）+[（3—4）+（4—5）+（5—6）]+（6—7）

其中，中括号内的线段 3—4、线段 4—5 和线段 5—6 组成一个中枢，中枢区间是 [3,6]，走势 0—3 是中枢的进入段，线段 6—7 是中枢的离开段，在出现第三类买卖点之前，后续的走势就是围绕中枢 3—6 的中枢震荡过程。

当行情运行到 8 时，由于 8 低于 3，所以 8 就是中枢 3—6 的第三类卖点。此时，走势 0—8 有以下两种分解方式。

走势 0—8

$$= （0—3）+[（3—4）+（4—5）+（5—6）]+（6—7）+（7—8）$$

$$= （0—5）+[（5—6）+（6—7）+（7—8）]$$

由于 8 是中枢 3—6 的第三类卖点，如果按第一种方式分解，线段 8—9 操作依据不强，只能等线段 9—10 的反弹，形成一个反向的向上盘整走势 7—10，注意，走势 7—10 只触及走势 0—7 最后一个中枢 3—6 的 DD（位置 5），而没有触及中枢 3—6 的 ZD（位置 3），是那种最弱的反弹（具体可参考"转折的力度和级别"小节的内容），后续可能大跌；如果把 7—10 作为一个走势类型，则只能依赖这个只有类中枢的盘整走势进行操作，此时线段 9—10 没有好的操作依据，由于 11 跌破 7，线段 10—11 也没有太好的操作依据，同理线段 11—12 也没有好的操作依据或者勉强看作中枢 7—10 的第三类卖点。如果按第二种方式进行分解，线段 8—9 和线段 9—10 都是中枢 5—8 的中枢震荡，线段 10—11 也是中枢 5—8 的中枢震荡，12 就是中枢 5—8 的第三类卖点。显然第二种方式更有利于操作，那么在实际中就按这种方式进行分解。一般而言，哪种分解方式更有利于当下的分析和操作，就按哪种方式进行分解和操作。

当走势运行到 13 时，上述两种分解方式，可以演化成以下情况。

走势 0—13

$$= \{（0—3）+[（3—4）+（4—5）+（5—6）]+（6—7）\}+$$

$$\{（7—8）+（8—9）+（9—10）\}+$$

$$\{（10—11）+（11—12）+（12—13）\}$$

$$= （0—5）+[（5—6）+（6—7）+（7—8）]+（8—13）$$

其中第一种分解方式，把走势 0—13 分解成了 3 个 5 分钟级别的盘整走势类型的连接，3 对大括号内的走势就对应这 3 个 5 分钟级别的走势类型，它们共同构成了一个高级别，即 30 分钟级别的盘整走势类型。而第二种分解方式，则依然是一个 5 分钟级别的走势类型，其中中括号内的 5—8 依然是一个 5 分钟的中枢，0—5 是这个中枢的进入段，8—13 是这个中枢的离开段。当然，也可以认为中枢 5—8 延伸到了 10，即 5—10 构成 5 分钟中枢。

对线段 12—13 而言，第一种分解方式下，本级别走势类型内，就是一个盘整背驰，算不上一个好的操作机会；而在第二种分解方式下，基于中枢 5—8，中枢离开段 8—13 明显比中枢进入段 0—5 的下跌力度小，这是第一重背驰，同时在 8—13 这个类趋势中，线段 12—13 和线段 10—11 相比明显背驰，这是第二重背驰，也就是说，13 这个位置出现了区间套背驰的情况，是一个可能有重要意义的买点。在 13 之后，重点就是看好 11—12 这个类中枢的生长发育情况，当线段 13—14 出现后，线段 11—12、12—13、13—14 就构成一个 5 分钟级别的中枢 11—14，后续线段 14—15 和线段 15—16，都可以看作中枢 11—14 的中枢震荡过程。当线段 15—16 出现后，上述两种分解，分别演变成如下两种情况。

走势 0—16

$= \{ (0—3) + [(3—4) + (4—5) + (5—6)] + (6—7) \} +$

$\{ (7—8) + (8—9) + (9—10) \} +$

$\{ (10—11) + (11—12) + (12—13) \} +$

$\{ (13—14) + (14—15) + (15—16) \}$

$= (0—5) +$

$[(5—6) + (6—7) + (7—8)] +$

$(8—13) +$

$[(13—14) + (14—15) + (15—16)]$

其中第一种分解方式，把走势 0—16 分解成了 4 个 5 分钟级别的盘整走势类型的连接，4 对大括号内的走势就对应这 4 个 5 分钟级别的走势类型，它们共同构成了一个高级别，即 30 分钟级别的盘整走势类型。而第二种分解方式，则依然是一个 5 分钟级别的走势类型，其中第一对中括号内的 5—8 是第一个 5 分钟的中枢，0—5 是这个中枢的进入段，8—13 是这个中枢的离开段，当然，也可以认为中枢 5—8 延伸到了 10，即 5—10 构成第一个 5 分钟中枢，此时第一个中枢的离开段就是 10—13。第二对中括号内的 13—16 是第二个 5 分钟的中枢，其后如果 16 继续上涨并触碰到低点 7，那么走势可以以 13 为转折点，把走势 0—16 分解为两个 5 分钟级别的走势类型连接，即 0—13 和 13—16 这两个走势类型（笔者注：在目前没有触碰到低点 7 之前，也可以分解为 0—13 和 13—16 两个走势类型）；如果 16 在触碰低点 7 之前，就开始下跌，则 16 之后的走势依然是中枢 13—16 的中枢震荡过程，如果后续必然出现的线段 16—17 创新低，0—17 就形成一个两个中枢的典型趋势下跌走势类型 a+A+b+B+c。具体走势如何，要看目前还未完成的线段 15—16 生长演化情况。站在当下，走势 0—16 的两种分解方式，可以用图 5.1-2 和图 5.1-3 表达。

图 5.1-2　第一种分解方式

图 5.1-3　第二种分解方式

　　走势分解，有一个原则是必须遵守的：两个同级别中枢之间必须有次级别走势或次级别以下级别走势的连接，哪怕只有一个跳空缺口这样最低级别的走势也可以。例如，走势 0—9=（0—3）+[（3—4）+（4—5）+（5—6）]+[（6—7）+（7—8）+（8—9）] 这样的分解是不被允许的，因为中括号中的两个同级别中枢之间没有次级别或以下级别走势的连接。注意，这与上面本级别走势类型构成高级别中枢的情况不同，也与中枢定义中三个次级别走势类型构成本级别中枢的情况不同，后面构成本级别中枢或高级别中枢的这两种情况，是三个本级别走势类型，或三个次级别走势类型的连接，而不是三个中枢的连接。站在本级别或次级别走势类型的角度，是允许三对括号相加而之间没有次级别连接的，哪怕这三对括号内的次级别走势都只有三个线段而表现成三个中枢的情况，也是可以的，完全符合理论的要求。

5.2　高级别走势和低级别买卖点

　　一根筋思维的心理基础，就是企图找到一个永远适用的公式，然后不管任何情况，只要套进去，就有一个现成答案。持有这种思维的人，把世界看成一个精密的机械，任何运行，都遵循起点 - 结果模式，只要起点相同，就有相同的结果。在走势分析时，我们必须杜绝一根筋思维。

一个很简单的实验，同一批人，同样的资金，同样的股本，同时开始股票运行的实验，显然，这个实验是不可重复的。因为，股票走势，归根结底，是参与者心理合力的痕迹，而心理，是不可重复的。否则，请问，有谁能百分百复制自己上周一开盘时那四个小时的心理曲线？答案是几乎没有人。而几千万、上亿人的交易的可复制性，就更不存在了。为什么？每天都是新世界，影响市场的因素，每天都在变化，由此产生的走势，很显然不具有任何百分百复制的可能性。

非常基础的一步，就是必须动态地把握各种概念。例如，第三类卖点，在不同的情况下，其操作意义显然是不同的。本节将在完全分类思想指导下，介绍高级别走势和低级别第三类卖点组合的完全分类，照此方法，读者可以自行完成高级别走势和低级别第三类买点组合的完全分类。

第一，在一个高级别的中枢上移中，一个低级别的第三类卖点，唯一值得注意的，就是这个卖点扩展出来的走势，是否会改变高级别中枢上移本身。根据高级别的走势，可以确定要改变高级别走势，低级别走势必须到达的点位。一般而言，这种第三类卖点的操作意义不大，更多是警戒意义。如果是短线的短差，那也是在低级别的中枢震荡中来回操作，因此这第三类卖点也只是构成一个震荡意义的操作点。由于写作本书的时候，A股正处于某比较高级别的主跌浪中，高级别中枢上移的股票不太好找，故此处以商品期货作为例子。例如，大连商品交易所的棕榈油主力连续合约PL8，2015 年 11 月 20 日那周的 3984 点开始的向上走势，截至 2022 年 5 月 9 日，显然出现了周线级别的中枢上移走势，2022 年 3 月 4 日那周出现目前的最高点 12796 点，随后开始震荡。PL8 从 2022 年 3 月 3 日开始调整走势，并于 4 月 11 日出现 15 分钟级别的第三类卖点，当然，这个 15 分钟级别的第三类卖点，可能和主力合约从 p2205 换到 p2209 有一定关系，但机构和个人投资者，都基本以交易主力合约为主，再考虑到可以进行移仓操作，总体上这个例子是恰当的。具体请参考图 5.2-1 和图 5.2-2。

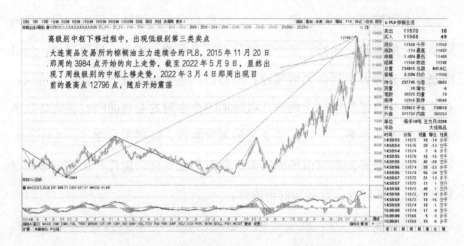

图 5.2-1　棕榈油主力连续合约 PL8 的周 K 线图

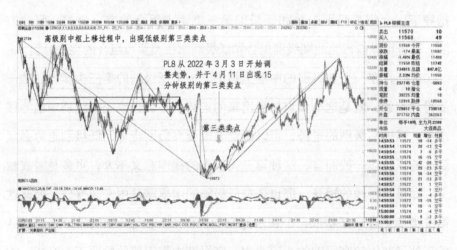

图 5.2-2　棕榈油主力连续合约 PL8 的 15 分钟 K 线图

第二，在一个高级别的中枢下移中，一个低级别的第三类卖点的意义就是这卖点是否让高级别中枢的下移继续，如果继续，那就意味着这里没有任何的操作价值（当然，如果有卖空的，那就另说了）。这类第三类卖点的操作意义基本不存在，如果说有卖出避免亏损的意义，大级别都中枢下移了，好的卖点一般都已经过去了。例如，沪深 300 指数，从 2021 年 2

月 18 日的 5930.91 点开始出现一个向下的走势类型，截至 2022 年 5 月 9 日，在 120 分钟 K 线图上，出现了中枢下移走势，4 月 27 日开始出现一个 1 分钟级别的反弹，该反弹在 5 月 5 日见顶，随后开始 1 分钟级别的向下走势类型，分别在 5 月 8 日、5 月 9 日形成两个第三类卖点，具体请参考图 5.2-3 和图 5.2-4。

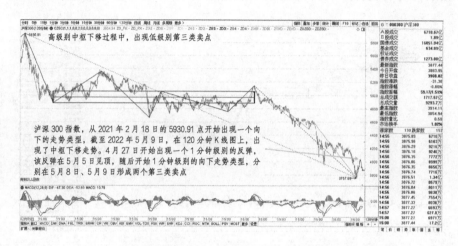

图 5.2-3　沪深 300 指数 120 分钟 K 线图

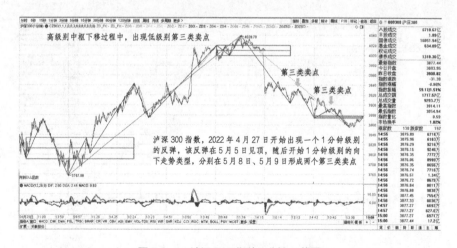

图 5.2-4　沪深 300 指数 1 分钟 K 线图

考虑到沪深 300 指数 2022 年 4 月 27 日的低点 3757.09 点，是一个 15 分钟级别下跌趋势和 1 分钟下跌趋势区间套背驰点，5 月 8 日和 5 月 9 日形成的两个 1 分钟级别的第三类卖点大概率不会造成 120 分钟级别的中枢继续下移。

相对于 120 分钟级别的中枢下移，2022 年 5 月 5 日那个反弹的高点，在 15 分钟 K 线图上也是一个第三类卖点，考虑到该卖点已经是 120 分钟级别中枢下移过程中第 4 个低级别（15 分钟级别）的第三类卖点，这个卖点基本没有导致高级别中枢下移的动力，也就没有卖出的价值了。构成区间套的沪深 300 指数 15 分钟级别和 1 分钟级别的 K 线走势图具体如图 5.2-5 和图 5.2-6 所示。

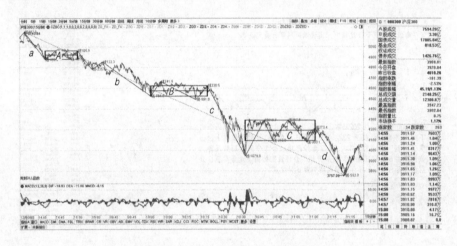

图 5.2-5　沪深 300 指数 15 分钟 K 线图

图 5.2-6　沪深 300 指数 15 分钟级别线段 d 对应的 1 分钟 K 线图

第三，在一个高级别的中枢震荡中，一个低级别的第三类卖点的意义就看这是否延伸出高级别的第三类卖点，如果没有这种风险，本质上不构成大的操作机会，只是一个短线震荡机会。而且，很有可能，一个低级别的第三类卖点后，反而延伸出高级别的买点，这在震荡中非常常见。例如，工商银行（601398）120分钟K线图上（见图5.2-7），从2021年3月16日高点5.63元开始出现一个向下的走势类型，显然，2021年8月6日至2022年5月9日这段时间内，一直处于中枢震荡中，3月16日出现最低点4.47元。在工商银行（601398）5分钟K线图上（见图5.2-8），2月9日从4.90元开始出现一个下跌走势类型，3月14日出现第三类卖点，3月16日出现最低点4.47元，然后开始反弹至4.86元，高于120分钟中枢上沿。

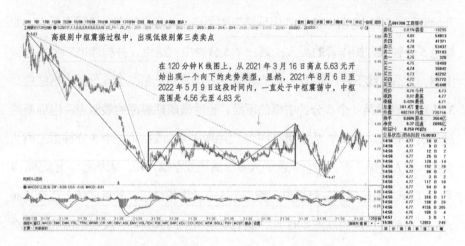

图5.2-7 工商银行（601398）120分钟K线图

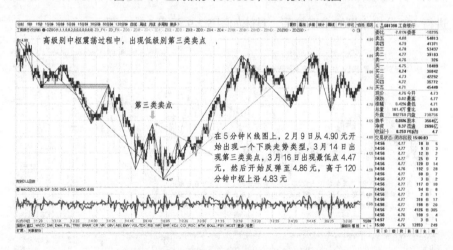

图5.2-8 工商银行（601398）5分钟K线图

高级别中枢震荡时，通常会出现多空通吃的情况。通吃，就是通过买点卖点轮番转折，而且模式不断变化，让不同的操作模式都破裂一次，把所有人的节奏打乱。这种节奏错乱的本质，就是要触及不同的突破、止损位置，让止损的刚卖出的又回头，马上给刚买入追突破的一巴掌。还是以工商银行（601398）120分钟K线图的中枢震荡为例，在5分钟K线图上，分析如下。

①2021年12月30开始的向上线段，明显是非背驰上涨，2022年2月9日向上突破前期震荡最高点4.83元，即5分钟中枢的最高点和120分钟中枢的上沿，最高到达4.90元，此时必然有人，如传统技术派追突破的人买入。②随后开始回调，2月15在4.73元处出现第三类买点，此时必然有人逢回调买入，如缠论5分钟级别操作者的买入；第一个5分钟中枢结束，并构建第二个5分钟中枢，然后继续下跌。③3月14日出现第三类卖点，第二个5分钟中枢结束，3月16日跌破第一个5分钟中枢的下沿，也跌破前期震荡的最低点，出现新的最低点4.47元，至此，几乎所有在向上突破时买入或在第一个5分钟第三类买点买入的人全部止损，看空杀跌的人多单离场或空单入场。④然后马上反弹，4月19日第二次出现第三类买点，第三个5分钟中枢结束，然后继续上涨至4.86元，高于前期震荡的高点4.83元，逼迫看空杀跌的人回补，吸引追涨的人再次入场，并构建第四个5分钟中枢，继续第四个5分钟中枢的中枢震荡，也继续进行120分钟中枢的中枢震荡。具体如图5.2-9至图5.2-12所示。

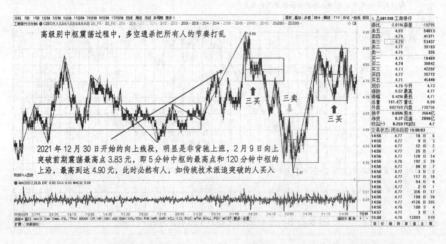

图5.2-9　工商银行（601398）5分钟K线图——突破120分钟中枢上沿

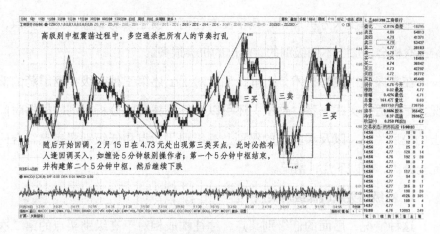

图 5.2-10　回调形成第一个第三类买点

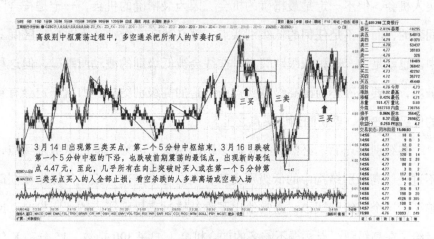

图 5.2-11　反弹形成第三类卖点

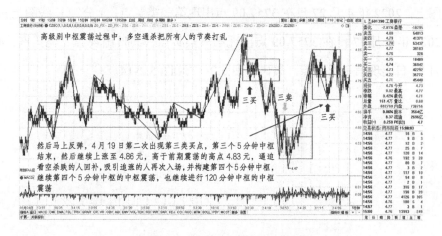

图 5.2-12　回调形成第二个第三类买点

缠中说禅技术分析理论，几乎没有任何止损之类的概念。三大卖点，给三次机会，加上不同级别的，卖出的机会很多。

在掌握缠中说禅技术分析理论后，对于上述第三种高级中枢震荡的情况，正好适合实践一番。这里，还可以进行更精确的分析，例如根据时间上的先后关系，以及买卖点的级别，高级别买卖点和低级别买卖点组合的完全分类，有以下几种情况。

1. 高级别买点后低级别买点

这种情况，后面的低级别买点，往往构成相对于高级别买点的第二次买入机会，但不一定是最精确的机会。因为最精确的机会，一定是符合区间套的，而并不是任何的低级别买点，都必然在高级别买点对应的区间套中。也就是说，这种低级别买点，往往会被低级别的波动所跌破，但这种破坏，只要不破坏前面高级别买点所构造的高级别结构，那就一定会有新的低级别波动，重新回到该买点之上。

高级别买点后，必然产生相应级别的结构，因为后面的低级别买点，不过是这高级别结构中的低级别支架，明白这个道理，相应的操作就很简单了。这个低级别买点，通常给出了弥补错过高级别买点的买入机会，或者给了在高级别买点买得不够多的加仓机会。沪深300指数，15分钟K线图上，2022年4月27日在3757.09点出现第一类买点；1分钟K线图上，2022年4月27日在3757.09点出现第一类买点，同日出现第二类买点，4月28日出现第三类买点。具体见图5.2-13和图5.2-14。

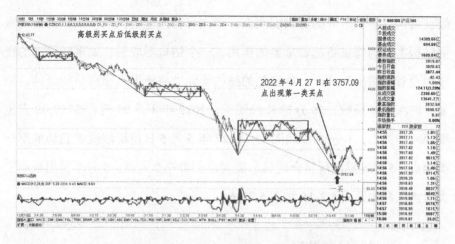

图 5.2-13　沪深 300 指数 15 分钟 K 线图

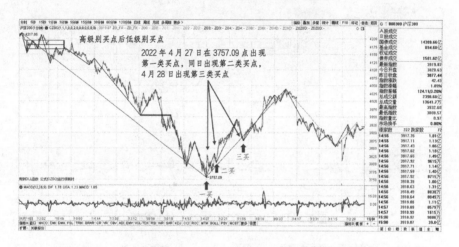

图 5.2-14　沪深 300 指数 1 分钟 K 线图

2. 高级别卖点后低级别卖点

这种情况与高级别买点后低级别买点的情况相反，即高级别卖点后面低级别卖点，往往构成相对于高级别卖点的第二次离场的机会或第二次卖出做空的机会。

3. 高级别买点后低级别卖点

如果两点间有一个高级别卖点，那么，就可以归到第二种情况。如果没有，那么这个低级别卖点后，将有一个低级别的走势去再次考验或者确认这个高级别买点后形成的高级别结构，只要这个低级别走势不破坏该高级别结构，接着形成的低级别买点，往往有着大能量，为什么？因为高级别结构本身的能量将起着重要的作用，一个结构形成后，如果低级别的反过程没有制造出破坏，一种自然的结构延伸力将使得高级别结构延伸。例如，沪深 300 指数，20 分钟 K 线图上，2022 年 4 月 27 日在 3757.09 点出现第一类买点；1 分钟 K 线图上，2022 年 5 月 5 日出现线段类趋势的第一类卖点，5 月 6 日出现重合的第二类卖点和第三类卖点，5 月 7 日出现第三类卖点。具体见图 5.2-15 和图 5.2-16。

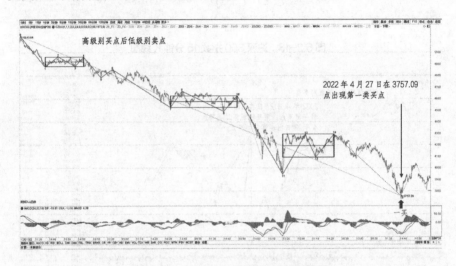

图 5.2-15　沪深 300 指数 20 分钟 K 线图

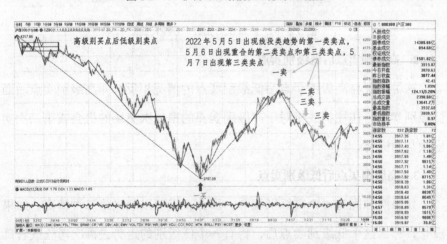

图 5.2-16　沪深 300 指数 1 分钟 K 线图

4. 高级别卖点后低级别买点

这种情况和高级别买点后低级别卖点的情况相反，如果低级别买点后形成的走势不破坏高级别结构，在低级别买点后形成的低级别卖点，往往有着巨大的杀伤力。

5. 高级别中枢中的低级别买卖点

在一个高级别中枢里，是没有高级别买卖点的，因为出现第三类买卖点，就意味着这中枢被破坏了。这种高级别中枢中的低级别买卖点，只会制造中枢震荡。因此，这里买卖点通说，这类买卖点，一般不具有高级别的操作意义，而且容易把多空节奏打乱。

但是，其中有一种买卖点，往往具有高级别的操作意义，就是高级别中枢震荡中，次级别的买卖点。例如，一个 5 分钟的中枢震荡里面的 1 分钟级别买卖点，就具有 5 分钟级别的操作意义。因为该买卖点后，无非两种情况：①继续 5 分钟中枢震荡；②刚好这次的次级别买卖点后的次级别走势构成对原中枢的离开后，回抽出第三类买卖点，这样，原来这个买卖点，就有点类第一类买卖点的样子，那第三类买卖点，就有点新走势的类第二类买卖点的样子。注意，这只是比喻，不是说这就是高级别的第一、第二类买卖点。例如，科创 50 指数，在日 K 线图上，2020 年 7 月 14 日见高点 1726.19 点，然后开始一个向下的走势类型，2020 年 9 月 11 日开始形成反弹线段，并最终出现日线级别中枢，中枢区间是 1272.84 点至 1520.27 点；在 30 分钟 K 线图上，从 2020 年 9 月 11 日开始的 3 个 30 分钟走势类型和日线级别中枢最初的 3 个线段完全重叠，既出现了"①继续 30 分钟中枢震荡"这种情况，也出现了"②刚好这次的次级别买卖点后的次级别走势构成对原中枢的离开后，回抽出第三类买卖点"这种情况。图 5.2-18 中最后一个向下箭头标示的第三类卖点，属于情况②，除这个第三类卖点外，其他 30 分钟级别的各类买卖点，都属于情况①，具体见图 5.2-17 和图 5.2-18。

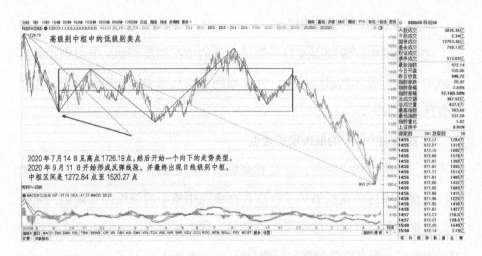

图 5.2-17 科创 50 指数日 K 线图

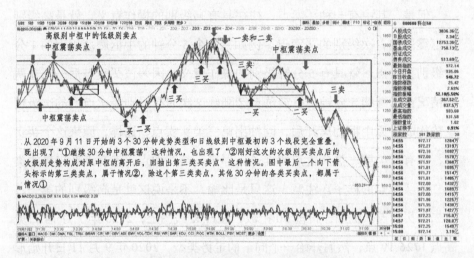

图 5.2-18 科创 50 指数 30 分钟 K 线图

关于高级别中枢外的次级别买卖点具有高级别的操作意义，再看一个次级别第二类卖点的例子，例如中证 500 指数，在日线走势图上，2021 年 9 月 14 日在 7688.60 点出现高点，从严格的意义上说，该点依然是最后一个日线中枢的中枢震荡；在 60 分钟走势图上，2022 年 1 月 4 日出现第二类卖点，从某种意义上说，这个 60 分钟的第二类卖点，可以确认日线上 2021 年 9 月 14 日在 7688.60 点的高点是日线级别的第一类卖点，而且这个 60 分钟级别的第二类卖点，最终可能会远高于日线级别上的第二类卖点。具体见图 5.2-19 和图 5.2-20。

图 5.2-19　中证 500 指数日走势图

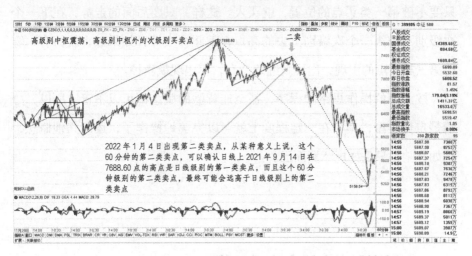

图 5.2-20　中证 500 指数 60 分钟走势图

注意，有些买卖点的意义是不大的。例如，一个 1 分钟的下跌趋势，在第二个中枢以后，相对的中枢的第三类卖点，就没有什么操作意义了。因为趋势，本质上就是中枢移动的延续，第一个中枢的第三类买卖点，本质上就是最后一个合适的操作机会，趋势第一个中枢的第三类买卖点前后，通常就是主升浪或主跌浪，既然主升浪或主跌浪都结束了，那么这个趋势就可能随时结束。因此到第二个中枢以后，反而要去看这趋势是否要结束了，沿用上面 1 分钟下跌趋势的例子，跌了两个中枢以后，就要看是否有底背驰了，到了找买点的时候了，而不是考虑要不要卖的问题。对于趋势的转折来说，例如上面的 1 分钟下跌趋势，最后背驰转折后，第一个上去的线段卖点，很有可能刚好形成最后一个 1 分钟中枢的第三类卖点，这时候，这个卖点，几乎没有任何的操作意义，反而是要考虑下来的那个第二类买点。很多在第一次冲起后就给震掉，然后再追高买回来的人，就是没搞清楚这种关系。

当然，有一种稳妥的办法，适合那些对高级别背驰判断没信心的人，就是都在第二类买点买入，当然，实际操作中，投资者可以完全不管第二类买点形成中的背驰问题，反正第一类买点次级别上去后，次级别回跌，只要不破第一类买点的位置，就买入。这样，只要后面的走势，在下一个次级别不破第一个次级别上去的高点，就坚决卖掉，如果破，就持有，等待第三类买点的出现，出现就继续持有，不出现就卖掉。

按上面的操作思路和程序，甚至连背驰的概念都可以不管，所以，分清楚走势类型，其实在一定程度上就可以完美地操作了，运用其他概念，比如背驰，只是如虎添翼而已。

5.3 多级别买卖点综合分析示范

随着走势的当下发展，因为结合律，可以不断变换关注的缠中说禅走势中枢，从而对走势进行有利于观察的分解。正如抽象代数中运算规则的选择对研究对象的决定性意义那样，在缠中说禅技术分析理论中，结合律是非常重要的。缠论是走势保持结合律下具有变换不变性的一套理论，对于走势来说，结合律就是连接走势之间关系的重要的规则。虽然结合律属于逻辑的范围，但如何又快又好地应用结合律，需要大量实践后的盘感，故走势分解也有艺术的感觉。

图 5.3-1 中，沪深 300 指数 2021 年 12 月初高点 5143.84 点，至 2022 年 4 月 27 日的低点 3757.09 点，在 15 分钟 K 线图上是一个标准的 $a+A+b+B+c+C+d$ 三中枢的下跌趋势，该下跌趋势的最后一个中枢是 C，中枢 C 的区间是 [4091.30, 4287.58]，其最低点 DD 是 3982.46 点，d 是背驰段。

图 5.3-1 沪深 300 指数 15 分钟走势图

离开 15 分钟下跌趋势最后一个中枢 C 是背驰段 d，在 d 的内部，在 1 分钟走势图上是 $a+A+b+B+c$ 的标准下跌趋势（见图 5.3-2），中枢 B 的区间是 [3953.72, 3956.76]，其最低点 DD 是 3970.41 点，显然 c 是背驰段，c 的下跌力度小于 b 的下跌力度，c 中最后一个下跌线段的起跌点是 3871.85 点。也就是说，沪深 300 指数，从高点 5143.84 点到低点 3757.09 点的下跌，在 15 分钟级别和 1 分钟级别走势图上，出现了完美的区间套，这种情况是非常典型的，根据"区间套及转折"的相关内容，其后的转折，是必然的。

图 5.3-2　沪深 300 指数 15 分钟级别线段 *d* 对应的 1 分钟走势图

在 3757.09 点出现 3 个月之后，即截至 2022 年 7 月 27 日收盘，再回过头来重新看看其后的走势是如何生长、升级的。这里的文字虽然表述为回过头来看，但所有的分析，都是在行情发展的当下就能进行的。从 4 月 27 日开始到 7 月 27 日收盘，共 3 个月 62 个交易日，如果使用 1 分钟走势图，每个交易日有 240 根 K 线，总共 14 880 根 K 线，近 200 个线段，放在一个走势图上，走势是密密麻麻的，看不清楚，因此使用 3 分钟走势图（见图 5.3-3），代替 1 分钟走势图进行分析，这样能看得清楚一点，虽然 K 线时间周期变长了，但分析的方法是一样。

图 5.3-3　沪深 300 指数 3 分钟走势图

把 15 分钟下跌趋势和 1 分钟下跌趋势区间套的背驰点 3757.09 点作为原点 0，从该原点开始，至 2022 年 7 月 27 日，共运行 62 个交易日，在 3 分钟走势图上有 46 个线段。

第一个线段 0—1，就反弹到 4000 点之上，直接向上突破 1 分钟下跌趋势最后一个中枢 B 的上沿 3956.76 点，同时也向上突破了 15 分钟下跌趋势最后一个中枢 C 的 DD 点 3982.46 点，但未能触及该中枢下沿 4091.30 点。通过 0—1 这个反弹，基本就排除了 1 分钟级别下跌趋势延伸的可能，但未能排除 15 分钟级别下跌趋势延续的可能。

随后出现 1—2 的回调，该回调没有创新低，从图 5.3-5 给出的 15 分钟走势图上可以看出来，是 15 分钟走势图上的第二类买点，然后行情继续反弹。当 3 分钟走势图的行情生长到线段 4，1—2、2—3 和 3—4 这 3 个线段可以构成一个 3 分钟级别的中枢，因为此处假定 3 分钟走势图是分析的最低级别走势图，所以该 3 分钟级别中枢，可以称为最低级别中枢。随后围绕该中枢又延伸出 6 个线段，也就是说当中枢震荡到线段 10 时，一共有 9 个线段，从而构成一个高级别中枢，因为这里用的是 3 分钟走势图，那么称这个高级别中枢为 15 分钟级别的中枢 D，当这个高级别中枢 D 形成时，虽然一直维持在 15 分钟下跌趋势最后一个中枢 C 下沿 4091.30 点以下，但因为中枢 C 和中枢 D 的外围有重叠，所以正式确认了原来 15 分钟级别下跌趋势的结束。

从 10 开始到 17 为止，向上走了 7 个线段的类趋势离开 1—10 这个高级别中枢，其中的 14 是 1—4 或 9—12 这两个最低级别（3 分钟级别）中枢的第三类买点，且在 1—10 这个高级别中枢之上，根据本书前面的内容，需要给予特别的重视，既是低级别的买点，也有高级别买点的意义，后续生长到 17 才出现了低级别的背驰。

从 10 到 17，向上走了 7 个线段的类趋势，因为和线段 14—15 相比，线段 16—17 出现明显的背驰，故从 17 开始，回调 3 个线段 17—18、

18—19 和 19—20，也就是说 17—20 构成 1—10 这个高级别中枢的第三类买点。当然，也可以认为 15—18 是中枢 1—10 的第三类买点，这样能把高级别第三类买点提前一点，美中不足的是，14—15 和 12—13 相比，明显不背驰。

当行情运行到 19 时，8—19 明显构成一个趋势上涨，且出现背驰，因此 19—20 的回调就比较多，但甚至没有触及 13 的高点，也就是包含 1—4 这个低级别中枢第三类买点回调线段的高点，所以 20 是 1—10 这个高级别中枢安全的买点。

从 20 开始，随着行情的发展，一直生长到 29，后一个线段的高点就一直高于前一个线段的高点，后一个线段的低点也从来就没有低于前一个线段的低点，这显然是强势的表现。显然，20—29 又生长成了 $a+A+b+B+c$ 经典样式的两中枢趋势，A、B 这两个中枢分别是 21—24 和 25—28，与线段 24—25 相比，线段 28—29 明显背驰，所以就有了其后的回调。

回顾 0—29 这个向上走势的每一个线段，后一线段低点低于前一线段低点的情况，只有 18 和 20 两次，18 是 10—17 共 7 个线段的类趋势背驰造成的，20 是 8—19 经典的 $a+A+b+B+c$ 两个中枢趋势背驰造成的，29 再次出现经典的 $a+A+b+B+c$ 两个中枢背驰，这提醒我们要小心了。站在 3 分钟级别或最低级别来看，29 是第一类卖点，31 不创新高是第二类卖点，33 仅稍高于 28，形成了一个奔走型中枢，也是一个有价值的卖出点位。如果操作级别是 1—10 这个中枢的级别，也就是站在 1—10 这个高级别中枢主导的走势看，20—29 的力度大于 10—17 的力度，有理由期待突破 29 再创新高，形成高级别的上涨趋势，29、31、33 这三个位置没有卖出也是可以理解的，但 20 是高级别走势的第三类买点，20—29 是低级别趋势上涨并出现背驰，从理论上来讲，之后大概率要回调，以便形成一个高级别中枢，故从实际操作的角度米说，从 29 开始就可以围绕未来要形成的高级别中枢，进行中枢震荡操作，操作节奏是先卖后买。

当行情运行到 34 时，因为 25—28 这个最低级别的 3 分钟中枢，又延伸了 6 个线段，即 25—34 共有 9 个线段构成新的高级别中枢。当 25—34 这个高级别中枢形成后，期待中的高级别趋势就随时可以完美（如果按高级别操作，有高级别上涨趋势的期待），就要密切关注其后的走势，一旦不创新高，或创新高后出现背驰，就要随时准备卖出，显然 35 没有创新高，不仅没有高于 29，也没有高于 31，这是弱势的表现，随后出现的 35—36 这个线段，向下离开 25—34 高级别中枢和 25—28 这个最低级别的中枢，37 在 25—34 这个高级别中枢之下，形成 25—28 或 30—35 或 32—25 这 3 个低级别中枢的第三类卖点，这种卖点，就如本书前面介绍的那样，非常值得留意，甚至是最后安全的离开点。37 这个低级别第三类卖点的意义，和前面 14 那个低级别的第三类买点的意义一样，都具有高级别的操作意义。

当行情生长到线段 40 时，29—40 发展成一个本级别经典的 $a+A+b+B+c$ 式下跌趋势，这个下跌趋势中枢 A、B 分别是 30—35 和 36—39。因为 40 是 29—40 下跌趋势的背驰点，根据缠中说禅背驰转折定理"某级别趋势的背驰将导致该趋势最后一个中枢的级别扩展、该级别更高级别的盘整或该级别以上级别的反趋势"，后续最差的情况，也要让 36—39 这个中枢的级别升级。

其后从 40 反弹至 41，41 低于 36，形成 36—39 这个低级别中枢的第三类卖点。当行情生长到 42 时，因为 42 没有创新低，且 41 高于 38，此时就可以确认 29—40 这个最低级别的下跌趋势已经完成。

当行情运行到 43 时，就形成了新的最低级别中枢 40—43，这个中枢和 36—39 这个中枢外围有重叠，根据缠中说禅走势中枢中心定理二，36—39 这个中枢已经升级了，因此从 29 开始的向下走势也已经升级成了一个高级别走势类型，但这个从 29 开始的高级别走势类还没有结束。

经过 40—43 共 3 个线段的反弹，触及 36—39 这个中枢的外围最低点 DD（在这个例子里是 38 这个点），让 36—39 这个中枢升级为高级别中枢，但未能触及 36—39 这个中枢的下沿 ZD（在这个例子里是 36 这个点），极有可能是 29—40 这个下跌趋势背驰后最弱的那种走势，即反弹只触及最后一个下跌中枢的 DD 而不触及最后一个中枢的 ZD。同时，站在高级别中枢的视角，40—43 可能就是高级别中枢 25—34 的第三类卖点，是一个需要特别谨慎的位置，随后下跌到 44，跌破 40。

截至 2022 年 7 月 27 日收盘，最重要的事情就是看好 40—43 这个中枢，观察的重点是 40—43 这个最近的最低级别中枢如何结束，详细来说，40—43 这个中枢有如下 3 种结束方式或情况。

①向上出现第三类买点，这是行情重新走强的前提。如果能出现第三类买点，走出最低级别即 3 分钟级别的向上走势类型，并触及 25—34 这个高级别走势的下沿，则行情有可能继续上涨并突破位置 29 创新高。

②向下出现第三类卖点，此时有很大概率再走出一个 3 分钟级别的下跌趋势或类趋势，至少也要去测试 1—10 这个高级别中枢的支撑。

③中枢延伸，再延伸 3 个线段，即在出现第三类买卖点之前，延伸到线段 49，让 40—43 这个中枢升级为高级别中枢，并让 29—40 成为这个高级别中枢的进入段，此时，就密切关注 40—49 这个高级别中枢震荡的情况，特别是关注在 40—49 高级别中枢之外的低级别第三类买卖点，就像上面的 14 和 37 那样的低级别第三类买卖点。站在纯粹的中枢视角，可以在 3 分钟 K 线图上标出 3 个高级别走势中枢（15 分钟级别走势中枢），前两个高级别中枢是已经完成的高级别中枢，第一个高级别中枢由 17—20 形成的第三类买点宣告结束，第二个高级别中枢由 40—43 形成的第三类卖点宣告结束，最后一个是正在形成中的潜在的高级别中枢，这个中枢如果从 40 开始计算只差 3 个 3 分钟的线段，如果从 38 开始计算则只差一个线段就能形成，具体如图 5.3-4 所示。

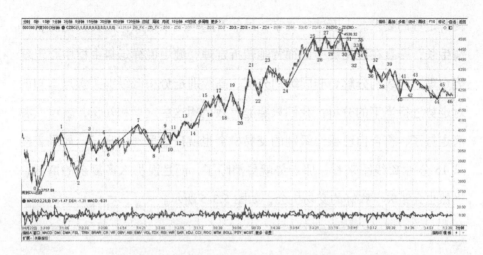

图 5.3-4　沪深 300 指数 3 分钟 K 线图上的高级别中枢

40—43 这个最低级别中枢可能的结束方式，是可以预先分析的，不需要等中枢结束了再分析，因为截至 7 月 27 日周三收盘，已经延伸到线段 46 了，已经有 6 个线段了，预计 2 ~ 4 个交易日内就会做出选择，也就是说下周一，即 8 月 1 日左右就会做出选择，最晚不会晚于下周三，即 8 月 3 日做出选择。还有更快形成高级别中枢的视角，那就是从 38 开始，这时只需要从 46 开始的向上线段 47 触及 38，38—47 就能构成高级别中枢。相对而言，第一种向上走出第三类买点的情况可能性相对较小，需要重大消息的配合；第二和第三两种情况，即出现第三类卖点和延伸出高级别中枢的可能性相对比较大。

至于 40—43 这个最低级别中枢到底采用哪种方式结束，没有必要去预测，在行情发展中，走势自然会做出选择。对交易而言，只需要随着行情的发展，针对具体走势，在预先设定的操作级别上，根据缠中说禅技术分析理论，选择和采取具体的应对方式，做出相应的买、卖、持有等动作就可以。

对 3757.09 点这个区间套背驰点后续的走势，上面从高、低两个级别的走势出发进行了分析，显然，该背驰点后的走势完全符合缠中说禅背驰转折定理的要求。上面这些文字，虽然看起来比较枯燥，但其实是随着行情生长，一直在应用缠中说禅背驰转折定理、缠中说禅走势中枢中心定理等定理，同级别分解、非同级别分解、高级别走势和低级别买卖点等知识对走势进行当下的分析。我们只要能有效运用这些定理和知识，就可以看清走势了，符合自己操作级别的交易机会也就自然呈现出来了。如果直接从 15 分钟 K 线图来看，那走势就更清晰了，而且没那么多复杂的情况，当然也会错失一些好的交易机会，如图 5.3-5 所示。

图 5.3-5　沪深 300 指数 15 分钟 K 线图

同期的上证指数走势也和沪深 300 指数一样，而且更清晰，先是一个 15 分钟级别经典的 $a+A+b+B+c+C+d$ 式的 3 个中枢的下跌趋势，然后是一个 5 个线段类上涨趋势，目前正在走让最后一个类中枢升级为中枢的行情，具体如图 5.3-6 所示。

图 5.3-6　上证指数 15 分钟 K 线图

5.4　中阴中枢

5.4.1　中阴阶段和中阴中枢

缠中说禅技术分析理论，对所有走势，都能进行明确的分解。所有的分解，本质上只有两类，就是延续与转折。延续意味着原走势继续维持，转折意味着原走势的结束，新走势的生成。也就是说，一个走势类型的转折，必然意味着原走势类型的结束和另一个走势类型的新生。走势，就在"结束—新生"的循环中往复运动，如同有了生命。

一个走势类型确立后，同时就确认了前一个走势类型的结束，同时也开始了走势延续直至结束的阶段。如果说前一个走势类型的背驰或盘整背驰宣告了前一个走势类型的结束，那么到新的走势类型确立，这里有一个模糊的、无法确定新走势具体类型的阶段，这个阶段被称为中阴阶段。要分析好中阴阶段，就必须和前一段走势的部分走势结合起来分析。也就是说，前一段走势依然在发挥着作用，并与市场当下的新合力构成最终决定市场方向的终极合力。

图 5.4-1 中，位置 9 的背驰宣告 0—9 这个 9 段类趋势上涨走势类型的结束，一般而言，如果后续出现向下的走势类型，那么是从 9 开始分析这个新的走势类型。站在 9 这个位置，新的走势类型连第一个线段都没走出来，甚至走到 11 的位置，形势也依然不明朗，这就是典型的中阴阶段，此时必须借助由前面 7 开始形成的中枢 7—10 来完成分析与相应的操作。在这个例子中，7—10 这个中枢，就是中阴中枢。站在走势类型的视角看，中阴中枢最终一般会被分解到两个走势类型中而不能独立存在，或者说，处于走势类型连接和转折位置、最终被分解到两个走势类型中的中枢就是中阴中枢。换言之，中阴阶段就是前一个走势类型已经用背驰宣告结束，但新的走势类型还没完全确立和形成的阶段，中阴阶段通常表现为中枢震荡或盘整。中阴中枢更多的是站在前一个走势类型结束角度来说的，其实也可以站在新走势类型形成的角度来说，例如 9 的背驰宣告了 0—9 这个走势类型的结束，但 9 的背驰也宣告了后一个走势类型的新生，这新生的走势类型，有两种情况：一是出现一个向下的走势类型，二是出现一个向上的盘整或趋势。第一种情况很好理解，就是通常说的反转，第二种情况，比如 11 创新高，那么此时 0—11 就是只有一个中枢 7—10 的盘整走势类型，这个新出现的盘整走势类型终结了 0—9 这个类上涨趋势走势类型。注意，0—7 是类趋势，9 创新高，0—9 依然是类趋势，即 9 创新高的时候，并没有终结 0—7 这个类上涨趋势，因为它们都是类上涨趋势。用人的诞生来打比方，在母亲刚怀孕的时候，不知道怀的是男宝宝还是女宝宝，要经历 10 月怀胎的漫长等待，等到出生后才能确认新生命诞生，才能最终在法律上确认宝宝的性别。

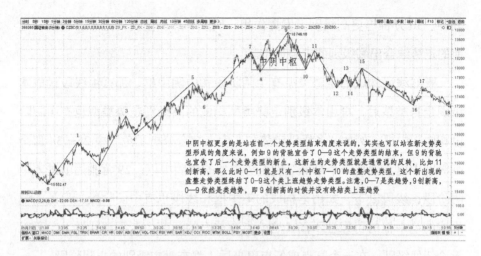

图 5.4-1　国证粮食 5 分钟走势图

上面这个例子，针对从 9 开始的新走势类型，在实际的分析和交易中，位置 10 的买入或等待、位置 11 的卖出均没有很好的操作依据。当然，可以说 11 就是第二类卖点，但站在自 7 开始的 7—10 这个中枢的角度，11 就是中枢震荡，这样一来，这个所谓的第二类卖点，就有一个可依靠的基础，这个基础就是 7—10 构成的中阴中枢。一切关于中枢震荡的分析，都可以用在关于 10、11 以及后面走势的分析中，这等于有了双重的分析基础。在上面这个例子中，第一重分析基础是 0—9 这个走势类型的背驰，第二重分析基础是 7—10 这个中枢的中枢震荡。

进一步，在上面这个例子中，站在中阴阶段和 7—10 中阴中枢的角度，13 是第三类卖点。这个第三类卖点是一个中阴阶段与新的走势类型确立阶段的分界点，即第三类买卖点让中阴中枢结束，同时也确立了从 9 开始的走势类型正式确立。13 出来以后，新的走势类型最开始的形态就确立了，从级别而言至少是一个线段的类下跌趋势（在这个例子已经出现的走势中，已经演变成了一个 5 分钟级别的盘整）。这时候，分析的重心，就可以移到从 9 开始的新走势类型上，在线段级别上，基本可以不用考虑 9 之前的走势了。当然，也不是说 9 之前的走势完全没有用了，它可以在 5

分钟、30分钟等更高级别上发挥作用，例如9后面出现的走势，就和9之前的走势结合出高级别的走势形态。

既然线段构成的走势类型有中阴阶段和中阴中枢，那么由线段构成本级别走势类型后，再由本级别走势类型构成的高级别走势类型也有中阴阶段和中阴中枢，例如"多级别走势和买卖点综合分析示范"中25—34那个高级别中枢，就是一个最低级别走势类型的中阴中枢，29背驰后就进入中阴阶段；线段以下，如由笔构成的笔中枢和线段也有中阴阶段，只是由笔构成的笔中枢的可靠性不高（这一点在前面的章节中专门解释过），所以无论任何级别，在一个高点或低点出来后，都有对应级别的中阴阶段。

5.4.2　中阴阶段的表现

在实际交易中，很多人在顶部卖出了，但最后还是被套牢或出现亏损；很多人抄到了底，但最终还是被震出来没赚到钱。这是为什么？是因为被相应级别的中阴阶段搞晕了。一般而言，级别越高的转折，其后的中阴阶段持续时间也越长，同时需要对抗的干扰因素也越多，因此越能搞晕人。

中阴阶段，无一例外，都表现为不同级别的中枢震荡或盘整（注意，这是从这一阶段形态说的，并不是说新的走势类型一定是盘整）。也就是围绕前一走势的某一部分所构成的中枢震荡，即使是所谓的V形反转，也一样，只是震荡的区域回得更深而已。

其实任何转折，也就是第一类买卖点之后，都对应着某一级别的V形反转，这个V形反转的级别，决定了中阴的级别与力度。例如，图5.4-1中，9的转折，8—9与9—10，其实就是一个V形反转，只是级别特别低，而图5.4-2上，即上证指数日K线图上6124低点附近的转折，其实也是某级别的V形反转，只不过级别高一点而已，然后就同时进入中阴阶段。

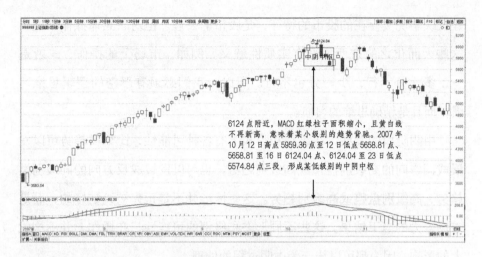

图 5.4-2　上证指数日 K 线图

中阴阶段虽然表现为中枢震荡，但并不是一般性的中枢震荡，中阴阶段能否处理好，关系到操作节奏是否有序，很多投资者因为不知道中阴阶段，操作节奏特别乱。

行情走势的中阴阶段，一般是多空齐杀，不断折腾转换，等最后新走势生成、转折确认时，最好的机会已经消失。中阴阶段结束后，不一定就是真正的反转，也可以是延续前一走势类型的方向，例如上涨＋盘整＋上涨，这样的结构是完全合理的，而上涨＋盘整＋下跌，上涨＋下跌等，同样是可能出现的。因此，中阴阶段的应对之策就是：如果技术好，就在这个大的中枢震荡中，按中枢震荡进行操作；如果技术不好，就等新的走势类型确认后再决定怎么操作。不过，站在缠中说禅走势中枢的角度，利用这个必然的震荡，进行中枢震荡操作，是提高资金效率、时间效率的有效方法。

5.4.3　中阴阶段的具体分析和应对

通常情况下，精确的理论，可以很粗略地说，但反过来，粗略的理论，就没法精确地描述。股票市场不是上就是下或者就是盘，这一点，刚好反映了现实存在的股市的特征，是股市的公理。但对于具体操作来说，这些大而化之的东西，没有实质性意义。例如，市场上的操作，一就是一，多一分不行，少一分也不行。所以，我们必须有严密的逻辑思维习惯，而且是精确思维的习惯。

中阴阶段的发展，在级别和形式上有各种可能性，比如类趋势可以发展成同方向的高级别盘整或高级别趋势，也可以发展成反方向的同级别类趋势、高级别盘整或高级别趋势。这些情形并不是预先被设定好的，而是市场合力的当下结果。这些不同形态和级别的可能性，在操作上并不构成大的影响，因为都可以统一为中阴过程的处理。

例如，在图 5.4-3 中，国证粮食（399365）从 15 552.47 点开始的 1 分钟级别上涨背驰后（5 分钟类趋势上涨背驰后），就进入中阴阶段。首先，根据走势分解的基本定理，就知道，其后的行情发展，一定是一个高于 1 分钟级别的走势。但高于 1 分钟级别的走势，存在很多可能。针对这些可能，一个基本的原则是，必须先出现一个 5 分钟级别中枢，因为无论后面是什么级别的走势，只要是高于 1 分钟级别的走势，就一定先有一个 5 分钟级别中枢，这个 100% 成立的结论，就构成实际交易中最可靠的依据。换句话说，中阴阶段的应对原则，就是根据事先确定的操作级别，处理好中阴阶段必然会出现的中阴中枢。

1 分钟级别的走势后，不能说后续的走势一定是下跌，或者一定是上涨，或者一定是盘整，因为这些情况都有发生的可能，但最终必须先有一个 5 分钟中枢，这是 100% 确定的。有了这个结论，不管后面是什么，首先把这 5 分钟中枢给处理好，这才是唯一重要而且有着 100% 操作性与确定性的事情，其他一切关于行情后续演化的争论都没有意义。

图 5.4-3 国证粮食 5 分钟 K 线图

在 5 分钟中枢成立后，就必然面临中枢结束的问题，也就是延伸成高级别中枢或者出现第三类买卖点的问题，具体来说就是 5 分钟中枢延伸出 9 段，形成 30 分钟级别中枢，宣告 5 分钟中枢结束；或者出现第三类买卖点，宣告 5 分钟中枢结束。如果中枢不断延伸，升级成 30 分钟中枢，那就按 30 分钟中枢的第三类买卖点来处理，以此类推，总要面临某一个级别的第三类买卖点去结束这个中枢震荡的情况。一般性的，可以以 5 分钟中枢后就出现第三类买卖点为例子，那么这个 1 分钟级别的走势，就演化为 5 分钟级别的走势类型，至于是只有一个中枢的盘整，还是有两个中枢的趋势，根据走势力度就可以判断。

5.4.4 BOLL 指标对中阴阶段的辅助判断

在实际的分析和交易中，可以利用 BOLL 指标对中阴阶段的开始和结束时间进行辅助判断。BOLL 指标，基本上所有行情软件都有，一般都是三条线，分别表示上、中、下三个轨道。通常，在上轨以上和下轨以下运行是超强状态，一般中枢移动时肯定会出现，唯一的区别是在上轨之上运行是超强上涨，在下轨以下运行是超强下跌。一般来说，从上轨之上跌回上轨之下或从下轨之下涨回下轨之上，都是从超强区域转向一般性区域，这时候，如果再次上涨创出新高，或回跌创出新低但不能重新有效回到超强区域，那么就意味着进入中阴状态了，也就是说第一类买卖点出现了。例如图 5.4-4 所示的沪深 300 指数 2021 年 2 月 18 日高点 5930.91 点。

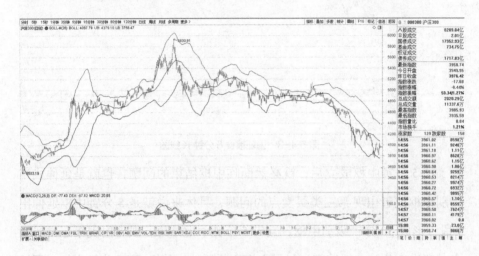

图 5.4-4　沪深 300 指数日 K 线图

除可以辅助判断出第一类买卖点进入中阴阶段，也可利用 BOLL 指标对第二类买卖点进行辅助判断，一般来说，在进入中阴状态，上轨和下轨都会滞后反应，也就是说，等第一次回跌或回升后再次向上或下跌时，上轨和下轨才会转向，而这时候转向的上轨和下轨，往往成为最大的阻力和支持，使得第二类买卖点在其下或其上被构造出来。例如，图 5.4-5 所示的上证指数在 6005.13 点时构成的第二类卖点，以及在 2007 年 6 月 20 日的第二类卖点。

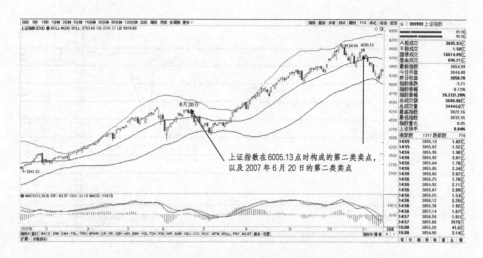

图 5.4-5　上证指数日 K 线图

　　个股方面，紫光股份（000938）是一个经典例子，2007 年 9 月 14 日
的第一类卖点，10 月 8 日的第二类卖点。华润三九（000999）在 2007 年
10 月 10 日的第一类卖点以及 11 月 6 日的第二类卖点，同样是经典案例。
具体如图 5.4-6 和图 5.4-7 所示。

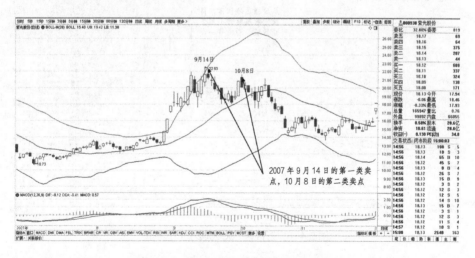

图 5.4-6　紫光股份（000938）日 K 线图

图5.4-7　华润三九（000999）日K线图

再例如，万科A（000002）的周K线图（见图5.4-8），40.78元对应日期所在周之前的走势，先从超强区域回落，再次创新高到达40.78元，但再也回不到超强区域，就构成了周线的第一类卖点。

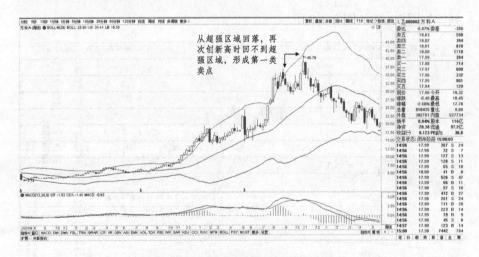

图5.4-8　万科A（000002）周K线图

BOLL指标除了能辅助第一、第二类买卖点的判断，还可用于关于中阴阶段结束时间的预判，一般来说，布林通道收口就是对中阴阶段结束的最好提示，但有一定的技巧性，对1分钟级别的走势类型，要看比1分钟级别高的K线图上的布林通道，例如，图5.4-9所示的是沪深300指数30

分钟的中阴过程，对应的是看 120 分钟 K 线图的 BOLL 指标，布林通道收
口如图 5.4-10 所示。

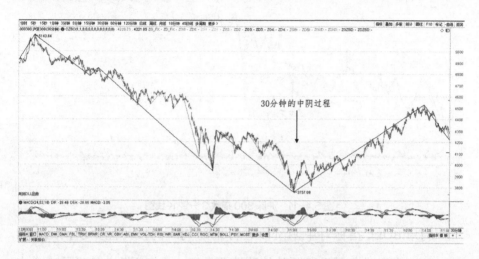

图 5.4-9 沪深 300 指数 30 分钟的中阴过程

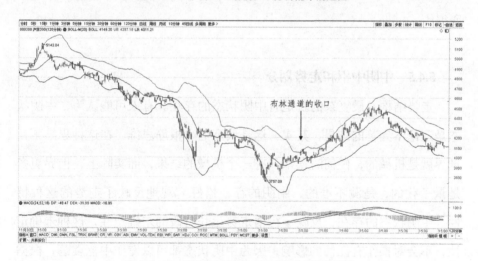

图 5.4-10 沪深 300 指数 120 分钟布林通道收口

一般来说，某一时间周期 K 线图上的布林通道收口，就意味着比这个
级别低的 K 线图上的某个中阴过程要级别扩展或结束了，一般都对应有相
应的第三类买卖点，换句话说，看到布林通道收口，就可以去找低级别的
第三类买卖点。例如，根据图 5.4-10 所示的沪深 300 指数 120 分钟布林通
道收口，可找到 3 分钟级别的第三类买点，如图 5.4-11 所示。

图 5.4-11　沪深 300 指数 3 分钟 K 线图

利用 BOLL 指标对中阴阶段进行辅助判断的技巧性要求，比利用 MACD 对背驰进行辅助判断的技巧性要求高，只有不断总结经验才会有所得。

5.4.5　中阴中枢和走势划分

走势结构，最复杂的就是有中阴状态的存在。有人可能认为，中阴状态是理论不完善的结果，其实，这是典型的一根筋思维，在这种思维下，世界就是机械的，任何时候都只有一个机械的结果，而实际上，世界更多是量子化的，是测不准的，中阴的存在恰好客观地反映了走势的这种特性。中阴状态的存在，反映了行情走势生长阶段的未确定性，这种未确定性，不会对操作有任何的影响，因为中阴状态都可以看作中枢震荡，根据中枢震荡来操作就可以了。

很多投资者一碰到中阴状态，就容易自乱阵脚，因为这时候，不能对走势给出明确的划分。注意，这里不是指同级别的划分，而是一般性的划分。例如，一个线段类上涨趋势，出现类背驰后，必然首先出现一个 1 分钟的中枢，也同时进入一种中阴状态，但这时不能说这个走势必然就是 1 分钟类型的，因为，极端情况下，两个年中枢之间也可以是一个线段连接，甚至就是缺口连接，这在理论上是可以的，在实际中也完全可能发生。

另外，根据结合律，连接中枢的走势，并不一定是完全的趋势类型，也就是说，一个线段类上涨后，可能第二个类中枢就消融在中阴状态的那个中枢里了。也就是说，$a+b+c+d+e+f=a+b+c+(d+e+f)$，$a+b+c+d+e$ 是一个线段类上涨，$c+d+e$ 的重合部分构成最后一个类中枢（笔者注：在实践中，我们一般说 b 是第一个类中枢，d 是第二个类中枢），f 是类背驰后的回调，这时候，就可以马上构成一个 1 分钟的中枢 $d+e+f$，如图 5.4-12 所示。如果后面直接继续上涨，比如 g 创新高，此时就必须把 $a+b+c+d+e$ 给拆开，如拆成 $a+b+c+(d+e+f)+g+\ldots$。

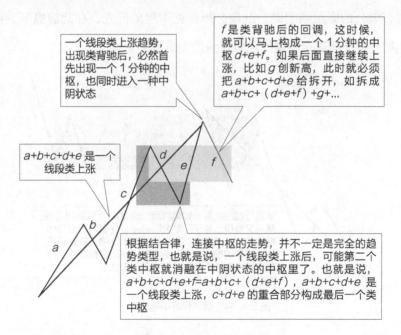

图 5.4-12　类中枢和中阴中枢

同时，随着行情的发展，如果中阴状态中从前面的背驰点开始已经构成相应的中枢，例如在 $a+b+c+d+e+f$ 后又出现了 g 和 h，而且 f、g 和 h 能构成 1 分钟中枢，那么整个划分就可以变成 $a+b+c+d+e+(f+g+h)$，这样，原来的线段类上涨 $a+b+c+d+e$ 就可以保持了，如图 5.4-13 所示。

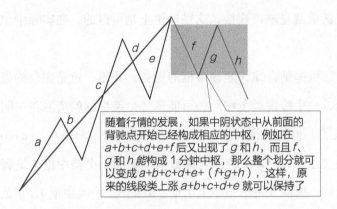

随着行情的发展，如果中阴状态中从前面的背驰点开始已经构成相应的中枢，例如在 $a+b+c+d+e+f$ 后又出现了 g 和 h，而且 f、g 和 h 能构成 1 分钟中枢，那么整个划分就可以变成 $a+b+c+d+e+$（$f+g+h$），这样，原来的线段类上涨 $a+b+c+d+e$ 就可以保持了

图 5.4-13　保持线段类趋势上涨的划分

最后，随着行情的发展，如果后面包括 $d+e+f$ 延伸出 9 段，然后又直接上去了，划分时必须首先保证 5 分钟中枢的成立，如图 5.4-14 所示。换言之，划分的原则很明确，就是必须保证中枢的确立，在此前提下，可以根据结合律使得连接中枢的走势保持最完美的形态。

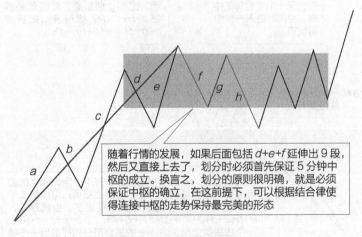

随着行情的发展，如果后面包括 $d+e+f$ 延伸出 9 段，然后又直接上去了，划分时必须首先保证 5 分钟中枢的成立。换言之，划分的原则很明确，就是必须保证中枢的确立，在这前提下，可以根据结合律使得连接中枢的走势保持最完美的形态

图 5.4-14　优先保证中枢成立

5.5　走势结构的两重表里关系

5.5.1　未病、欲病、已病和第一、第二、第三类买卖点

判断走势，如同看病，未病而防的是第一等的，次之的是治欲病，到已病阶段，那只能算是亡羊补牢了。因为级别的存在，可以把下跌比拟成一种疾病的级别，大盘指数 1 分钟级别的下跌可能是一个小感冒，有时候一个 5 分钟级别的下跌就足以是一个小的流行感冒了。至于 30 分钟、日线级别的下跌，基本就对应着一些次中级或中级的调整，大概就相当于肺结核之类的疾病。而周线、月线级别之类的下跌，那就相当于更严重的疾病了。未病、欲病、已病，对应的界限就是相应级别的第一、第二、第三类买卖点，注意，对于上涨来说，踏空也是一种病，涨跌之病是相对的。

在实际交易中，30 分钟的级别，是一个比较高的级别，通常而言，需要花很多时间才能生长出一个 1 分钟级别的走势类型，然后花很多时间才生长出 5 分钟级别的走势类型，然后又要花更多时间，才能生长成 30 分钟级别的走势类型。以上证指数为例，如果碰上一个 30 分钟级别的下跌，那跌幅会很大，如 2007—2008 年从 6124.04 点跌到 1664.93 点，是 30 分钟级别的趋势下跌，跌幅接近 73%；2018 年全年的下跌，是一个 60 分钟级别的趋势下跌，跌幅超 30%；2021 年 12 月初 3708.94 点至 2022 年 4 月 27 日 2863.65 点的下跌是一个 15 分钟级别的趋势下跌，跌幅为 23% 左右，具体见图 5.5-1 至图 5.5-3。同理，如果碰上一个 30 分钟级别的上涨趋势，那涨幅也是巨大的。

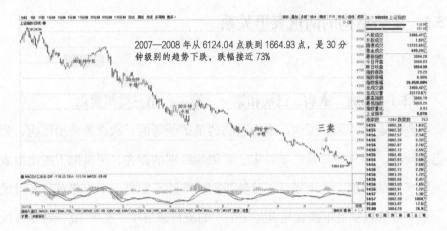

图 5.5-1　上证指数 2007—2008 年 6124.04—1664.93 点的下跌

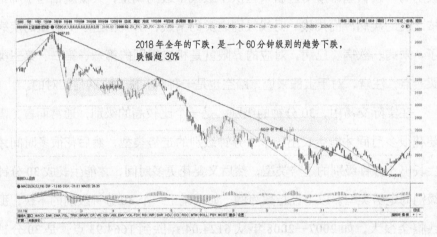

图 5.5-2　上证指数 2007—2018 年 3587.03—2440.91 点的下跌

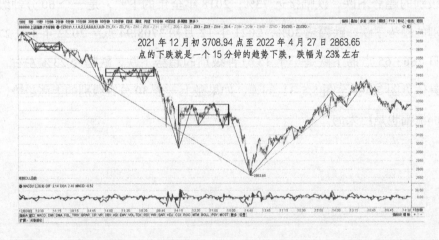

图 5.5-3　上证指数 2021 年 12 月初 3708.94 点至 2022 年 4 月 27 日 2863.65 点的下跌

5.5.2　表里关系

在缠中说禅技术分析理论的各个概念或部件中，站在走势和中枢的角度，有两种类型：①能构成中枢的；②不能构成中枢的。第一种，包括线段以及各种级别的走势类型；第二种，只有笔。因为中枢是由线段和走势类型定义的，而不是由笔定义的，故笔是不能构成中枢的，这就是笔和线段以及线段以上的各种级别走势类型的最大区别。因为笔和线段及走势类型是不相同的东西，故而，笔在不同时间周期的 K 线图上的相应判断，就构成了一个表里相关的判断。

5.5.3　缠中说禅笔定理

越是平凡的事情，越可能包含有用的结论，一个简单的笔，正如下面缠中说禅笔定理描述的那样，里面包含一个显然又有用的结论。

缠中说禅笔定理：任何的当下，在任何时间周期的 K 线图中，走势必然落在一个确定的具有明确方向的笔当中（向上笔或向下笔），而在笔当中的位置，必然只有两种情况：①分型构造完成，正在延伸为反方向的笔，但反方向的笔还没有生成；②笔在延伸且还没有生成顶底分型的状态。

5.5.4　当下走势的四种状态

根据缠中说禅笔定理，对于任何的当下走势，在任何一个时间周期里，我们都可以用两个变量构成的数组精确地定义。第一个变量，只有两个取值，不妨用 1 代表向上笔，用 −1 代表向下笔；第二个变量也只有两个取值，0 代表分型构造完成，正在延伸为反方向的笔，但反方向的笔还没有生成的状态，1 代表笔在延伸且还没有生成顶底分型的状态。因此，任何当下，都只有下面四种状态，这四种状态描述了所有的当下走势。

第一种状态（1，1），表示一个向上笔正处在延伸状态之中。此时向上笔还没有生成顶分型，即向上笔的健康状态非常好，处于未病状态。当且仅当出现顶分型时，走势的状态才变为（1，0），否则状态（1，1）持续。

第二种状态（-1，1），表示一个向下笔正处在延伸状态之中，此时向下笔还没有生成底分型。如果把下跌或向下比作生病，那么此时笔走势处于已病的状态，且病情还没有好转的迹象。当且仅当出现底分型，走势的状态才变为（-1，0），否则状态（-1，1）持续。

第三种状态（1，0），表示向上笔出现了顶分型，正在发展为向下笔的过程中，此时走势处于欲病的状态，随时可能生病，但也有可能好转恢复到未病的状态。当再创新高时才重新变回（1，1）这样健康的状态，或当成功生成向下笔时才变为（-1，1）这样已病的状态，除非发生这两件事情，否则状态（1，0）会持续。

第四种状态（-1，0），表示向下笔出现了底分型，正在发展为向上笔的状态。此时走势处于已病但病情在好转的状态，随时可能恢复到健康的状态，当然病情也有可能随时加重重新进入已病状态。当再创新低时重新变回（-1，1）这样已病的状态，或当成功生成向上笔时变为（1，1）这样健康的状态，除非发生这两件事情，否则状态（-1，0）会持续。

走势当下的四种状态如图 5.5-4 所示。

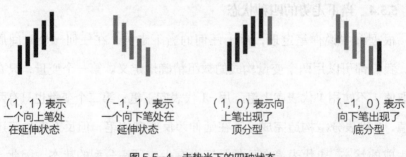

（1，1）表示　　（-1，1）表示　　（1，0）表示向　　（-1，0）表示
一个向上笔处　　一个向下笔处在　　上笔出现了　　向下笔出现了
在延伸状态　　　延伸状态　　　　顶分型　　　　底分型

图 5.5-4　走势当下的四种状态

5.5.5 当下走势的六种状态连接

任何当下走势，都只有（1，1）、（-1，1）、（1，0）和（-1，0）这四种状态，从某个角度说，这四种状态描述了所有的当下走势。更关键的是，这四种状态是不能随便连接的，它们之间有且只有六种连接方式，具体分析如下。

第一种状态（1，1），之后绝对不会连接（-1、1）或者（-1，0），唯一只能连接（1，0）。对向上延伸中的笔，要改变状态，首先要构造顶分型，或者说只有先构造出顶分型，才能改变向上笔持续延伸的状态，即（1，1）状态只能变为（1，0）状态。用生病的比喻来说，就是一个健康状态良好的人，正常情况下不可能立刻就病入膏肓，或立刻就处于病情的恢复过程中，而是要先经历一个发病的过程，即经过（1，0）这个过程。

第二种状态（-1，1），之后绝对不会连接（1，1）或者（1，0），唯一只能连接（-1，0）。对向下延伸中的笔，要改变状态，首先要构造底分型，或者说只有先构造出底分型，才能改变向下笔持续延伸的状态，即（-1，1）状态只能变为（-1，0）状态。用生病的比喻来说，就是一个病入膏肓的人，正常情况下不可能立刻就恢复到非常健康的未病状态，或立刻就处于非常健康但将要生病的欲病状态，而是要先经历一个康复的过程，即经过（-1，0）这个过程。

第三种状态（1，0）后可能会出现两种情况：（1，1）、（-1，1）。（1，0）表示向上笔构造出顶分型，正在延伸为反方向的向下笔，但这个反方向向下笔可能能延续出来，也可能延续不出来：①当反方向向下笔最终没有生成时状态就变为（1，1），即变为向上笔持续延伸的状态，此时，前面的顶分型就是中继分型；②当反方向向下笔最终生成时，状态就变为（-1，1），即变为向下笔在持续延伸的状态，此时，前面的顶分型就是反转分型。用生病的比喻来说，就是一个处于欲病状态的人，后面有可能恢复到非常健康的状态，即（1，1），也有可能就真的生病了，进入已病状态，即（-1，1）。

第四种状态（-1，0）后可能会出现两种情况：（-1，1）、（1，1）。（-1，0）表示向下笔构造出底分型，正在延伸为反方向的向上笔，但这个反方向向上笔可能能延续出来，也可能延续不出来：①当反方向向上笔最终没有生成时状态就变为（-1，1），即变为向下笔持续延伸的状态，此时，前面的底分型就是中继分型；②当反方向向上笔最终生成时，状态就变为（1，1），即变为向上笔在持续延伸的状态，此时，前面的底分型就是反转分型。用生病的比喻来说，就是一个处于生病但病情正在恢复状态的人，后面有可能病情加重重新回到已病状态，即（-1，1），也可能继续好转，从而恢复到非常健康的状态，即（1，1）。

为方便读者理解，笔者制作了当下走势和笔的关系及其变更表、当下和身体健康状态的关系及其变更表，读者可以一一对照，互为参考，如表5.5-1和表5.5-2所示。

表5.5-1　当下走势和笔的关系及其变更表

当下和笔的关系及其关系的转换	笔方向	向上笔	1
		向下笔	-1
	笔方向转变	方向延续状态	1
		方向可能转变	0
	笔方向和笔方向转变两两组合的状态	向上笔持续延伸	（1，1）
		向上笔出现顶分型，向上笔方向可能改变	（1，0）
		向下笔持续延伸	（-1，1）
		向下笔出现底分型，向下笔方向可能改变	（-1，0）
	笔方向及状态变更	向上笔持续延伸 转变到 向上笔方向可能改变	（1，1）—（1，0）
		向上笔方向可能改变 转变到 向上笔持续延伸	（1，0）—（1，1）
		向上笔方向可能改变 转变到 向下笔持续延伸	（1，0）—（-1，1）

当下和笔的关系及其关系的转换	笔方向及状态变更	向下笔持续延伸 转变到 向下笔方向可能改变	(-1, 1) — (-1, 0)
		向下笔方向可能改变 转变到 向下笔持续延伸	(-1, 0) — (-1, 1)
		向下笔方向可能改变 转变到 向上笔持续延伸	(-1, 0) — (1, 1)

表 5.5-2　当下和身体健康状态的关系及其变更表

身体健康状态及其状态转换	身体健康的基本状态	健康	未病
		生病	已病
	身体健康转换状态	未病或已病的状态一直维持	未病 / 已病
		未病或已病的状态可能改变	欲病 / 康复
	身体的四种状态	一直健康	未病
		健康但可能生病	欲病
		已生病但在恢复	康复
		一直生病	已病
	身体健康状态转换	健康到可能生病的状态	未病—欲病
		可能生病但最终没有生病直接回到健康状态	欲病—未病
		可能生病到真的生病	欲病—已病
		已经生病转到病后康复过程中	已病—康复
		病后康复失败再次生病	康复—已病
		病后康复成功恢复到健康状态	康复—未病

5.5.6　两重表里关系

在一个级别 K 线走势当下四种状态、六种状态连接分析的基础上，现在进行更复杂的分析，考察两个相邻的时间周期 K 线，例如 1 分钟和 5 分钟。如果 5 分钟里是（1，1）或者（-1，1）的状态，那么 1 分钟里的任何波动，都没有太大的价值，因为无论这种波动如何大，都没达到足以改变

5分钟（1，1）或者（-1，1）状态的程度，这里就对1分钟的波动有了一个十分明确的过滤作用。如果操作者关心的最低级别是5分钟级别，那根本无须关心1分钟级别的波动。

此外，如果5分钟里是（1，1），1分钟里也是（1，1），那么，5分钟是断无可能在短时间内改变（1，1）状态的，要将5分钟里的状态（1，1）变成（1，0），至少要在1分钟上出现（1，0）或（-1，1），而在绝大多数的情况下，都是要出现（-1，1）的，这个例子中高低两个级别的状态组合如图5.5-5所示。

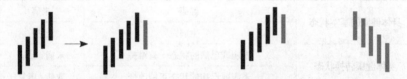

要将5分钟里的状态
（1，1）变为（1，0）

至少要在1分钟上出现（1，0）或（-1，1），而在绝大多数的情况下，都是要出现（-1，1）的

图5.5-5 高低级别状态的组合

因此，站在未病、欲病、已病三阶段的角度，对于5分钟的笔状态，1分钟的笔状态可能导致5分钟笔状态的改变，就是一种未病的状态。例如，对于5分钟的（1，1），1分钟出现（1，0）是一个小的警告，如果这个警告只出现在1根5分钟的K线里，那么不足以破坏5分钟的结构，那么这个警告不会造成实质的影响，如图5.5-6所示；但如果这个1分钟的（1，0）确认会变为或者已经变为（-1，1），那么这个重要的警告就成立了，5分钟级别将向（1，0）方向发展，如图5.5-7所示。

如果这个1分钟的（-1，1）出现并导致5分钟的（1，0）形成，就是欲病状态了。当5分钟的（1，0）也确认向（-1，1）发展时，就确认已病了。

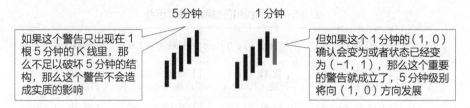

如果这个警告只出现在 1 根 5 分钟的 K 线里，那么不足以破坏 5 分钟的结构，那么这个警告不会造成实质的影响

5 分钟　　　　1 分钟

但如果这个 1 分钟的（1，0）确认会变为或者状态已经变为（-1，1），那么这个重要的警告就成立了，5 分钟级别将向（1，0）方向发展

图 5.5-6　1 分钟的小警告

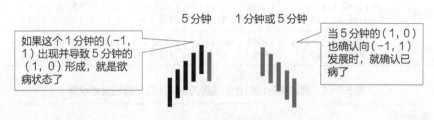

如果这个 1 分钟的（-1，1）出现并导致 5 分钟的（1，0）形成，就是欲病状态了

5 分钟　　　1 分钟或 5 分钟

当 5 分钟的（1，0）也确认向（-1，1）发展时，就确认已病了

图 5.5-7　1 分钟的重要警告

　　上述这种分析，同样可以应用在日线与周线的关系上。一般而言，对下跌走势，第一恶劣的情况是周线是（-1，1），日线也是（-1，1）；第二恶劣的情况是周线是（-1，1），日线是（-1，0）；第三恶劣的情况是周线上出现（-1，0），而日线上是（-1，1）。对于第二、第三恶劣的情况，技术高的人也是可以操作的，至于第一恶劣的情况，就算技术高的人，也最好不要操作，如果要操作，那么仓位一定要轻，最好同时应用区间套选择时机。对于第三恶劣的情况，首先要等待的就是日线上出现（-1，0）信号，如果这个信号出现时，周线还能保持（-1，0），那么行情就会好转一点点，成为第四恶劣的情况，即周线和日线上都是（-1，0），也就是有可能出现转机。面对第三种情况，一旦日线的（-1，1）延续到打破周线的（-1，0），走势状态就会变成第一恶劣的走势状态，也就是周线是（-1，1），日线也是（-1，1）。换言之，当处于第三恶劣的情况时，后续只存在出现第一恶劣的情况还是第四恶劣的情况两种选择。关于周线和日线两级状态组合、强弱关系排序及对应的健康状况，请参考表 5.5-3 和表 5.5-4。

表 5.5-3　周线和日线两级状态组合

日线 周线	日线（1，1）	日线（1，0）	日线（-1，0）	日线（-1，1）
周线（1，1）	[周线（1，1）， 日线（1，1）]	[周线（1，1）， 日线（1，0）]	[周线（1，1）， 日线（-1，0）]	[周线（1，1）， 日线（-1，1）]
周线（1，0）	[周线（1，0）， 日线（1，1）]	[周线（1，0）， 日线（1，0）]	[周线（1，0）， 日线（-1，0）]	[周线（1，0）， 日线（-1，1）]
周线（-1，0）	[周线（-1，0）， 日线（1，1）]	[周线（-1，0）， 日线（1，0）]	[周线（-1，0）， 日线（-1，0）]	[周线（-1，0）， 日线（-1，1）]
周线（-1，1）	[周线（-1，1）， 日线（1，1）]	[周线（-1，1）， 日线（1，0）]	[周线（-1，1）， 日线（-1，0）]	[周线（-1，1）， 日线（-1，1）]

表 5.5-4　周线和日线组合的强弱关系排序及对应的健康状况

状态从强到弱排序（数字越小越强）	高低两级状态组合	出现频率	强弱情况	健康状况
1	[周线（1，1），日线（1，1）]	高	第一强	未病
2	[周线（1，1），日线（1，0）]	高	第二强	未病
3	[周线（1，1），日线（-1，0）]	低		欲病
4	[周线（1，1），日线（-1，1）]	低		欲病
5	[周线（1，0），日线（1，1）]	高	第三强	有点小病但在好转
6	[周线（1，0），日线（1，0）]	高	第四强	有点小病但在好转
7	[周线（1，0），日线（-1，0）]	高		有点小病且在恶化
8	[周线（1，0），日线（-1，1）]	高		有点小病且在恶化
9	[周线（-1，0），日线（1，1）]	高		病好一点且正在康复
10	[周线（-1，0），日线（1，0）]	高		病好一点且正在康复
11	[周线（-1，0），日线（-1，0）]	高	第四恶劣	病好一点但可能继续恶化
12	[周线（-1，0），日线（-1，1）]	高	第三恶劣	病好一点但可能继续恶化
13	[周线（-1，1），日线（1，1）]	低		已病但可能好一点
14	[周线（-1，1），日线（1，0）]	低		已病
15	[周线（-1，1），日线（-1，0）]	高	第二恶劣	已病
16	[周线（-1，1），日线（-1，1）]	高	第一恶劣	已病

　　类似上述表格，可以按 1 分钟、5 分钟、30 分钟、日、周、月、季、年的级别分类，随时给大盘做记录。这个记录矩阵有 8 行，每一行就是对应级别的状态数组，这个矩阵可能的情况就有 4 的 8 次方个，这是一个相

当大的数字，代表了走势所有可能的状态。需要注意的是，每一种状态并不是随机变动到另外一种状态的，可变的状态是极为有限的，对这些数目有限的状态转换，可以分析出获利潜力大和出现频率高的组合，然后用计算机实时监测所有股票，在相应的状态买入，相应的状态卖出。关于哪些状态的转折效率是最高的，这是一个纯粹的数学问题，知识是有力量的，这就是一个例子。

当然，对于一般人来说，完全没必要研究这么多状态和状态转换，投资者完全可以只关心三个连续的级别，例如 1 分钟、5 分钟和 30 分钟，然后去研究它们的 64 种状态和各种状态之间的转换。

当然，仅仅用笔的两重表里关系，不足以精确地诊断市场走势，因为可能站在这重关系下看是未病，站在别的关系下就可以看出已病了，所以必须再研究另外的表里关系，例如研究基本面和技术面的表里关系等。

5.5.7　两重表里关系的辅助操作

对（1，1）和（-1，1），后面各自均只有一种情况，分析和操作都相对简单，而（1，0）或（-1，0）之后都有（1，1）、（-1，1）两种可能，这给分析和操作带来一定的挑战。以（1，0）为例子进行分析，（-1，0）的情况反过来就是。高级别走势图上（1，0）这个状态或信号是绝对明确、毫不含糊的，当下可以很容易地确定，对这同一个信号，不同的投资者有不同的处理方法。

（1）如果投资者比较谨慎，时间上也不够自由，同时不喜欢震荡行情或震荡操作的水平一般，那么一个足够高级别的走势图上（1，1）之后出现（1，0），例如周 K 线或月 K 线的（1，1）之后出现（1，0），就意味着已经有足够的获利空间，这时候，最简单的做法就是把成本先兑现出来，留下利润，让市场自己去选择。

剩下的筹码可以这样操作：如果高级别走势图上出现（-1，1），这意味着低级别走势图上肯定也出现（-1，1），那么在这个低级别走势图中，向下笔结束后出现反弹的向上笔只要不创新高，就可以把剩余筹码全部卖出。例如高级别走势图是周 K 线图，低级别就可以看日 K 线或者 60 分钟 K 线。当然，更简单的是直接看高级别的 5 周期均线，只要有效跌破，就卖出全部剩余的筹码。具体如图 5.5-8 所示。

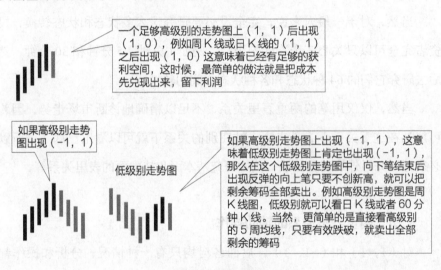

一个足够高级别的走势图上（1，1）后出现（1，0），例如周 K 线或日 K 线的（1，1）之后出现（1，0）这意味着已经有足够的获利空间，这时候，最简单的做法就是把成本先兑现出来，留下利润

如果高级别走势图出现（-1，1）

低级别走势图

如果高级别走势图上出现（-1，1），这意味着低级别走势图上肯定也出现（-1，1），那么在这个低级别走势图中，向下笔结束后出现反弹的向上笔只要不创新高，就可以把剩余筹码全部卖出。例如高级别走势图是周 K 线图，低级别就可以看日 K 线或者 60 分钟 K 线。当然，更简单的是直接看高级别的 5 周均线，只要有效跌破，就卖出全部剩余的筹码

图 5.5-8 谨慎的操作方式

（2）如果投资者喜欢震荡操作且震荡操作水平比较高，就利用高级别（1，0）后必然出现的低级别震荡进行短差操作，此时操作节奏是先卖后买，所以如果高级别走势选择了（-1，1），那么最后一次低级别卖出后就不回补了，结束低级别上的短差操作或震荡操作。

在进行短差震荡操作时，一定要分析好高级别（1，1）到（1，0）所对应的低级别走势类型，例如一个周线上的（1，1）到（1，0），其间通常会有一个低级别的上涨（当然，重大利空导致连续跌停时，可能就没有低级别的上涨），至于这个级别是 1 分钟还是 5 分钟、30 分钟，那要看具体的走势图，有两种可能的情形。①该对应的低级别上涨出现明确的背驰，可以完全确认低级别上涨结束，那么整个震荡区间，就要以低级别上

涨的最后一个中枢为依据，只要围绕着该区间，就是强的震荡，否则，高级别就大概率要变成（-1，1），就是弱的震荡了。一旦确认是弱的震荡，最好还是不参与，等高级别出现（-1，0）再确定后续的操作。②当该对应的低级别上涨没有出现背驰，那么就等低级别形成新中枢或者低级别转为高级别后，再判断背驰或盘整背驰以便确定具体操作，如果低级别的持续上涨，高级别走势最终选择了（1，1），那就按下列（3）操作。

（3）如果高级别走势最终选择了（1，1），那么这个高级别（1，0）区间通常对应一个低级别中枢，这个区间就有着极为重要的意义（笔者注：这也是前面定义分型中枢的原因）。这区间上下两段低级别的（1，1）（笔者注：不是说这区间的都能至少有 5 个 K 线构成笔，而是一种类比，但这上下两段，在低级别上通常能构成笔），就可以进行力度比较，一旦出现后一段力度小于前一段的情况，就是一个比较明确的见顶信号，然后根据对应的走势类型进行区间套定位，就能抓住真正的高点了。

5.6　底部定义和从月 K 线看中期走势演化

站在走势类型的角度，那么第一类买点出现后，在该第一类买点所引发的中枢第一次走出第三类买卖点前，都可以看成底部构造的过程，换言之，第一类买点到第一个第三类买点之间都是底部或底部区间。对第一类买点所引发的中枢，如果第三类卖点先出现，就意味着这底部构造失败了，反之，如果第三类买点先出现，就意味着底部构造成功。同理，可以定义顶部或顶部区间。

当暂时不能精确划分走势类型并进行分类时，可以站在分型的角度，对底部进行定义，只是这个定义会粗糙一点。站在分型的角度，底部就是构成底分型的那个区间，而跌破分型最低点意味着底部构造失败，反之，若有效站住分型区间上边沿，就意味着底部构造成功并至少展开一笔向上的行情，同理，顶部就是构成顶分型的那个区间。

当准备买入时，不是在底部区间之上买，而是和中枢震荡的操作一样，在区间下探失败时买入，这才是最好的买点；当准备卖出时，不是在底部区间之下卖出，而是在创新高失败时卖出，这才是最好的卖点。底部是有级别的，日 K 线图上的底分型，一般对应着分型意义上的日线级别底部，日 K 线图上的顶分型，一般对应着分型意义上的日线级别顶部。

在图 5.6-1 中，截至 2022 年 5 月 18 日收盘，5 月的月 K 线还包含在 4 月 K 线内，显然，5 月是否能构造出底分型，关键是看这个底分型区间 [2863.65，3500.29]，其中 2863.65 是 4 月的低点，3500.29 是 3 月的高点。要在 5 月成功构造出底分型，2863.65 点是不能跌破的，一旦跌破了，就马上宣告月 K 线底分型至少要到 6 月后才可能构造出。因此，即使还在 5 月中旬没到 6 月，就已经可以有一个大致的操作强弱分类空间了，只要不跌破 2863.65 点，任何分型意义上周 K 线级别以下走势，例如日 K 线上下跌的走势，都必然成为一个良好的短线买点，并且可以充分利用类似区间套的方法去找到最精确的买入位置。同样可以断言的是，在 6 月有效确认站上 3500.29 点前，月 K 线意义上的行情是没有的，最多只能看作分型意义下月 K 线级别的底部构造过程。

图 5.6-1　上证指数月 K 线图

第 6 章
缠论交易

6.1　操作准备

6.1.1　避免患得患失

在实际操作中，容易患得患失，因此一定要把理论研究明白，熟练掌握，从根本上解开自己的疑惑，知道缠中说禅技术分析理论是严格精确的，并且知道背后的原因。理论的探讨，既为了树立操作的信心，也为了对走势有精确的分析，以便指导操作，同时其心理层面的意义也是极为重要的。例如，如果对平面三角形内角之和为 180 度有疑惑，一定要去丈量每一个平面三角形的角进而证明才舒服，就会永远有心理阴影，而无法进行正常应用。只有从道理、逻辑等层面彻底掌握缠中说禅技术分析理论，才不会瞻前顾后，才能果断操作。

深入理解缠中说禅技术分析理论之后，就可以着手提高操作的精确度。一个正确的理论，应用到实际操作的结果是不同的，特别是面对瞬息万变的市场，因为应用的人的经验与心理状态不同，其结果自然有很大差异。如何提高操作的精确度呢？操作的精确度只有在操作实践中才能提高，没有操作实践，是无法提高操作精确度的。

6.1.2　改变操作惯性

部分人看到买点或卖点，但买入之后继续跌，或卖出之后继续涨，然后就怀疑理论或怀疑自己对理论的掌握程度，当再次看到买点或卖点就不敢买卖了，特别是对操作不熟练的人，这种情况非常常见。

人总有盲点与惯性，例如对习惯性多头来说，经常就是买早卖晚，而习惯性空头，就是买晚卖早，就算理论分析很到位，这种习惯性因素也会导致实际操作与理论所要求的操作在时间上有偏差。因此刚开始操作时，对买卖点的判断和把握，通常达不到理论所确立的精确度，要改变这种习惯性力量，不是一天两天的事情。

一般来说，应用理论开始实际操作前，要先看懂所有已经出现的走势，能用理论对已有的走势进行分析，如果达不到这个层次而进行操作，节奏一定乱，结果也不会好。在能看懂已有走势的基础上，可以先进行一段时间的模拟操作。当下用心进行模拟操作，将每次的操作都记录下来，并不断根据后续的走势来总结，发现自己对理论理解的问题，不断修正。当有足够把握后，才开始真正的买卖操作。如果一开始就真正买卖，绝大多数投资者都会方寸大乱，无论操作成功还是失败，都会迷失在盈亏中，而忽略了操作上的问题。

因此，首先要把静态的、已有的图形分析清楚，然后进行动态的、当下的分析，最后才是实际的操作。在实际交易时，要把心态放平稳，不要整天去计算今天少挣多少等问题。说白了，如果没有一套有效的方法，只要继续在市场里交易，赚的钱从本质上就不是自己的，只是暂时存在那里。操作技术，是需要磨炼的，一旦操作技术磨炼到位，赚钱就是自然而然的事情，只要有足够的时间，就能挣到较多的钱。

另外，学习缠中说禅技术分析理论，并不意味着不看其他理论或方法，但其他理论或方法都只能是辅助。

6.1.3　买卖不同构

在市场里，买是钱换筹码，卖是筹码换钱。钱的金额是与时间无关的，今天的 1 元明天还是 1 元，只要钱还是钱，就是不变的。而筹码不是，今天的筹码价值与明天的筹码价值很可能会不同，而筹码的数量不变是没意义的，因为最终算的还是钱。由于时间的不可逆，因此（钱－筹码）与（筹码－钱）这两个结构，就不是同构的，因此相应的买和卖也不同构。

高级走势类型的底部区间，通常有复杂的中枢延伸或中枢扩展，因此，对于一个高级别的买入过程，或者说一个大的建仓过程，买卖必然是反复进行的，买中有卖，不断灵活地根据当下的走势去调整建仓的成本与数量，以便取得足够的、成本不断降低的筹码。注意，底部不一定就是在一个水平线上中枢震荡或中枢扩展，还可以是斜率较小但充满剧烈波动、比较复杂的通道式上涨。

在一些较高级别的底部区间，例如日线以上的底部区间，第一类买点前后震荡磨底的过程很熬人，多数个人投资者难以忍受，顶部区间也有同样的现象。因此，对于一般个人投资者而言，不要急于在第一类买点买入，可以在第二类买点出现后才考虑买入，或者等第三类买点出现再买入。换句话来说，对于中小投资者，用右侧交易建仓，用左侧交易离场。具体来说就是，在做多时，例如做多股票，建仓时用右侧交易，即在第二类、第三类买点时买入；减仓和清仓时用左侧交易，即在第一类卖点附近卖出。在做空时，例如做空商品，建仓时同样用右侧交易，即在第二类、第三类卖点卖空，减仓和清仓卖出时用左侧交易，即在第一类买点附近平掉空单。但如果资金有一定规模，需要一定数量的筹码，或者要为以后储备经验，一个至少从第二类买点开始、部分利用震荡磨底的操作是必须的，在这一过程中有充分利用底部震荡降低成本、增加筹码的必要，并借此过程熟悉股票的股性，为后面可能出现的多次大涨与调整做好准备。

股票运转的模式，归根结底，就是不同级别的中枢震荡与中枢移动的组合，每只股票都一样。但每只股票都有其独特的股性，主要表现在频率、幅度、形态复杂度等方面，这也是依据同一模式展开的走势，最终却呈现千差万别图形的原因所在。

6.1.4 资金管理

对于小资金来说，资金管理不算一个特别大的问题，但随着利润的积累，资金越来越大，资金管理就成了重要的事情。一般来说，只要有较高的技术，将资金从万元级增加到千万元级，不是什么难事。但千万元级以后，就很少有人能使资金稳定地持续增长了。绝大部分短线投资者，资金积累到一定量后，就进入滞涨状态，一旦进入高级别的调整，就被打回原形。好的资金管理，才能保证资金积累的长期稳定，在某种程度上，这比任何的技术都重要，而且是越来越重要。因此，在最开始就养成好的资金管理习惯，是非常重要的。

资金必须是长期无压力的资金，加杠杆或借来的钱，必然有期限和压力，故千万不要借钱炒股，也不要加杠杆炒股，不能把自己放置在一个危险的境地，背水一战、置之死地而后生不是面对资本市场应该采取的态度。这样的态度，可能一时成功，但最终必然失败。

技术分析的重要意义在于，让投资者知道市场目前是什么状态，市场目前在什么位置，投资者该干什么；同时也让投资者知道，该如何持有股票，如何把一个低级别的持有逐步转化为高级别的持有，又如何退出。从这一方面来讲，技术分析是为资金管理服务的，投资的最终目的不是持有股票，而是获得资金的增长。

一个简单又有效的资金管理方法，就是在成本变为 0 以前，先把成本变为 0；当成本变成 0 以后，就开始挣股票，直到股票见到历史性大顶，也就是至少出现月线以上的卖点。股票不断上涨，就不断加仓，这是最坏的习惯，最终一定会出问题。在没有加杠杆、借钱炒股的前提下，买股票，宁愿不断跌不断买，也绝对不要追涨。投入资金买一只股票，必须要有仔细、充分的准备，这如同军队打仗，不做好准备基本不可能赢。在基本面、技术面等方面都研究好了，交易就要坚决，一次性买入。如果连一次性买入的信心都没有，那就证明根本没准备好，那就一股都不要买。买入以后，如果没有上涨，除非证明买入的理由没有了，且技术上出现严重的失误，否则不能抛一股，而且可以用部分机动的资金去做短线，让成本降下来，但每次短差，一定不能增加股票的数量，这样，成本才可能真的降下来。有些投资者喜欢越买越多，这其实不是什么好习惯，股票该买多少，该占总体资金多少，一开始就应该研究好，投入以后就不能再增加。

股票开始上涨后，一定要找机会把股票的成本变成 0，除了途中利用低级别不断弄短差外，还要在股票达到 1 倍涨幅附近找一个高级别的卖点卖出部分股票，把剩下的股票持仓成本降为 0。这样，原来投入的资金就全部收回来了。当股票成本为 0 以后，就要开始挣股票。也就是利用每一个短差，在高点附近卖了以后，把得到的资金全部在低点附近回补，这样股票就越来越多，而成本还是 0。

这种利用中枢震荡的机会，把成本降为 0 的原则，是资金管理中针对每只股票的最大原则，按照这个原则，不仅可以进行最安全的操作，而且可以赢得最大的利润。特别是挣股票的阶段，一般一只股票，中枢震荡的时间都占一半以上，如果一只股票在上涨后出现高级别盘整，只要超高级别卖点没出现，利用中枢震荡低买高卖或高卖低买，不仅会把涨 1 倍时卖掉的股票全部买回来，甚至可以增加到比底部最初买入的数量还要多很多的持股数量。一旦股票再次启动，就拥有比底部最初持仓量还多的但成本为 0 的股票，这才是让人安心持有并等待上涨获利的持仓。一个合理的持仓结构就是拥有的 0 成本股票越来越多，一直到高级别上涨结束前，才把全部股票清仓。这样，才能建立资金管理最稳固的基础。

6.1.5　交易节奏

在交易时，一定要远离聪明、机械操作，"买点买，卖点卖"是唯一正确的交易节奏。聪明可以用来识别买卖点，但买卖操作的时候一定要机械执行，不聪明的机械执行才是真正的聪明。"买点买，卖点卖"说起来很简单，做起来却很难，买点总在下跌中形成，恐惧会阻止投资者买入，卖点总在上涨中形成，贪婪会阻止投资者卖出。投资者一旦被恐惧与贪婪支配，那么亏损就是最可能的结果。

在市场中，没有任何人是值得信任的，只能投资者自己去把握。市场中，唯一值得信任的就是市场的声音、市场的节奏，这需要用心去倾听，用一颗战胜了恐惧与贪婪的心去倾听。市场的声音，永远是当下的，任何人，无论之前有多么辉煌，在当下的市场中，都要从头再来，只要有一刻被恐惧与贪婪阻隔了对市场的倾听，那么就会走向失败，除非能猛醒，否则只有亏损这一个结果，而且亏损是按比例进行的，1亿元与1万元，变成0的速度是一样的。

买点买，买点只在下跌中，没有任何股票值得追涨；卖点卖，没有任何股票值得杀跌。站在交易操作的角度，买点上的股票就是好股票，卖点上的股票就是坏股票，这就是好股票和坏股票的分类标准（笔者注：站在选股的角度，则有其他标准，如基本面好、成长性好等）。即使搞不懂什么是买点卖点，但有一点是必须要懂的，就是不能追涨杀跌，就算是第三类买卖点，也是分别在回调与反弹中形成的，根本不需要追涨杀跌。

买卖点是有级别的，高级别能量没耗尽时，一个低级别的买卖点引发高级别走势的延续，那是非常正常的。但如果一个低级别的买卖点和高级别的走势方向相反，而该高级别走势没有任何结束的迹象，这时候参与低级别买卖点，就意味着要冒着高级别走势延续的风险，这是典型的刀口舔血。市场中不需要频繁买卖，战胜市场，需要的是准确率，而不是买卖频率。

在市场中的操作是可以精心安排的，当买入时，必须有一套程序，必须问自己：这是买点吗，这是什么级别的什么买点，高级别的走势如何，当下各级别的中枢分布如何，大盘的走势如何，该股所在板块如何，而卖点的情况类似。只有分析清楚股票的走势，操作才能得心应手。

如何提高买卖点判断的精度，是一个理论学习与不断实践的问题，精度可以提高，但节奏不可以乱，节奏比精度更重要。在形成市场直觉之前，无论买卖点判断的水平如何，即使是初学者，也必须以此节奏来要求自己，必须强迫自己去严格执行。对于初学者，一定不能采取低级别的操作，本来对买卖点的判断精度就不高，如果还用低级别操作，那出现失误就是常态。对于初学者，按照 30 分钟的级别来进出，是比较好的。级别越低，对判断的精度要求越高，而且低级别的频繁交易，会导致很多失误，这会使心态变坏。

与市场当下的节奏对抗的结果是痛苦与折磨。所谓的心态好，不是忍受市场的折磨，而是一旦发现节奏错误，就马上调整节奏以跟上节奏。一味忍耐在市场中是完全错误的，只要还有战斗的能力，那么就有翻身的机会。错过第一类买卖点，还有第二类买卖点，错过第二类买卖点，还有第三类买卖点，三类买卖点就是市场给的三次改错的机会。

6.1.6　两种基本操作

很多投资者都以为买入和卖出才是股票的操作，是股票交易的所有。其实，对于每一笔交易来说，买入卖出，1 秒都不用就完成了，更多、更长时间存在于买入与卖出之间的两种基本的操作——持股与持币。

假设按 30 分钟级别操作，那么，在一个 30 分钟的买点买入后，就进入持股操作，根据缠中说禅技术分析理论，可以很明确地知道，一个 30 分钟的卖点必然在前面等着，这个卖点宣告从 30 分钟买点开始的走势类型结束。在这个卖点到来之前，就只在持股这一操作里。当这个 30 分钟的卖点出现时，卖出，然后就进入持币的操作里，直到一个 30 分钟的买点出现。持股与持币，归根结底就是一种等待，等待被理论保证的买卖点。所有股票的操作，归根结底，只有两个字——等待。

市场的买卖点是生长出来的。买卖点的生长过程，就是一个具体的走势类型的生灭过程。这里用一个 30 分钟第一类买点 a 开始的 30 分钟走势类型为例子，进行走势类型生灭过程的说明。一个 30 分钟的走势类型，最低标准，就要形成一个 30 分钟的中枢。走势一旦形成 30 分钟中枢，成为 30 分钟的走势类型，那么这个走势类型就可以随时结束。最弱的走势类型，就是该中枢一完成就结束，在该例子里，从 a 点开始，三段重叠的 5 分钟走势类型结束后，该 30 分钟走势类型就结束了。用 A_1、A_2、A_3 来依次代表这三段 5 分钟走势类型，显然，从 a 开始的这 30 分钟走势类型就可以用 $A_1+A_2+A_3$ 表示。那么，在实际操作中，如何事先判断是否真的将形成这种最弱的走势呢？答案是没有办法，不仅不可能事先判断出是否真的要出现这种最弱的走势类型，而且走势类型的任何可能性都不可能被事先确认，这说明什么呢？这说明预测是毫无意义的，走势是交易出来的，是市场合力的结果，而不是被事先确定的，市场的方向由所有参与者的合力决定，任何人都不可能事先确定市场走势类型的所有细节。

如果一切都不可以预测，那么缠中说禅技术分析理论有什么意义呢？虽然不可以预测一切细节，但一切走势的可能结构与类型，是可以分类的，每一类之间都有着明确的界限，因此，唯一需要的就是观察市场当下的走势，让市场去选择可能的结构与类型，然后根据市场的选择来选择。任何规模的资金，归根结底都只是市场的分力，不是合力本身，因此需要观察市场当下的反应，根据市场当下的反应来选择。无论后续的走势类型是什么，有两点是明确的：①买卖点操作后，等待是一个关键的过程，必须密切关注相应的走势类型的生长与分类选择，这一切都是当下的。②买卖点本质上是走势类型的生长状况与分类决定的，反过来，某些买卖点的出现，又使得走势类型的生长状况分类有一个明确的界定，这些都是观察市场细节的关键之处。

6.1.7　走势的当下性

走势有其节奏，操作股票时一定要按照走势的节奏来，在买点买，在卖点卖。但股票走势的节奏，都是当下赋予的，只能在当下把握。

例如，一个 30 分钟的 $a+A+b+B+c$ 的向上走势，不可能在 A 走出来后就说一定有 B，这样等于是在预测，等于假设有一种神秘的力量确保 B 必然存在，而这是不可能的。那么，如何决定在 b 段里是卖还是不卖呢？这个问题的答案很简单，不需要预测，因为在 b 段是否卖出，是由 b 段当下的走势决定的。如果 b 段和 a 段相比，出现明显的背驰，那就意味着要卖出，否则，就不卖出。参考 b 段的 5 分钟以及 1 分钟 K 线图，会明确地看到 b 段的结构，感受到 b 段是如何生长的。在任何时刻，30 分钟级别的 $a+A+b$ 和 b 内部的走势都会构成一个当下的结构，只要这个当下的结构没有符合区间套背驰的卖出条件，那么就一直等待着，等走势在 30 分钟延伸出足够的力度，使得背驰不再成立。

具体来说，在上面 30 分钟的 $a+A+b+B+c$ 的向上走势例子里，A 是已出现的，是一个 30 分钟的中枢，这可以用定义严格判别，没有任何含糊的地方。而 b 段一定不可以出现 30 分钟的中枢，也就是说，b 段的中枢最多只能是 5 分钟级别的。在 5 分钟级别走势类型向上离开 30 分钟级别中枢后，如果 b 和 a 相比背驰，此时一旦 5 分钟级别走势内部出现背驰就卖出，然后如果一个 5 分钟级别走势类型回拉不回到 30 分钟级别中枢里，就意味着出现第三类买点，那就回补；如果 b 段刚形成一个 5 分钟级别的走势，或者只形成一个 1 分钟级别的走势，就已经使得 30 分钟的走势中不可能出现背驰的情况，那么就可以有足够的时间去等待走势的延伸，等待形成一个 5 分钟的中枢，一直到 5 分钟的走势出现背驰，这样就意味着 B 要出现了，一个 30 分钟的新中枢要出现了。此时是否卖出，就和投资者的资金、操作程序、习惯等有关了，如果投资者喜欢短线交易，此时就可以卖出一点，等这个中枢的第一段出现后回补，第二段高点看 5 分钟或 1 分钟的走势，如果背驰也卖出，第三段下来再回补，然后就看这个中枢能否继续向上突破走出 c 段。注意，c 段并不是一定要有的，就像 a 段也不是一定要有的。要出现 c 段，如同要出现 b 段，都必须先有一个 30 分钟级别中枢的第三类买点出现。所以，操作就很简单了，每次 5 分钟级别走势类型向上离开 30 分钟级别中枢后，一旦 5 分钟级别走势内部出现背驰就卖出，然后如果一个 5 分钟级别走势类型回拉不回到 30 分钟级别中枢里，就意味着有第三类买点，那就回补并等待 c 段的向上。而判断在 c 段是否卖出的操作和 b 段的操作是一样的，完全可以按当下的走势来判断，无须任何的预测。不背驰，就意味着还有第三个中枢出现的可能，以此类推。显然，上面的操作，不需要去预测什么，只要能感应到走势当下的节奏即可，而这种感应也不神秘，就是会按定义去看走势图和进行分析而已。走势的当下性和分析方式如图 6.1-1 所示。

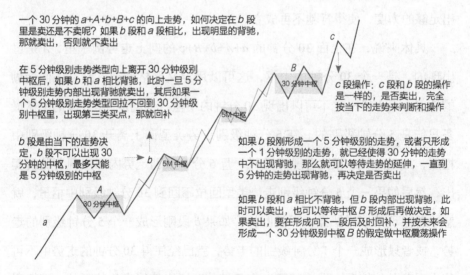

一个 30 分钟的 $a+A+b+B+c$ 的向上走势，如何决定在 b 段里是卖还是不卖呢？如果 b 段和 a 段相比，出现明显的背驰，那就卖出，否则就不卖

在 5 分钟级别走势类型向上离开 30 分钟级别中枢后，如果 b 和 a 相比背驰，此时一旦 5 分钟级别走势内部出现背驰就卖出，其后如果一个 5 分钟级别走势类型回拉不回到 30 分钟级别中枢里，出现第三类买点，那就回补

b 段是由当下的走势决定，b 段不可以出现 30 分钟的中枢，最多只能是 5 分钟级别的中枢

c 段操作：c 段和 b 段的操作是一样的，是否卖出，完全按当下的走势来判断和操作

如果 b 段刚形成一个 5 分钟级别的走势，或者只形成一个 1 分钟级别的走势，就已经使得 30 分钟的走势中不出现背驰，那么就可以等待走势的延伸，一直到 5 分钟的走势出现背驰，再决定是否卖出

如果 b 段和 a 相比不背驰，但 b 段内部出现背驰，此时可以卖出，也可以等待中枢 B 形成后再做决定。如果卖出，要在形成向下一段后及时回补，并按未来会形成一个 30 分钟级别中枢 B 的假定做中枢震荡操作

图 6.1-1　走势的当下性和分析方式

那么，30 分钟的 $a+A+b+B+c$ 里，这里的 B 一定是 A 的级别吗？假设这个问题，同样是不理解走势的当下性。当只出现 $a+A+b$ 时，是不可能知道 B 的级别的，根据缠中说禅技术分析理论，知道的是只要 b 不背驰，那

B 至少和 A 同级别，同时也完全有可能出现 B 比 A 的级别高的情况。一旦 B 的级别比 A 的级别高，就不能说 $a+A+b+B+c$ 就是某级别的上涨了，而是 $a+A+b$ 成为一个 $a`$，成为 $a`+B$ 的意义了。但无论是哪种情况，在当下的操作中都没有任何困难，例如，当 B 扩展成日线中枢，那么就要在日线级别上确定操作意义，也就是说，其后如果有 c 段，那么就用日线的标准来看其背驰或盘整背驰，这一切都是当下的，如图 6.1-2 所示。至于中枢的扩展，都有严格的定义，按照定义操作就行。因此，投资者必须随时读懂市场的信号，这是应用缠中说禅技术分析理论最基础、最根本的一点，如果连市场的信号、节奏都看不明白，其他的一切都毫无意义。在中枢里，利用好各种次级别的背驰或盘整背驰，是容易打短差降成本的。

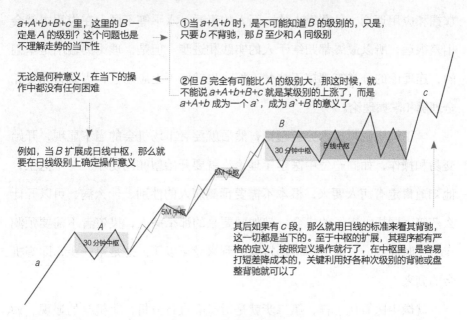

图 6.1-2　中枢升级后的分析方式

　　还有一点也要注意，就是看明白了市场的信号和节奏，却不按信号操作，老抱着侥幸心理，这样也是操作不好股票的。按照区间套的原则，一直可以追究到盘口的信息里，如果在一个符合区间套原则的背驰中发现盘口的异动，那么就能在精确的转折点操作。缠中说禅技术分析理论从市场的根源上考察市场，一旦掌握，就可以结合各种理论，把基本面、政策面、资金面、主力资金盘口信息等因素都结合起来，这些因素如何起作用、有效与否，都在这市场的基本走势框架上反映出来。

由于市场是当下的，投资者的思维也应该是当下的。

6.1.8　理论和操作

学中医，首先要把中医的理论、系统、思维方法、分类原则等给搞明白，按照中医的系统，所有的病都有一个对应的理论输出，并与实际相符合，缠中说禅技术分析理论也一样，所有的市场机会都会被缠中说禅技术分析理论一一对应地输出。仅仅知道理论输出，基本没有什么用，因为掌握和应用理论，是要靠人的，而人的素质、水平等不同，在应用中就会相差很远，所以最终都归结于人的实践和进步。但是，理论的输出是基础的，连理论的分类等都搞不清楚，那么也就谈不上应用了，因此首先要完全理解和掌握理论。

学了缠中说禅技术分析理论，然后就要看市场机会的当下显现，开始交易和操作，如同一位中医学了理论，就要开始望闻问切了。一个医生，他知道肯定有病人要来，根本不需要预测病人的性别、什么病、可以开什么药等。同样，市场的机会，就如同要来的那个病人，投资者不需要预测点位、时间等，只需要等市场机会的到来就可以了。这是第一步，即等机会的到来。

就像中医看病一样，第二步就是对机会进行分析，看机会的显现。如同中医，能熟练地望闻问切，那是需要功夫的，需要在实践中提升能力。所以开始的时候看走眼也是正常的，通过多看多实践，能力就会慢慢提升，因此一定要多看走势图，多进行分析。

望闻问切成了，后面就是操作这一最难的第三步了。操作，就如同中医开药方，不会开药方，前面望闻问切都是白搭，同样，操作也是这样，熟练掌握理论只占做好交易的 10%，剩下 90% 靠个人的操作。

具体说，就是在一般程度上，必须遵守买卖点的原则去买卖。这就如同写格律诗，开始的时候，必须严格按格律来，如果没有按格律来，那是水平问题，当对格律已经得心应手时，就可以根据诗歌的内容，自设声律，这时，就达到出神入化的境界了。而操作，同样如此。

6.2　市场分析、预测和机会

6.2.1　分型结构的心理因素

通过当下走势，可以观察市场参与者的心理活动。心理，不是虚无缥缈的，最终必然会留下痕迹，这就是市场走势。那些具有自同构性的结构，例如分型，就是观测市场心理的科学仪器。因此，从某个角度可以说缠中说禅技术分析理论就是市场本身现实逻辑的直接显现。

显然，一个顶分型之所以成立，是因为卖的分力最终战胜了买的分力，而其中，买的分力有三次的努力，而卖的分力，有三次的阻击。用最标准的已经包含处理过的三根 K 线构成的顶分型为例进行说明：第一根 K 线，买的分力向上攻击形成一个高点，被卖的分力阻击后，出现回落，这个回落，出现在第一根 K 线的上影部分或者第二根 K 线的下影部分；第二根 K 线，买的分力再次向上攻击，出现一个更高的高点，但这个高点，显然与第一根 K 线的高点中出现的买的分力，一定在低级别上出现力度背驰，从而至少制造了第二根 K 线的上影部分；第三根 K 线，买的分力第三次向上攻击，但这个攻击，完全被卖的分力击败，从而不能成为一个新高点，在低级别上，大致出现一种第二类卖点的走势。具体如图 6.2-1 所示。

显然，一个顶分型之所以成立，是因为卖的分力最终战胜了买的分力，而其中，买的分力有三次的努力，而卖的分力，有三次的阻击

第二根K线，买的分力再次向上攻击，出现一个更高的高点，但这个高点，显然与第一根K线的高点中出现的买的分力，一定在低级别上出现力度背驰，从而至少制造了第二根K线的上影部分

第三根K线，买的分力第三次向上攻击，但这个攻击，完全被卖的分力击败，从而不能成为一个新高点，在低级别上，大致出现一种第二类卖点的走势

第一根K线，买的分力向上攻击形成一个高点，被卖的分力阻击后，出现回落，这个回落，出现在第一根K线的上影部分或者第二根K线的下影部分

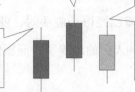

图 6.2-1　顶分型的形成

　　由此可见，一个分型结构的出现，如同中枢，都要经过一个至少三次反复较量的过程，只是中枢用的是三个次级别走势类型。所谓一而再、再而三、三而竭，所以一个顶分型就这样出现了，而底分型的情况，与之相反。对三根K线形成顶底分型的不同情况，可以深入分析。

　　首先，一个完全没有包含关系的分型结构，意味着市场多空双方都直截了当，没有太多犹豫。只要不是直接以长阴线把阳线吃掉，或者不是直接以长阳线把阴线吃掉，包含关系通常意味着犹豫和不确定的观望等待，一般在低级别上，都会有中枢延伸、扩展之类的东西，这里以原油主力连续合约日K线图为例，如图6.2-2所示。读者应该还记得，在本书的第1章，我们说过K线不分阴阳，这里又在说阳线、阴线、长阳线、长阴线等概念，这并不矛盾。前面说不分阴阳，有两个原因，一是不需要分阴阳，二是没有开盘价和收盘价分不了阴阳。现在在此处又分阴阳，那是因为我们考虑了开盘价和收盘价，而且高级别K线图上的开盘价和收盘价有较大的辅助作用，我们就又用了阴阳的概念。K线分阴阳，这不是缠中说禅技术分析理论的要求，但也完全符合缠中说禅技术分析理论的全部要求。

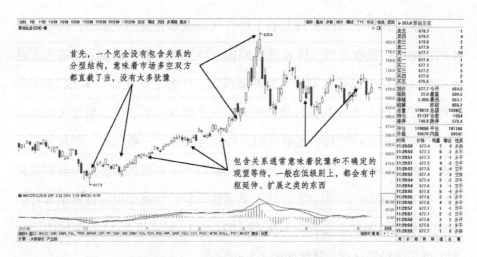

图 6.2-2　原油主力连续合约日 K 线图

其次，还是用没有包含关系的顶分型为例子。如果第一根 K 线是长阳线，而第二、第三根都是小阴线、小阳线，那么这个分型结构的意义就不同了，在低级别上，一定显现出低级别中枢上移后低级别新中枢的形成，一般来说，这种顶分型，成为真正顶的可能性很小，绝大多数都是中继分型。例如，民企 100 指数（399362）日 K 线 2022 年 6 月 6 日、7 日、8 日这三根 K 线组成的顶分型，以及 6 月 17 日、20 日、21 日这三根 K 线组成的顶分型，最终都是中继型顶分型，如图 6.2-3 所示。

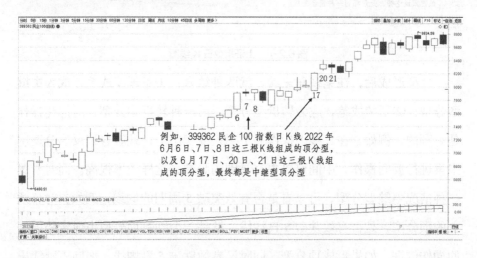

图 6.2-3　民企 100 指数（399362）日 K 线图

再次,如果第二根 K 线是长上影线甚至就是直接的长阴线,而第三根 K 线不能以阳线收在第二根 K 线区间的一半之上,那么该顶分型的力度就比较大,最终要延续成笔的可能性就极大。例如上证指数日 K 线 2021 年 9 月 8 日至 15 日形成的顶分型,里面有一个包含关系,但这包含关系是直接以长阴线把阳线吃掉,是最坏的一种包含关系。一般来说,非包含关系处理后的顶分型中,第三根 K 线如果跌破第一根 K 线的底而且不能高收到第一根 K 线区间的一半之上,属于最弱的一种,也就是说这顶分型有着较强的杀伤力,例如上证指数日 K 线 2021 年 12 月 9 日至 14 日形成的顶分型,就是这种顶分型。具体如图 6.2-4 所示。

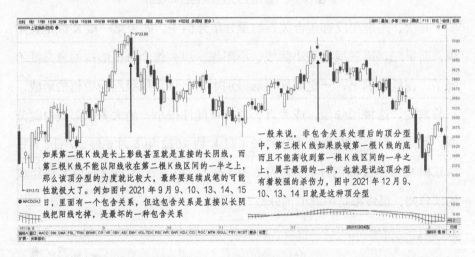

图 6.2-4　上证指数日 K 线图

分型形成后,在笔视角来看,就两种结果:①不延续成笔,成为中继型分型;②延续成笔,成为转折型分型。后一种转折型分型,对简化操作是有利的,例如,在日线上操作完(买入或卖出),就等着相反的分型出来再进行反向操作,中间可以去交易别的股票,这样效率很高。而对于第一种情况中继型分型,可以看是否有效突破 5 周期的均线,例如,对日线上的顶分型,是否有效跌破 5 日均线,就是一个判断顶分型类似走势很好的操作依据,如果形成顶分型,同时又有效跌破 5 日均线,那向下延续出一笔的可能性就大增，即便最终没有回调一笔，也会以时间换空间，震荡好几天。对底分型，在其形成后，同理可以判断后续走势。

不过，更精确简单的判断方法是看这个分型所对应的低级别中枢里，是否出现第三类买卖点，该第三类买卖点之后是否出现中枢移动。例如，对于一个顶分型，该顶分型成立后，对于该分型区间在低级别里一定形成某级别的中枢，选择其中最高的一个，例如日线顶分型后，可以找到相应的 5 分钟、1 分钟或更低级别的中枢，一般最高的就是 5 分钟，30 分钟没可能，因为时间不够。如果该 5 分钟中枢、1 分钟中枢或更低级别的中枢出现第三类卖点，并且该卖点不形成中枢扩张的情形，那么几乎可以肯定，一定在日线上要出现笔了。对这种顶分型，可以肯定，如果没有出现向下笔而是最终有效破坏该顶分型，那一定要出现某级别的第三类买点，否则就算有短时间的新高，也一定是向上突破后快速回调。因此，结合低级别的中枢判断，顶分型是否延伸为笔，是一目了然的。对底分型，在其形成后，同理可以判断是否延伸为向上笔。

一般来说，可以把分型与低级别走势类型结合操作，例如将日线与 1 分钟或以下级别的走势类型相结合。如果一个低级别的中枢震荡中，连日 K 线顶分型结构都制造不出来，那么，就没必要卖出，就算做短差也要控制好数量。因为没有分型，就意味着走势没结束，随时可以创新高。而一旦顶分型成立，必然对应着低级别走势的第一、第二类卖点，其后，关键看新形成中枢的第三类买卖点：一般情况下，如果是中继的，都是第三类卖点后形成中枢扩展，也就是有一个绝妙的盘整底背驰可以重新买入，这样等于利用分型搞了一个美妙的短差，又不浪费其后的走势；如果低级别第三类买卖点后形成趋势，那大概率是转折型分型。简言之，对一个分型，到底是中继形态还是转折形态，可以通过低级别走势预判。这种现象，其实不停地出现，比如中证 1000 指数周 K 线图上 2022 年 7 月 8 日那周的顶分型，就是一个完美的中继型顶分型，在 5 周均线支撑和 3 分钟级别盘整背驰的共同作用下形成。具体如图 6.2-5 和图 6.2-6 所示。

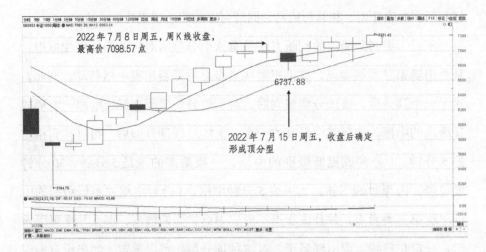

图 6.2-5　中证 1000 指数周 K 线图（2022 年下半年）

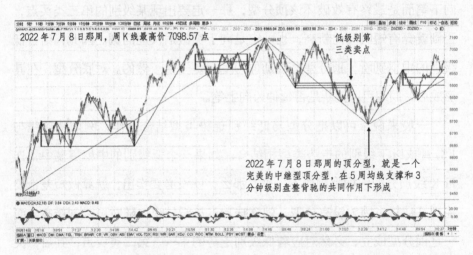

图 6.2-6　中证 1000 指数 3 分钟 K 线图（对应周 K 线顶分型部分）

在利用分型的实际操作中，例如利用顶分型，卖了以后一定要注意是否回补，如果一旦确认是中继型顶分型，就应该回补，否则就等着形成笔后再说。一般而言，确认中继型顶分型后，如果其后的走势在相应低级别出现背驰或盘整背驰，那么下一个顶分型，是中继型的可能性将大幅度降低。中继分型，有点类似刹车，踩一次刹车不一定完全刹住，但第一次刹车后如果车速已明显减慢，证明刹车系统是有效的，那么第二次刹住的机会就极大了。

6.2.2　分型结构的辅助操作

一般而言，如果想利用分型辅助操作，至少要用日 K 线或日 K 线以上级别的分型，当然，从理论角度来说，30 分钟级别的分型也可以，但一旦碰上快速变动，准确率可能会大幅降低，因此，尽量用日线、周线、月线、季线这样级别的 K 线图上的分型。

例如，央视 50 指数（399550）日 K 线（见图 6.2-7），2021 年 12 月 14 日、2022 年 4 月 7 日、2022 年 7 月 6 日等交易日，开盘后，股价冲高但没有突破前一天高位，当天最低价和收盘价均跌破前一天低点，构成典型的顶分型走势。

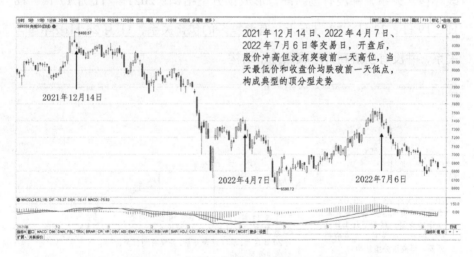

图 6.2-7　央视 50 指数（399550）日 K 线图

中国平安（601318），2022 年 12 月 11 日这周，股价高开后，在周 K 线上没有突破前一周高位，但最低价和收盘价均跌破上一周低点，形成典型的顶分型走势，如图 6.2-8 所示。

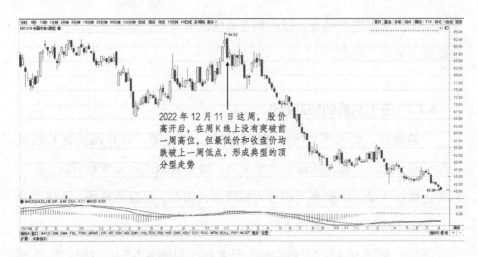

2022年12月11日这周，股价高开后，在周K线上没有突破前一周高位，但最低价和收盘价均跌破上一周低点，形成典型的顶分型走势

图6.2-8　中国平安（601318）周K线图

　　传音控股（688036）日K线图（见图6.2-9），2021年6月28日、29日、30日三天，有包含关系，是比较复杂的类型，然后7月1日这天，破坏包含关系，并没有创新高，形成顶分型结构；2021年11月17日、18日、19日、22日、23日五天，有更复杂的包含关系，11月24日破坏包含关系，并没有创新高，形成顶分型结构。

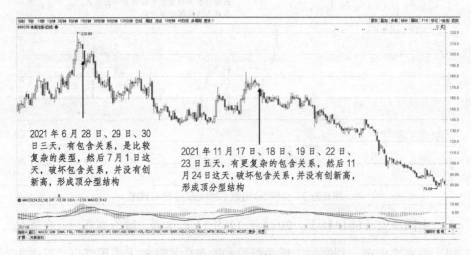

2021年6月28日、29日、30日三天，有包含关系，是比较复杂的类型，然后7月1日这天，破坏包含关系，并没有创新高，形成顶分型结构

2021年11月17日、18日、19日、22日、23日五天，有更复杂的包含关系，然后11月24日这天，破坏包含关系，并没有创新高，形成顶分型结构

图6.2-9　传音控股（688036）日K线图

　　顶分型结构后，必然会形成底分型结构，但底分型结构与顶分型结构之间可能不存在独立的K线，也就是说形成顶分型之后，并不一定构成向

下笔，但一般来说，如果顶分型后有效跌破 5 周期均线，后续即便不向下形成一笔，也会用时间换空间，震荡好几天。例如图 6.2-10 中，上证指数在 2007 年 10 月 16 日股价见顶，10 月 26 日周五形成周 K 线顶分型且收盘价低于 5 周均线，后续形成向下一笔。

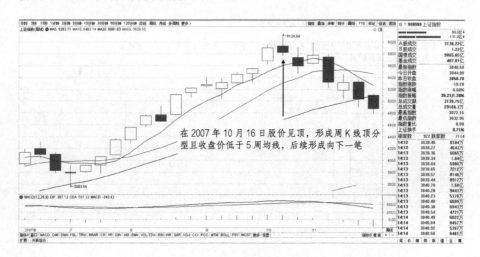

图 6.2-10　上证指数周 K 线图

顺鑫农业（000860）日 K 线图（见图 6.2-11），2022 年 6 月 9 日、22日两次形成典型的顶分型结构，并跌破 5 日均线，后面没有形成笔，但在 5日均线上下震荡了好几天，使得几条均线纠缠起来，然后股价才再次上涨。

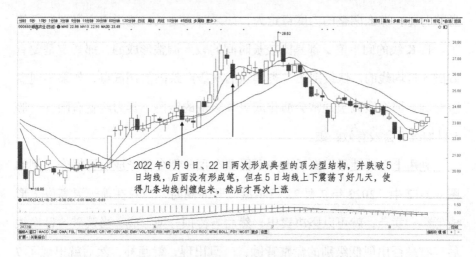

图 6.2-11　顺鑫农业（000860）日 K 线图

顶分型形成后，如果没有有效跌破 5 日均线，通常是中继型顶分型。例如，钱江摩托（000913）日 K 线图（见图 6.2-12），2022 年 5 月 27 日、6 月 1 日、7 月 22 日多次构成顶分型，然后向下突破 5 日均线后快速反弹，继续上涨创新高。

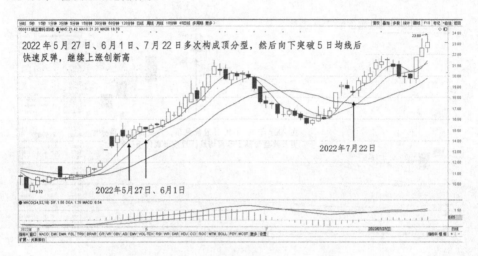

图 6.2-12　钱江摩托（000913）日 K 线图

需要注意的是，利用顶分型进行操作时，必须配合低级别的图。本质上，分型都是在某低级别的第一、第二类买卖点成立后出现的。用卖点来说，如果某低级别第二类卖点后该低级别的次级别跌破前期低点且不形成盘整背驰，那么调整的力度肯定大，如果时间延长，就形成高级别向下笔了。日 K 线的向下笔，都是比较长时间的较大调整形成的，那肯定是要有效破 5 日均线的，低级别第二类卖点后次级别跌破前期低点，如果出现盘整背驰，那么该调整通常会演化成更高级别的震荡，其力度就有限，一般 5 日均线不会被有效跌破。

利用上面的性质，实质上并不需要在顶分型全部形成后再操作，例如图 6.2-12 中，2022 年 7 月 22 日早盘低开冲高时，一看在前一天高位下形成低级别卖点，就可以坚决卖出，然后等待顶分型形成，当跌破 5 日均线后，看是否出现低级别的盘整背驰，一旦出现，就回补，然后就出现了 7

月 23 日的上涨走势，一卖一买之间，大约 4% 的收益就产生了。说起来容易，交易起来就不一定了，这操作的难点在于以下几方面。

（1）必须与低级别的第二类买卖点结合起来看。如果看不明白低级别走势，只看今天冲起来没突破前一天高位或没跌破前一天低位，这样操作的效果不会太好。

（2）要利用好盘整背驰。利用好盘整背驰就不会漏掉回补，或者是非盘整背驰而回补早了。一般来说，如果出现非盘整背驰的情况，一定要等待背驰出现后才可以回补。

在理论上，高级别的分型和某低级别的第一、第二类买卖点并不存在绝对的对应关系，有前者一定有后者，但有后者并不一定有前者，所以前者只是一个辅助。换句话说，有高级别的分型，必然有某低级别的第一类和第二类买卖点，但有某低级别的第一类和第二类买卖点，却不一定有高级别分型。因为高级别分型并不一定出现，所以高级别分型只能是一个辅助，不是最终的操作依据，最终的操作依据只能是必然出现的中枢、走势类型、背驰、盘整背驰和第一、第二、第三类买卖点。

再强调一下，还是以图 6.2-12 为例，依据顶分型卖出，要在顶分型的第三根 K 线冲高时卖出，而不是收盘等顶分型都很明确了再卖。例如 2022 年 7 月 22 日早盘低开形成顶分型但没有有效跌破 5 日均线，随后冲高，只要当天冲高不破前一天即 7 月 21 日的高点 19.64 元，肯定就是顶分型，这不需要收盘才知道，一开盘就知道了（因为开盘价低于前一天的最低价）。第二天的回补关键看 5 日均线是否被有效跌破，这里判断的关键，其实不在 5 日均线，而在低级别的是否盘整背驰上。

这些都需要不断磨炼才能操作自如，最好的磨炼就是多看图，并感受走势生长的过程。一般而言，除深入学习和研究理论之外，多看图是不断提升自己的必经之路。

6.2.3 当下和中枢关系的完全分类

对任何计划操作的股票，第一步都是找自己操作级别的最后一个中枢。例如投资者准备好资金，准备进入市场，并明确按 30 分钟级别交易股票，或者卖出股票后准备重新选择交易的股票，那么打开走势图，首先就要找当下之前最后一个 30 分钟级别的中枢。一般来说，找最后一个指定级别的中枢，如 30 分钟级别中枢，有两种方法。第一种方法是直接在指定级别 K 线图上找对应级别的最后一个中枢，例如在 30 分钟 K 线图上找最后一个线段构成的 30 分钟级别中枢。第二种方法是从低级别 K 线图上，按中枢和走势类型的递归定义，一步一步递归上来，例如在 1 分钟 K 线图上，先用线段构成 1 分钟级别的走势类型，再用 1 分钟级别的走势类型构成 5 分钟级别的走势类型，然后用 5 分钟级别的走势类型构成 30 分钟级别的中枢，或者在 5 分钟 K 线图上，用 5 分钟线段构成 5 分钟级别的走势类型，然后用 5 分钟走势类型构成 30 分钟级别的中枢。注意，利用这两种方法确定的最后一个中枢的位置、范围等可能完全不同，也可能完全相同，具体取决于具体的走势，无论如何，这最后一个 30 分钟中枢，一定是可以马上确定的，无须任何预测。需要进一步说明的是，用哪种方法确定最后一个指定级别的中枢，就用哪种方法进行操作，当然，也可以两种方法都用，并让两种方法相互印证。

一旦中枢确定之后，当下和中枢的关系，就会出现三种情况：①当下在该中枢之中；②当下在该中枢之下；③当下在该中枢之上。

第一种情况说明中枢正在延伸，第二种和第三种情况，均可以用第三类买卖点进一步分为两小类。对第二种情况，有以下两小类：①当下之前未出现该中枢第三类卖点；②当下之前已出现该中枢第三类卖点。对于第三种情况，有以下两小类：①当下之前未出现该中枢第三类买点；②当下之前已出现该中枢第三类买点。注意，上述两种情况下的第②小类，也包括正在出现第三类卖点或第三类买点的情况，因为按最严格的定义，最精确的买卖点是瞬间完成的。当然，在实际交易中，具有操作意义的买卖点，其实是一个包含该最精确买卖点的足够小区间。

换句话说，当下和最后一个指定级别中枢的关系，一共有三大种情况，并可细分为五小种情况。为方便起见，这里用第一种方法，直接在指定级别 K 线图上找对应级别的最后一个中枢，无论这个中枢是 5 分钟级别的中枢，还是 15 秒级别的中枢，都一样。

对于第一种在中枢里面的情况，后续怎么演化都是对的，此时完全可以不操作，等待走势生长并演化成第二、第三种情况再说。如果一定要操作，那就用次级别的第二类买点进行操作，因为这些买点很多情况下都是在中枢里面出现的，当然，这对投资者的技术分析能力和执行力要求比较高，如果没有高水平的技术和强执行力，那还是不操作为好。不贪心求多，只把握自己当下技术水平能把握的机会，挣自己能力范围内的钱，是投资中非常重要的一个原则。当下在中枢之中，如图 6.2-13 所示。

图 6.2-13　当下在中枢之中

对于第二种第①类，当下在中枢之下，中枢震荡依旧。由于中枢震荡依旧，因此，先找出向下离开中枢的当下走势段，看成背驰判断里的背驰段，再找到该中枢的进入段，或中枢震荡的某段，用盘整背驰的方法确定是否出现盘整背驰，然后再对该背驰段，用区间套的办法确定尽量精确的买点。注意，用来比较的某段，最标准的情况，当然是前面最近向下的走势段（具体参考本书"同级别分解再研究"相关的内容）。一般情况下，中枢震荡都是逐步收敛的，这样，如果继续是中枢震荡，后面的向下离开力度一定比前一个小。当然，还有些特殊的中枢震荡，会出现扩张的情况，就是比前一个的力度还大，但这不一定会破坏中枢震荡，最终形成第三类卖点，这个问题比较复杂，但依然可以在走势分解的基础上，用盘整背驰的方法解决。第二种第①类情况如图 6.2-14 所示。

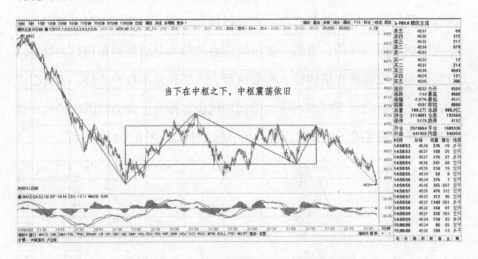

图 6.2-14　当下在中枢之下，中枢震荡依旧

对于第二种第②类，当下在中枢之下，中枢已经结束。由于最后一个中枢已经结束，此时就要去分析包含该中枢第三类卖点的次级别走势类型的完成情况，用背驰的方法确定买点。第②类与第①类中枢震荡的关键区别是，第②类有第三类卖点，中枢已经结束，目前正在进行中枢下移，或处在演化成更高级别的中枢的过程中。更干脆的做法是不参与这种走势，因为此后只能形成一个新的下跌中枢或者演化成一个更高级别的中枢，完全可以等待这些完成后，再根据那时的走势来决定买入时机，这样虽然可能会错过一些大的反弹，但避免了参与操作级别及以上级别的下跌，或避免参与超过操作级别的盘整，提高了资金的安全性或节省了盘整的时间。
第二种第②类情况如图 6.2-15 所示。

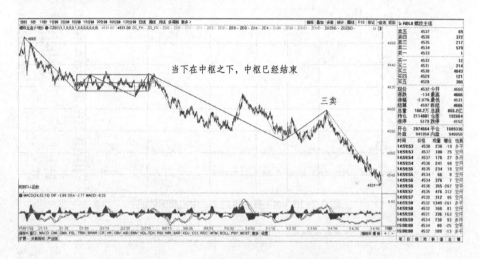

图 6.2-15　当下在中枢之下，中枢已经结束

　　对于第三种第①类，当下在中枢之上，中枢震荡依旧，这时候不存在合适的买点，不能买入；如果可以做空，如股指期货，那是有做空的机会的，此时可以仿照第二种第①类的方法确定做空时机。对于第三种第②类，当下在中枢之上，中枢已经结束。如果当下离该中枢的第三类买点形成的时间与位置都不远，可以买入，但最好的是刚形成时买入，若一旦从该买点开始已出现次级别走势的完成并形成盘整顶背驰，就必须等待，因为后面将是一个高级别盘整的形成，等待该盘整结束再说。如果整个市场都找不到值得参与的，而又想要操作，那么就可以根据这些高级别的中枢震荡来操作，这样，也可以获得收益。第三种第①、第②类情况分别如图6.2-16 和图 6.2-17 所示。

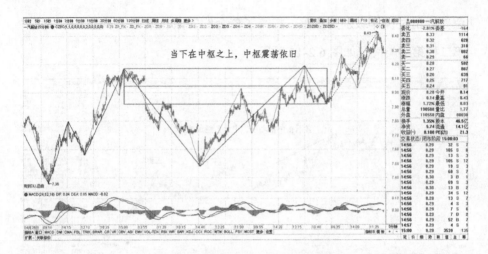

图 6.2-16　当下在中枢之上，中枢震荡依旧

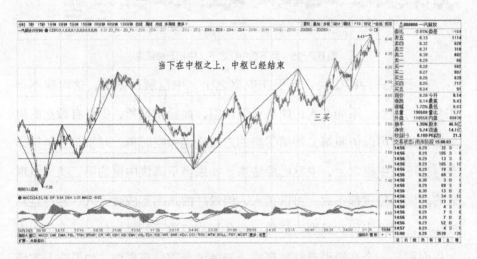

图 6.2-17　当下在中枢之上，中枢已经结束

　　细心的读者可能发现了，上面第三种第①和第②小类的两个走势图是完全一样的，但为什么能分为两种不同的情况呢？这是因为看待走势的视角不同，第①种情况是站在最近一个中枢的角度看的，第②种情况是站在走势图上第一个中枢角度看的，从哪个角度看，就按哪个角度看到的情况操作。

6.2.4　中枢震荡监视器

中枢震荡，最终一定以某级别的第三类买卖点结束，如果能预先给出有参考价值的提示，也就是知道如何预判这震荡是在逐步走强，还是在逐步走弱，对操作就会非常有价值，并能为每次震荡的高低点给出大致的区间。

一个中枢确立后，中枢区间的一半位置，称为震荡中轴 Z，每一个次级震荡区间的一半位置，依次用 Z_n 表示，标准状态就是 Z_n 刚好就是 Z。当 Z_n 在 Z 之上，说明这个震荡偏强；当 Z_n 在 Z 之下，就说明这个震荡偏弱。假定震荡的中枢区间是 $[A，B]$，那么，A、Z、B 这三条直线刚好是等距的，Z_n 的波动连成曲线，构成一个监视中枢震荡的技术指标，如图 6.2-18 所示。

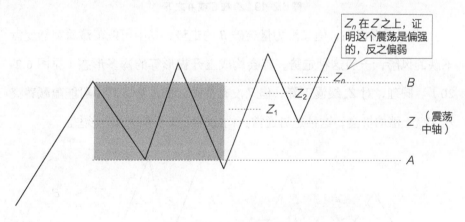

图 6.2-18　Z_n 在 Z 或 B 之上

因为中枢一定会以第三类买卖点结束，那么 A、Z_n、B 三者之间就存在着一种必然的关系，最终 Z_n 肯定会超越 A 或 B。反过来，当 Z_n 超越 A 或 B 时，并不意味着一定会出现第三类买卖点，也就是说 Z_n 超越 A 或 B 可以重复出现多次，只有最后一次才构成第三类买卖点。当然，大多数情况没有这么复杂，一般出现 Z_n 超越 A 或 B 的情况，就是一个重要的提醒——中枢震荡可能要变盘结束了。一般来说，如果 Z_n 超越 A 或 B 后没有构成第三类买卖点，那么一般都将构成中枢震荡级别的扩展，出现这种情况的概率很大。

在上面这些分析的基础上，中枢震荡操作的安全性就能提高。当 Z_n 在 Z 之下时，买入有相当的风险，特别是 Z_n 在 A 之下时，买入的风险就更大，如图 6.2-19 所示。

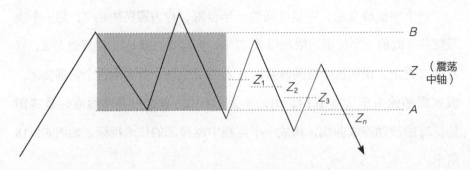

图 6.2-19　Z_n 在 Z 或 A 之下

对 Z_n 缓慢提高，但又没力量突破 B 的走势，其中可能蕴藏着突然变盘下跌的风险，一般这种走势，都会构成上升楔形等的诱多形态（见图 6.2-20）。同理，对 Z_n 缓慢下降，但又没有突破 A 的走势，其中可能蕴藏着突然变盘上涨的机会，这种走势通常会构成下降楔形等的诱空形态。

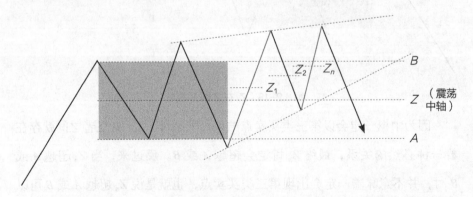

图 6.2-20　诱多形态

中枢震荡时，要特别关注次级别的走势类型，如果是一个趋势类型，Z_n 又出现相应的配合，那么一定要注意变盘的发生，特别是最后一个次级别中枢在中枢之外的，一旦下一个次级别走势在该次级别中枢区间完成，震荡就会出现变盘，如图 6.2-21 所示。

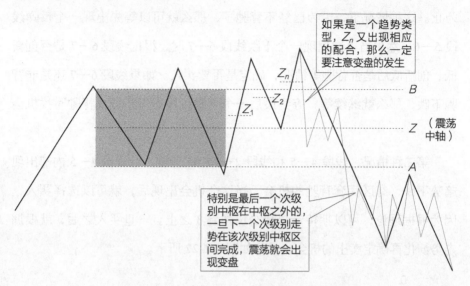

如果是一个趋势类型，Z_n 又出现相应的配合，那么一定要注意变盘的发生

特别是最后一个次级别中枢在中枢之外的，一旦下一个次级别走势在该次级别中枢区间完成，震荡就会出现变盘

图 6.2-21 中枢区间之外出现次级别中枢导致变盘

结合 BOLL 指标对中枢震荡时间的辅助判断，对中枢震荡出现变盘的判断就会更准确，具体方法可以参考本书"BOLL 指标对中阴阶段的辅助判断"等相关的内容。

一般而言，除特殊的情况，Z_n 的变动都是相对平滑的，因此，可以大致预计下一个次级别走势的区间，这样就可以大致算出下一个震荡的高低点。

6.2.5　背驰和非背驰的完全分类

市场机会是可以预先分析的，但这分析，不是预测，而是建立在完全分类基础上的边界划分。边界划分的唯一性与精确性保证了分类与边界的当下确认性。

例如图 6.2-22 中，当从 4 开始的下跌跌破 3 时，马上可以分析出必然会出现的两种情况，然后做出对应的选择即可。

第一种情况，跌破 3 后继续下跌，而且低级别的向下走势一直延伸，中间不出现明确的止跌信号，一直跌到线段4—5和线段2—3相比不背驰为止。这种情况下，因为已经不背驰了，那么就可以等先出现一个反弹线段5—6，然后当再次出现一个下跌线段6—7时，根据线段6—7是否创新低、创新低后是否背驰等情况，确定是否要买入。如果线段6—7还是非背驰下跌，那么就继续等，等到最后一个下跌线段不创新低或背驰时找机会买入。

第二种情况，线段4—5和线段2—3相比背驰，且线段4—5内部出现趋势下跌，有区间套背驰的机会。当这个机会出现后，就可以选择买入，因为根据理论，可以期待走势最少反弹到3之上。一旦买入之后，就根据走势演化再确定卖出的机会，具体如图6.2-22所示。

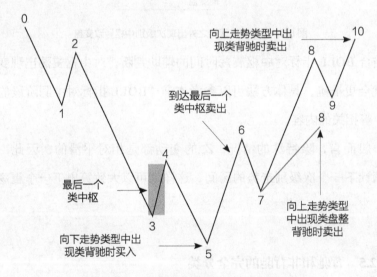

图6.2-22　线段类趋势背驰买入机会和卖出时机

类似地，对任何走势，都可以根据理论，马上严格地给出必然出现的机会。市场虽然随时变化，但会一直没有任何例外地按照缠中说禅技术分析理论去走、去生长。

任何一个当下，我们都可以根据缠中说禅技术分析理论，马上给出后面必然要出现的机会。后面面临的只是选择问题。例如，第二种情况下的机会，就是一个不错的交易机会。当然，如果觉得级别太低，不想交易，那么就可以不交易，这不需要理由。上面说的是买点，卖点的情况是一样的。

当我们真正明白了缠中说禅技术分析理论，操作其实就是这么简单，唯一需要问自己的就是，现在有没有交易的兴趣，想趁着这个机会交易吗？

如果我们想交易，那么，我们就需要做好一系列的准备工作，包括通道、资金等方面的安排，重中之重是要把退出的边界条件也设置好。

例如，对于第二种情况下的交易机会，设置的卖出条件，就可以是原来的最后一个类中枢的上沿，或者是向上走势类型中的类背驰或类盘整背驰等。

当然，根据这样的设置条件，在 A 股的 T+1 的交易规则下，买入后，我们完全有可能不能卖出，为什么？因为这买卖点可能在当天就完成了，根据 T+1 的交易规则，当天买入的股票，当天不允许卖出，即买了卖不掉。所以，在买入时，可能还要参考机会出现的时间，如果在早上，可能要考虑一下，如果在下午，那就可以进行交易。

当然，这还和我们自己实际的情况有关，例如一个中线走势极为良好的股票，如果一个线段下跌了 20%，而我们之前又在高位卖出了，那面对回补机会时，胆子就可以大点。

更容易的，就是把级别升高，如果按周线操作，那么从 2005 年下半年至 2008 年 1 月 8 日，根本不需要进行卖出操作，如图 6.2-23 所示。

图 6.2-23　上证指数 2005 年年中至 2008 年 1 月 8 日的周 K 线图

对于每种不同类型的机会，都需要把各种可能出现的情况都考虑清楚，这样可以判断其力度，从而决定进出的资金量。这里可以有无数的情况出现，但好机会稍纵即逝，当机立断就是必需的。

学习缠中说禅技术分析理论后，必须时刻牢记"级别"两个字。如果连级别都搞不清楚，想在股市获利就很难。当理解了级别，才能把握好交易节奏。

不会卖出，就等于失去了下次买入的机会。这个节奏之所以难把握，说白了，是因为贪、嗔、痴、疑、慢在作怪。

对于初学者，一定要束缚自己。这个束缚的具体表现就是 5 周、5 日这些均线，一旦顶分型后有效跌破了，一定要离场。

股市交易，就是以下三步。

第一步，就是在任何时间和点位，都能马上根据理论把机会第一时间分析出来。任何机会，必然在缠中说禅技术分析理论的输出中。市场的机会与缠中说禅技术分析理论的输出，是严格一一对应的。这就是缠中说禅技术分析理论厉害的一个方面。

第二步，根据自己当下的心情、资金等，选择头或买的机会，放弃个想交易的机会。

第三步，就是等待机会的显现，当机立断，买点买，卖点卖。这最后一步，虽然说起来简单，但却需要我们用多年的时间去精进、践行。

6.2.6　完全分类指导下的操作实例

一个背驰后，无论是盘整背驰还是真正的背驰，理论只能保证其回拉原来的中枢。回拉到中枢之后，后续会如何发展呢？正确的处理方法是把回拉后出现的情况进行完全的分类，根据每种分类对应的后果，决定自己的对策。

例如，图 6.2-24 是 2022 年 8 月 10 日早上开盘至 11 日下午收盘沪深 300 指数 15 秒 K 线图。根据"完全分类"小节的介绍，10 日下午从位置 4 开始的下跌，一旦跌破低点 3，就形成了线段类趋势下跌，后续就要重点关注线段类趋势出现背驰的买入机会。实际的走势是在 14:01 左右跌破低点 3 并下跌到 4100 点左右，然后出现一个小反弹，继续下跌到位置 5（对应的价格是 4092.55 点），此时线段 4—5 和线段 2—3 相比，依然处于背驰状态（线段 4—5 的下跌力度是 38.6，线段 2—3 的下跌力度是 50），而线段 4—5 内部也出现了 5 笔类趋势下跌，而且第五笔的下跌力度小于第三笔的下跌力度，这从它们对应的红绿柱面积可以看出来，显然出现了符合区间套条件的背驰。这一背驰是很明显的，大部分掌握缠中说禅技术分析理论的人，都可以当下分析出来，在这个区间套背驰点附近买入，然后开始反弹。很快就出现 3 笔反弹，向上突破向下线段 4—5 中最后向下一笔的起跌点，并越过线段级别的低点 3，说明反弹动能比较充沛，其后出现线段划分情况中的第二种情况对应的回调（这种回调也说明从 5 开始的反弹力量比较充沛），但临近收盘的 1 笔直接越过从 5 开始反弹的高点，宣告第二种情况下的回调最终没有形成线段，此时继续持有等待第二天的走势就比较恰当了。当然，如果是一个期货的日内交易者，在收盘时可以平仓。

图 6.2-24　沪深 300 指数 15 秒 K 线图

　　第二天，即 2022 年 8 月 11 日，跳空高开，向上直接突破 0—5 类趋势下跌的最后一个类中枢 3—4 的上沿，此时从 5 开始的反弹力度已经明显很大了，可以安心等待行情的生长，等待必然会出现的回调，再根据回调后必然出现的一个向上线段的情况确定是否要卖出。当然，如果操作级别非常低，也可以在线段 5—6 内部出现低级别的趋势背驰后卖出，等待回调后再买入。从 6 开始的回调，当形成一个向下线段后，明显在 0—5 类趋势下跌的最后一个类中枢 3—4 上沿受到支撑，最终在一个低级别的盘整背驰后结束回调，并形成 0—5 这类趋势下跌的第二类买点，此时要特别注意到，这个第二类买点也是 3—4 这个类中枢的第三类买点，根据缠中说禅技术分析理论，这种第二、第三类买点重合的情况，通常是非常强势的情况（参考"第二类买卖点强弱分类"相关的内容），此时是加仓的好时机，并可在加仓后安心持有等待从 7 开始的上涨，直到线段内部出现明显的低级别背驰，且线段 7—8 和线段 5—6 相比出现明显的盘整背驰时再考虑卖出。显然，线段 7—8 的上涨，没有出现区间套背驰的情况，即市场选择了强势的上涨，此时无须卖出。随后，从 8 开始，出现 8—9 一个线段回调，没有触及线段 6—7 的高点，再次形成第三类买点。因为线段 7—8 非背驰上涨，且从 5 开始的走势还只有 6—7 这一个类中枢，此时可以继续在这个第三类买点加仓，并期待再创新稿形成类趋势上涨，但因为再次上涨后，不创新高或创新高后出现类背驰的概率将变大，一旦在此处加仓，后续要密切留意不创新高或创新高后出现背驰的情况，并根据理论果断应对。在 11 日的走势中，从 9 开始的涨势又创新高。随后创新高后的涨速变慢，但依然在继续上涨，涨到位置 10 时，线段 9—10 的力度比线段 7—8 的力度小，此时可以考虑卖出，或卖出一半。但考虑到上涨的力度并没有明显减小，也可以不卖出，或卖出后要及时回补。显然，线段 10—11 的回调，又一次形成第三类买点，这是 8 月 11 日内第三次形成第三类买点，站在 5 开始的向上走势类型看也是第二次形成第三类买点，故此时不加仓，而是密切留意后续不创新高或创新高后出现盘背的卖出机会，并根据理论果断应对。线段 10—11 是一个古怪线段，这个古怪的线段依然显示回调的力度很小，上涨的买入力量在持续，从 11 开始的上涨继续创新高，涨到 4193.81点。从低点 4092.55 点开始，已经上涨超过 100 点，对沪深 300 指数对应的期货而言，不考虑在第二、第三类买点加仓的情况，单单持有一手就已经获利 30,000 元。在 11 日的高点附近，考虑到已经形成 7 个线段的类趋势，此时可以全部卖出，或卖出部分持股。但考虑到经过一个 7 个线段的类上涨后，走势在高级别已经明显好转（具体参考"分类层次、级别、操作和节奏"的内容，在 1 分钟级别上已经升级为一个盘整，且是非背驰的盘整），并已经临近收盘，可以保留部分仓位，进行"短线变中线"的换挡操作（具体参考"同级别分解的多重赋格"的相关内容）。下一个交易日，也就是 8 月 12 日，站在 15 秒 K 线图的角度看，其后的走势无非是继续上涨，或先形成一个高级别的盘整然后继续上涨，或形成一个至少同级别的反向下跌趋势三种情况。如果要形成同级别或高级别的反向下跌趋势，那么首先就要出现一个第三类卖点。无论 8 月 12 日的具体走势是什么，重要的都是盯住 10—11 这个类中枢，看这个类中枢的结束方式。对

10—11 这个类中枢而言，只有以下三种情况：①通过中枢震荡延伸出高级别中枢；②在其上出现第三类买点；③在其下出现第三类卖点。后续到底是哪种情况呢？8 月 12 日开盘之后随着行情的发展就会知道，届时只需根据走势的具体情况，应用"中阴中枢"相关内容介绍的方法，选择自己的操作。

注意，这是严格的理论思维，和 8 月 11 日晚上、12 日早上有没有消息，是否有利好消息毫无关系。特别地，如果有利好消息，竟然还走出第三类卖点的情况，那么就需要谨慎了。

上面所有的分析，都在严格的逻辑关系之中，这是理论的必然结果，也是一种正确的思维方式。当然，一个线段的类背驰是否需要卖出，这是每个人的操作喜好问题，也是各人的操作级别问题（笔者注：操作级别，一定是根据个人或资金的具体情况提前定好的）。

这就如同中医，不能认为吃的药一定有效果。药的效果，是吃了药以后才能知道的，而同一病人的药，要根据吃药后的效果进行必要的增减，当然，也可以保持不变。就如同在一个上涨趋势中，可以保持持有，但一旦出现超越操作级别的转折信号，也就是背驰，那么就必须要变了。这是操作的第四步，即根据行情的发展调整操作策略，就像中医医生根据病情的发展调整药方一样。

因此，无论 8 月 11 日收盘至 12 日开盘期间是出现利好消息还是出现利空消息，操作逻辑并不会有任何改变，还是根据当时的走势是否触及分类界限进行操作。

换言之，在操作时，必须根据理论进行完全分类，并确定每个分类的边界条件，对后续所有可能情况与对策都了然于胸。对一个真正的操作者而言，是没有意外情况的，因为所有情况都被完全地分类了，相应的对策都事先规划好了。

其实，分析股票是比较简单的，为什么？因为结合缠中说禅技术分析理论，股票的后续走势都可以严格、唯一地进行完全分类，并给出相应的应对策略。

有人可能会问，8 月 10 日下午在类背驰点 5 买入后，如果后续出现下跌跌破位置 5 的情况，根据 A 股 T+1 交易规则，在背驰点买的股票当天无法卖出，应该怎么办？显然，这种情况是很可能出现的。对 T+1 的限制，第一个简单的对策，就是买比大盘要强势的股票，也就是买先于大盘的股票，因为这类股票走势通常会比大盘强，当大盘回转时，通常有足够的空间应对；第二个简单的对策就是买手上有底仓的股票，这样买入后即便下跌，也能卖出；第三个简单的对策，就是交易 T+0 的股指期货。

注意，最好的选择是买先于大盘的股票，而不是完全逆于大盘的，因为后者，往往有可能补跌或横盘。当然，如何选择股票，这是一个经验问题，必须要反复练习才会有所感悟。其实，操作股票真没有那么复杂，在经过大量的画图、看股票走势图的生长及交易实践，有了经验后，打开一只股票的 K 线图，看一眼，就能确定该股票是否值得交易。

6.2.7　分类层次、级别、操作和节奏

不仅要在单级别、单层次上进行完全分类，也要在多级别、多层次、多视角下进行完全分类。缠中说禅技术分析理论重要的特点之一，就是给出了分类的层次，也就是不同的自然形成的级别。不同的级别，有不同的完全分类，而综合起来，就有了一个立体的完全分类的系统。

当然，对于小资金，可以只根据一个层次的完全分类进行操作，但对于大一点的资金，或者希望能有更可靠的操作依据，只考虑一个级别的完全分类是不够的。一般而言，在三个级别，如 30 分钟、5 分钟、1 分钟等三个级别所构成的多层次系统里，任何当下的走势，都对应着一个由三个级别共同确定的状态，基于该状态能得到一个非常可靠的操作指示。

例如，对于"完全分类指导下的操作实例"中 15 秒 K 线走势而言，

可以用5分钟、1分钟、15秒三个级别构成一个多级别系统，无论在哪个时候，都能得到一个非常可靠的操作提示。15秒K线图的情况，我们已经介绍过，具体内容请参考相关章节，这里不再介绍。下面我们介绍1分钟K线图和5分钟K线图的情况。

在看沪深300指数5分钟K线图之前，我们先看看1分钟K线图的情况，具体如图6.2-25所示。显然从最低点4058.18点，即从位置0开始，0—9走了一个1分钟级别的趋势上涨，在位置9出现背驰，然后出现一个向下的盘整9—12，从12开始，又出现一个12—15的向上盘整，从更高级别而言，无非就是0—9、9—12、12—15组成了一个更高级别的盘整，只是12—15这个盘整还未完成。

图6.2-25　沪深300指数1分钟K线图

站在1分钟K线图上，9是第一类卖点，显然要卖出，回调后再次反弹到11，没有创新高，形成第二类卖点，更应该卖出。然后从11开始出现大力下跌，这个11—12的1分钟线段下跌，在15秒K线图上，就是一个5个线段类趋势下跌（图6.2-24中0—5的类趋势下跌），12就是15秒级别类趋势背驰点。在9和11这两个第一类卖点和第二类卖点，如果我们没有卖出，因为线段11—12的下跌力度明显比线段9—10的下跌力度大，我们可能就很恐慌等待第三类卖点，甚至在 12 这个位置杀跌，至少我们不会在 12 这个位置买入。但如果我们在 9 和 11 这两个第一类卖点和第二类卖点卖出了，我们就会很勇敢地在 12 这个 15 秒级别的背驰点回补，然后看着行情在 15 秒 K 线图上生长。关于 15 秒 K 线图上的 5 个线段类趋势下跌的背驰点及之后的生长情况，请参考"完全分类指导下的操作实例"的内容和图 6.2-24。显然 1 分钟 K 线图上的走势 12—15 暂时是个盘整，但线段 14—15 的力度明显大于线段 12—13 的力度，未来有可能发展成类趋势、趋势等，不过那是后话。对 1 分钟级别，在实际的交易中，就是看从 15 开始的调整的次级别走势（在本例中是 15 秒级别走势类型）的情况，看回调是否触及 9、11 和 13 这三个点。以这三个点为分界线，从 15 开始的回调可以分为不触及 9、触及 9 但不触及 11、触及 11 但不触及 13、触及 13 这四种情况。当然，因为 9 和 11 比较接近，分为三种情况也可以。无论如何分类，显然不触及 9 是最强的走势，触及 13 是最弱的走势。

分析完 1 分钟级别这个层次的走势情况，我们再分析 5 分钟 K 线这个级别、层次的走势，具体如图 6.2-26 所示。显然，按如下 5 分钟 K 线图上的分解方式（除这种分解方式之外，还有其他合理且不违反理论的分解方式，留待读者自行分析），是一个 5 分钟级别的向下盘整，其中 5—8 是 5 分钟级别的中枢，0—5 是这个 5 分钟中枢的进入段，8—13 是这个 5 分钟中枢的离开段。显然 8—13 这个 5 段类趋势（虽然 8 没有 10 高，但依然可以这么看）的下跌力度，没有 0—5 这个 5 段类趋势的下跌力度大，即 8—13 这个盘整背驰段依然处于盘整背驰状态。与此同时，8—13 这个 5 段类趋势内部，线段 12—13 的下跌力度明显小于线段 10—11 的下跌力度，即在 13 这个位置出现了区间套的背驰点，13 是一个高性价比的买入点。因为 13 是符合区间套的背驰点，根据理论（具体参考背驰转折定理），13 之后最弱的走势也是让 11—12 这个类中枢的级别升级，也就是说，至少可以期待一个和 5—8 同级别的中枢出现，在这个和 5—8 同级别的中枢出现前，重点就是关注 11—12 这个类中枢的生长和结束方式。这里再说一遍，结束方式无非就是延伸出高级别中枢、在之上形成第三类买点、在之下形成第三类卖点这三种方式。在 5 分钟 K 线图上，从 13 开始反弹至 14，然后回调至 15，然后再从 15 反弹至 16。

5 分钟 K 线图上 13—14、14—15、15—16 这 3 个线段（其中 15—16 这个线段还未结束），在 1 分钟 K 线图上，线段 13—14 对应的是一个两中枢的上涨趋势（图 6.2-25 中 0—9 这个走势类型），线段 14—15 对应的是一个 3 个线段的向下盘整（图 6.2-25 中 9—12 这个走势类型），线段 15—16 对应的是一个 3 个线段且未完成的向上盘整（图 6.2-25 中 12—15 这个走势类型）。在 15 秒 K 线图上，5 分钟级别线段 15—16 对应的是一个 7 个线段的类趋势上涨走势（图 6.2-24 中 5—12 这个走势类型），这个 7 个线段的类趋势上涨走势，虽然处于背驰状态，但因为收盘，还没有最终确认完成。而且从 5 分钟级别线段来看，线段 15—16 的上涨力度虽然还没有大于 13—14 的力度，但已经比较接近，考虑到线段 15—16 还未完成且向上斜率明显大于线段 13—14，随着低级别，例如 1 分钟级别，甚至 15 秒级别向上走势的不断延伸，最终线段 15—16 的力度完全可能大于线段 13—14 的力度。在随后的行情发展过程中，可以以 16 能否触及 5、7、9、10 这 4 个位置进行完全分类：如果 16 最终不触及 7，就是弱势的，0—13 这个盘整演化成 5 分钟下跌趋势的可能性依然存在；如果 16 最终能触及 5 和 9，走势有好转的可能，此时在同级别分解视角下，0—13 这个盘整演化成 5 分钟下跌趋势的可能性就没有了，即便后续继续创新低，那也是一个 30 分钟级别的向下走势，需要更多的时间生长，也意味着中间有多个 5 分钟级别的操作机会；如果能高于 10，则是相对强势的，后续走好的可能性会增大。站在纯粹中枢的视角，后续就是观察 11—14 这个 5 分钟中枢如何结束。

图 6.2-26　沪深 300 指数 5 分钟 K 线图

上述对 15 秒、1 分钟、5 分钟 3 个级别层次的分析，我们是先分析 15 秒级别，再分析 1 分钟级别，最后分析 5 分钟级别，这种顺序虽然可以接受，但并不是最佳的分析方式。最佳的分析方式，是先分析高级别走势，再分析次级别走势，最后分析次次级别走势，具体到这个例子，就是先分析 5 分钟 K 线图，再分析 1 分钟 K 线图，最后分析 15 秒 K 线图。按上述两种顺序进行分析，得到的最终的结果是一样的，得出的结论也是一样的，就是在 5 分钟 K 线图上，发现 13 是符合区间套的背驰点，买入；然后等待次级别的生长成向上线段 13—14，这个向上线段在 1 分钟 K 线图上最终生长成一个 1 分钟的趋势上涨，卖出；然后等回调一个线段 14—15，线段 14—15 在 1 分钟级别生长成一个盘整，并在次次级别即 15 秒 K 线图上出现背驰买点（图 6.2-24 中 0—5 趋势下跌低点 5），此时没有创新低，甚至没有跌破位置 11，回补买入；然后观察 5 分钟级别走势在次级别和次次级别图上向上生长，截至 8 月 11 日收盘，在次次级别即 15 秒 K 线图上生长出 7 个线段的类上涨趋势并有背驰迹象，然后决定该如何操作。

一般而言，三个层次构成的完全分类，就可以给出完美的操作指示。还是以 5 分钟、1 分钟、15 秒三个级别构成的系统为例，第一个必然且一定是最先出现的变化，就是次次级别，即 15 秒级别出现顶背驰，如果连这都不出现，其他两个层次通常不会有任何状态变化。而这顶背驰后，必然出现回调，此时就面临两个完全分类：①回调构成 1 分钟的第三类买点；②回调不构成 1 分钟的第三类买点。这两个分类分别对应着两种 1 分钟层次的状态及变化：①第二个 1 分钟类中枢的确认从而确认 1 分钟的上涨；② 1 分钟中枢继续震荡。显然，这两种 1 分钟的状态或新变化，通常都不会导致 5 分钟层次有状态变化。但其中 1 分钟上涨这种，甚至在这种情况出现前，15 秒线段类趋势的继续上涨，却隐含着 5 分钟即将可能面临变化，因为这个上涨一旦碰到 5 分钟 K 线图上的 7 这个点位后，5 分钟 K 线图上 0—13 这个向下的盘整就结束了，那么 5 分钟层次就有了变化。

因此，在任何走势的当下，我们都可以逻辑很严密地推算出下一步的状态变化，以及变化的可能结果，并根据自己的能力及可以承受的结果，在严格风险和仓位控制的前提下，就可以自如地参与操作了。

6.2.8　走势预测

市场的所有走势，都是当下合力构成的。一般情况下，政策或规则的分力，至少在一个时间段内保持常量，直到政策或规则发生改变，所以一般人就忘记、忽视其存在。但无论是常量还是随着每笔成交变化的变量，合力都是当下构成的，常量的分力，用 $F(t)$ 表示，只是表示其值是一个常量或者是一个分段式常量。对于任何一个具体的时间 t 来说，$F(t)$ 和变化的分量，对合成规则与合成结果来说，没有任何的区别。

但这些常量的分力，并不是永恒的常量，往往是分段式的，其变化是有断裂点的，很多基本面上的分力，都有这个特点，这些断裂点，构成预测上的盲点。当然，进行基本面分析，对宏观面进行大面积的考察，可以尽量减少这些盲点，但不可能完全消除。断裂点盲区的大量存在，导致一般意义上的精确预测不可能。

更重要的是，基本面上的因素，也是合力的结果。目前的全球经济格局，就是众多合力的结果。很多人一根筋思维，总是认为政策不需要经过讨论、没有反复权衡利弊，所有结果都如同一个预设的机器给出的。所有一般意义上精确预测的理论，实质上都是以类似的一根筋思维为前提的。

站在哲学的角度，预测也是一个分力，就如同观察者本来就被假定在观察之中，所有观察的结果都和观察者相关、被观察者所干预，以观察者为前提，预测也以同样的方式卷入预测的结果中。预测的行为会影响到预测的结果，也是一般意义上的精确预测不可能的原因，正如同量子力学的不确定性原理，任何关于预测的理论，其最大的原理就是测不准。

有人可能在说，很多人都有预测准确的经历，这是为什么？其实，这不过是一个概率事件。要知道，股票交易和预测，和其他事情一样，都存在"幸存者偏差"。按任何标准来分类，走势的可能情况都是有限的，一般来说，就是三四种情况，因此预测准确的情况是存在的。

其实，预测一点都不神秘。所有预测的基础，就是分类，把所有可能的情况进行完全分类，那么必然能准确预测。注意，分类是预测的基础，那种不以分类为基础的预测，就是瞎说。缠中说禅技术分析理论，是以完全分类为基础的分析方法，分型、笔、线段、中枢、级别、走势类型、背驰、三类买卖点等都是分段函数，既符合逻辑，又是实践上最佳的分段函数。完全分类，是技术分析的核心方法。

有人可能说，分类以后，把不可能的排除，最后一个结果就是精确的。这种想法是不对的，任何排除都等价于一次预测，每排除一个分类，按概率的乘法原则，就使得最后的所谓的精确的结果变得不精确。

对于预测分类的唯一正确的原则就是不进行任何排除，而是要严格分清每种情况的边界条件。任何分类都等价于一个分段函数，就是要把这分段函数的边界条件确定清楚。例如下面的函数：

$f(X)=-1$，$X \in (-\infty, 0)$，$f(X)=0$，$X=0$，$f(X)=1$，$X \in (0, \infty)$

关键要搞清楚 $f(X)$ 取某值时的 X 的范围，这个范围就是边界条件。在走势的分类中，通常可以确定的是不可能取负值，至少在 A 股可以确定不会有负值，也就是在 $[0, \infty]$ 区间内进行分类，把该区域按某种分类原则分为 n 个边界条件。

边界条件分段后，就要确定一旦发生哪种情况就如何操作，也就是把操作也同样给分段化，分段而食就有了可靠的基础。例如，最简单的可以用 5 日均线进行分类，把走势分类成跌破与不跌破两种，然后预先设定跌破该怎么操作，不跌破该怎么操作，这就是准确的预测，让市场自己去选择，如果市场选择不跌破，那就继续持有。

任何一个市场的操作者，一定不能陷入"万一跌破后又涨起来""万一创新高后又跌破"这种思维之中。市场不跌破是一个事实，股票的操作只能根据已经发生的事实进行。

不同的投资者有不同的分段边界条件，但所有操作，都是投资者根据预先设定的分段边界条件和走势事实互动的一个结果。因此，重要的不是预测，而是确定分段边界，例如，最简单的可以用 5 日、5 周、5 月等均线来分类。有了分段的边界原则，就可以按分段边界原则操作。

世界金融市场的历史证明了，真正成功的操作者，从来都不预测什么，而是有一套操作原则，按照原则来，就是最好的预测。

缠中说禅技术分析理论，本质上是一套分段原则，这一套原则，可以随着市场的当下变化，随时给出分段的信号，分型、笔、线段、中枢、走势类型、背驰、买卖点等各种定义、算法、划分步骤、辅助工具等，都是分段函数，用好这些定义、算法、划分步骤和辅助工具，就是用好分段函数。按照缠中说禅技术分析理论，在任何级别都有一个永远的分段：X= 买点，买入；X= 卖点，卖出；X 属于买卖点之间，持有。而这持有的东西有两种，如果前面出现买点但没有出现卖点，此时持有的就是股票，反之持有的就是钱。

给出分段函数和分段边界条件，就是给出最精确的预测，所有根据分段函数和分段边界条件当下给出的预测，才是真正的预测。

6.2.9 两种获利机会

关于获利，一般的说法就是低买高卖，低买高卖甚至可以作为获利的公理，但低买高卖是一种很笼统的说法，对具体操作的指导意义不大。

在缠中说禅技术分析理论中，有且只有"中枢移动"与"中枢震荡"这两种具有操作性的获利机会。中枢移动，又可以分为中枢上移和中枢下移，中枢上移是针对只能做多的市场说的，针对可以做空的市场，还有"中枢下移"这个做空的获利机会。本质上，中枢上移和中枢下移的性质相同，可以简称为"中枢移动"，就像缠中说禅上涨和缠中说禅下跌都是趋势一样。显然，站在走势类型同级别分解的角度，中枢移动就意味着低级别的上涨或下跌趋势，中枢震荡则有可能是该级别的盘整，或者是该级别趋势中新中枢形成后的延续过程。任何市场的获利机会，都属于这两种模式。

在投资者的操作级别下，中枢上移的过程中，是不存在任何理论上的短差机会的，除非中枢上移结束，并进入新中枢的形成与震荡过程中。而中枢震荡，就是短差理论的天堂。只要在任何的中枢震荡向上的离开段卖点区域卖出，必然有机会在其后的中枢震荡中回补，在这个过程中，唯一有一定技术要求的就是对第三类买点的判断，如果出现第三类买点时没有回补，那么就有可能错过一次新的中枢上移。

上面，只是用同一级别的视角去看走势，就如同用一个横切面去考察，而当把不同的级别进行纵向比较时，对走势就有了一个纵向的视野。

一个月线级别的上涨，在年线级别上，可能就是一个中枢震荡中的一个小段。站在年中枢的角度，如果这上涨是从年中枢之下向中枢的回拉，那么，中枢的位置，显然就构成需要消化的阻力；如果是年中枢之上对中枢的离开，那么中枢就有反拉作用。一个年级别的中枢震荡，很有可能就要震荡几百年，一个年中枢的上移也可能要大几十年，而人生有限，因此一个年中枢的上移，就构成了人的一生可能参与的最大级别的投资机会，能遇到一个年中枢的上移机会，那就是最牛的长线投资了。最牛的长线投资，就是把一个年中枢的上移机会给把握住。当然，对于大多数人的生命来说，可能最现实的机会，只是一个季线级别的上涨过程。

6.2.10 投资策略

一个季度中枢的上移，可能就是一个十年甚至更长的月线上涨。即使在全球化的环境下，单个企业的规模是有其极限的，即便是一个有强大上涨动能的企业，也不可能突破这个极限，因此，顶是现实存在的。根据企业所处的行业，相应的极限也有所不同。但对于投资来说，只需要知道哪些企业能向其所在行业的极限冲击即可。

理论上，几乎所有的行业，都必然有至少一个 A 股上市公司去冲击全球的行业理论极限，这就是 A 股资本市场的现实吸引力所在，几乎有多少个行业，就至少有多少只真正的牛股。

不过，有些行业，其空间是有限的，因此可以筛选出去。这里，就涉及基本面的分析与对世界经济的综合判断。但任何的基本面，都要结合缠中说禅技术分析理论进行分析，只有这样才能知道这基本面对应的是什么级别、什么类型的获利机会。

对于长线投资来说，最牛的股票与最牛的企业，最终是必然对应的。没有人知道哪个是最后的获胜者。但谁都知道，最终的获胜者必然会出现，例如达到 10 万亿元人民币的市值，那么该股票的市值必然要经历一个低于 10 万亿元人民币的数，换句话说，对一个在 A 股上市的企业，如果要变为世界级企业，首先就应该变为沪深 300 成分股。

可以推理出，这个企业，或者是当下的龙头企业，或者是在今后某一时刻会超越当下龙头企业的企业。根据这个推论，就可以构建出一个合理的投资方案、配置策略。

（1）用较大的比例，例如 70%，投在龙头企业（可能是两家）中，然后把剩余 30% 分在有成长性（可能是两三家）的企业中。在实际操作中，如果龙头企业已经在基本面上显示必然败落，那就选择最好的替代者。

（2）只要这个行业顺序不变，那么这个投资比例就不变，除非基本面上出现明显的行业地位改变的迹象，一旦如此，就按等市值换股。当然，如果技术较高，完全可以在较高级别卖点卖掉被超越的企业，再在买点买入新龙头企业。

（3）充分利用可操作的中枢震荡，例如利用日线、周线级别的中枢震荡，把所有投资成本变为 0，然后不断增加可持有的筹码。注意，这些筹码，可能是新的成长性企业或被低估价值的企业。

（4）密切关注比价关系，这里的比价关系，就是市值与行业地位的关系，发现其中低估的品种。

以上这个投资策略，就是基本面、比价关系与技术面三个独立系统完美的组合。直白地说，就是用基本面和比价关系选股，用缠中说禅技术分析理论择时。A 股的龙头股和优质成长股，必然在沪深 300、创业板 50、科创 50 这三个板块不到 400 只股票中，也就是说关注好这近 400 只股票就可以了，其他 4000 多只股票，或更多只股票都可以忽略。要特别注意，这句话反过来说，即这近 400 家企业的股票都是好股票是不对的，因为这些企业的股票可能处在卖点上，企业在未来也可能会衰落。

上面的方法非常适合大资金的操作，对于小资金，也可以按照类似思路进行操作，例如，只跟踪龙头企业，或者只跟踪最有成长性的那家企业。当然，对于还处在原始资本积累阶段的小资金，利用低级别去积累是更快速的方法，当资金积累到一定规模后，分析低级别的意义就不大了。

6.3 风险回避

6.3.1 回避市场风险

对于风险，可以对其进行定性，如政策风险、系统风险、交易风险、流通风险、经营风险等，但站在纯技术的角度，一切风险都必然体现在价格的走势上，所有的风险，归根结底，最终都反映为价格波动的风险。例如，某些股票市盈率很高，但其股价就是涨个不停，站在纯技术的角度，只能在技术上衡量其风险，而不用考虑市盈率之类的概念。

缠中说禅技术分析理论成立的一个最重要的前提，就是被理论所分析的交易品种必须是在可预见的时间内能继续交易的。例如，一个按日线级别操作的股票，如果一周后就停止交易，那在日K线上分析的意义就不大了，因为不符合该基本前提。当然，如果按1秒级别去交易，那一周后停止交易的股票即使有风险，在技术上也是可控的。唯一不能控制的就是，不知道交易什么时候被突然停止。当然，有一种更大的风险就是交易不算了，这和停止交易是一个效果。

交易不算、突然停止交易等，并不是缠中说禅技术分析理论可以控制的，所以，在应用缠中说禅技术分析理论时，需要提防的风险就是交易能否延续以及是否算数。对那些要停止交易的品种，例如马上要退市的股票，或马上到期的期货合约，特别是那些季节性特别明显的期货品种的马上到期的合约，最好别交易。其他大多数风险，包括企业暂时停牌等，必然会反映在走势上，而只要走势是延续的，不会突然被停止而永远没有了，那这些风险都在缠中说禅技术分析理论的控制之中。

任何交易的基础是有钱，一旦钱是有限期的，那么等于自动设置了一个停止交易的时限，这种因为投资者自身原因而停止的交易，是所有失败交易中最常见的一种。任何交易的钱，最好是无限期的，如果真有期限，那么该期限也应足够长，这是投资中极为关键的一点。对有期限的资金，唯一可行的办法，就是把操作的级别降到足够低，这样才能把这个限期的风险尽量控制住。

企业业绩不好或有什么坏消息，哪怕看起来很突然，其实都有人提前知道，比如企业的销售人员，就能领先很多投资者知道企业产品和服务卖得好不好、回款顺不顺利，我们不知道不等于别人不知道，我们没反应不等于别人没反应。关于基本面的消息，无论知道与否，都必然会反映到走势上，等到消息明朗，一般为时已晚。一切关于基本面、消息面等的分析结果，最终会通过买卖交易落实，只要有买卖，就会留下痕迹，这些痕迹汇总在一起，就构成了 K 线图。也就是说，各种基本面、消息面的信息，都会在走势上反映出来，因此，市场走势是唯一可以观察与值得观察的东西。

市场唯一的活动，其实就是钱与股票的交换运动。交易的本质就是投入一笔钱，在若干时间后换出来，其中的凭证就是交易的股票。本质上，任何东西都可以是交易品种，所谓股票的价值，不过是引诱投资者投钱的诱饵。对于投入的钱来说，那些能在下一时刻变更多钱出来的凭证就是有价值的。如果有一个机器，只要投 1 元，1 秒后就有 10 000 元出来，那就没有人炒股票了。可惜没有这样的机器，所以只能在资本市场上交易。我们应记住，任何的股票都不值得产生感情，没有任何股票可以自动带来收益，能带来收益的是投资者的智慧和能力。

同理，市场唯一的风险，就是投入的钱在后面的时刻不能用相应的凭证换成更多的钱。以 0 以上的任何价格进行的任何交易都必然包含风险，也就是说，存在投入的钱在后面的某一时刻不能换回更多的钱甚至换不出钱的可能，所以，交易的风险永远存在。那么，有什么样的可能，使得交易是毫无风险的呢？唯一的可能，就是拥有一个负价格的凭证。什么是真正的高手，就是有本事在相应的时期内把任何的凭证变成负价格的人。对于真正的高手来说，交易什么其实根本不重要，只要市场有波动，就可以把任何的凭证在足够长的时间内变成负价格。缠中说禅技术分析理论，本质上只探讨一个问题：如何在足够长的时间内，安全地把凭证的价格变成负数。

任何的市场波动，都可以为"让凭证价格最终变成负数"的活动提供正面的支持，无论是先买后卖还是先卖后买，效果是一样的。市场无论是涨还是跌，对于投资者来说都是机会，只要有卖点，就要卖出，只要有买点，就要买入，唯一需要控制的，就是量。对长期的大资金来说，级别的意义，其实只有一个——判断买卖量，日线级别的买卖量当然比1分钟级别的要多得多。因此，站在这个角度，股票是无须选择的。当然，对于资金量小的投资者，完全可以全仓进出，游走在不同的凭证之间。这样的效率当然是最高的，不过大资金不可能随时买到足够的量，全仓进出不适合大资金。

6.3.2 回避政策风险

政策性风险，属于非系统风险，本质上是不可准确预测的，只能进行有效的防范。政策性风险将在长时间内存在，这是由目前资本市场的现实环境所决定的。

调控，有硬调控与软调控两种。发社论、讲话、严查之类的，就是明显的硬调控；至于软调控，就是调控中不直接以资本价格为目的，而是从更多方面考虑，政策上有着温和及连续的特征。站在调控的角度，当软调控不得力，那么硬调控成为唯一选择的时候，这其实不是调控者的悲哀，而是市场的悲哀，当市场的疯狂足以毁掉市场时，硬调控也是不得已而为之。

一个政策的出台，绝不是任何一个人拍脑袋就可以决定的。任何一个体制，都存在均衡，那种个人任意超越体制的事情，已经越来越没有发生的可能了。

政策只是一个分力，单独一个政策不可能改变一个长期性的走势。对市场走势而言，政策只有中短期的力量，而没有长期的力量。对经济也是一样的，经济的发展，由经济的历史趋势所决定。政策，即使是同一个政策，在不同的市场环境中，是有不同作用的，比如在 5000 点和 1000 点，效果就会不一样，可以通过以下几个方面或方法应对政策风险。

（1）最终结果取决于价格与价值的相对关系，当市场进入低估阶段，就要更注意向多政策的影响，反之，在市场的泡沫阶段，就要更注意向空调控的影响。

（2）是否获利受个股的影响，一个具有长线价值的个股，是抵御一切中短分力的最终基础。个股对应企业的基本面与成长性等，是一个底线，只要底线不被破坏，政策导致的中短期波动，反而能提供长期投资的买点。

（3）控制仓位，不要借钱炒股，不要加杠杆。在市场进入泡沫阶段后，应该坚持只战略性持有，不再战略性买入的根本原则；在市场进入低估阶段，应该坚持战略性买入，不再战略性卖出的原则。这样对所有中短期的波动，都有足够的反应时间。

（4）养成好的操作习惯。只有成本为 0 时，才是安全的，这大概是彻底避免政策风险的唯一办法。

（5）现在很多政策的出台，都是十分高效和保密的，不要期望在政策出台前买入或卖出。一旦出现硬调控政策，则要在一切可能的机会卖出。

（6）在上涨时赚到足够的利润，如果已经获利很多了，用 10%～20% 的利润去应对非系统风险，是非常顺理成章的事情。

6.4 操作策略

6.4.1 保护本金

保护好本金，是投资的重要原则，在开始挣钱之前，首要任务就是防止本金的大幅亏损，要防止本金被市场吃掉。保护本金的方法非常简单，用一个最常见的指标进行分类就可以——MACD 指标。零轴将走势分为多方主导和空方主导两个区域，一旦 MACD 黄白线跌入零轴之下，那么对应时间单位 K 线走势就进入空头主导，远离这种走势的股票或市场。

回避所有 MACD 黄白线在零轴下面的市场或股票，这就是保护本金最简单的方法。直接看走势图，感受一下这个简单原则的效果。

例子一，图 6.4-1 是 2007 年 6124.04 点至 2008 年 1664.93 点熊市上证指数日 K 线图，显然市场在 1664.93 见底之前，MACD 黄白线一直处于零轴之下，1664.93 点之后又震荡了 3 个多月，MACD 黄白线才回到零轴之上，此时即便从最低点 1664.93 点算起，也没有上涨多少。

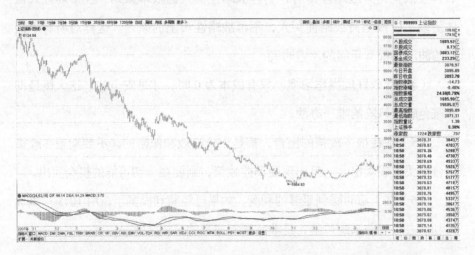

图 6.4-1　2007 年 6124.04 点至 2008 年 1664.93 点熊市上证指数日 K 线图

例子二，图 6.4-2 是 2015 年 5178.19 点至 2016 年 2638.30 点熊市上证

指数日 K 线图，显然市场在 2638.30 点见底之前，MACD 黄白线基本上一直处于零轴之下，2638.30 点之后又震荡了 3 个月，MACD 黄白线才回到零轴之上，此时即便从最低点 2638.30 点算起，也没有上涨多少。

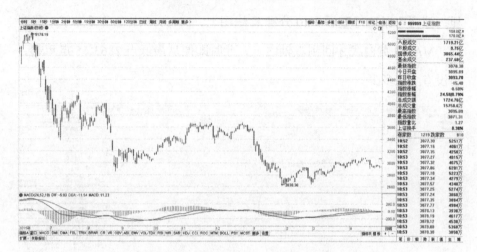

图 6.4-2　2015 年 5178.19 点至 2016 年 2638.30 点熊市上证指数日 K 线图

例子三，图 6.4-3 是 2018 年 3587.03 点至 2019 年 2440.91 点熊市上证指数日 K 线图，显然市场在 2440.91 点见底之前，MACD 黄白线一直处于零轴之下，2440.91 点之后反弹了一段时间，MACD 黄白线才回到零轴之上，此时即便从最低点 2440.91 点算起，也没有上涨多少。

图 6.4-3　2018 年 3587.03 点至 2019 年 2440.91 点熊市上证指数日 K 线图

例子四，图 6.4-4 是 2021 年底 3708.94 点至 2022 年 4 月 27 日 2863.65 点熊市上证指数 60 分钟 K 线图，显然市场在 2863.65 点见底之前，MACD 黄白线基本上一直处于零轴之下，在 120 分钟 K 线图或日 K 线图中则更明显，读者可以自行查看。60 分钟 K 线图上，2863.65 点之后反弹了一段时间，MACD 黄白线才回到零轴之上，此时即便从最低点 2863.65 点算起，也没有上涨多少。

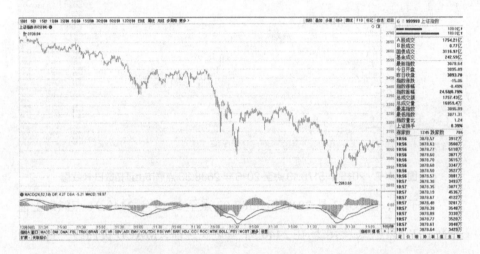

图 6.4-4　2021 年年底 3708.94 点至 2022 年 4 月 27 日 2863.65 点熊市上证指数 60 分钟 K 线图

再强调一遍，对做多或希望通过做多获利而言，回避所有 MACD 黄白线在零轴下面的市场或股票就是保护本金最简单的方法。反之亦然，对做空或希望通过做空获利而言，就要回避所有 MACD 黄白线在零轴上面的市场或股票。

6.4.2　操作短线反弹

假定 $a+A+b+B+c$ 是一个 30 分钟级别的下跌趋势，A、B 是 30 分钟级别中枢，c 是一个 5 分钟下跌趋势并出现背驰，同时 c 和 b 相比也是背驰的，那么按理论后续至少有一个 30 分钟级别的反弹，此时该如何操作这个反弹？

　　为了安全操作反弹，就必须搞清楚反弹可能的具体走势形式，因为对一个 30 分钟级别的反弹，不同的反弹形式，相应的操作难度与方式都是不同的，此时最大的难点是无法事先判断反弹的具体方式，如果要判断反弹的具体方式，就涉及预测，而一切预测都不能纳入操作计划内。要解决这个实际操作中的难点，能且只能从绝对性出发。对一个即将出现的 30 分钟级别的走势类型，能百分之百肯定的一点，就是这个反弹至少有一个 30 分钟级别的中枢，后续的操作方法，能且只能基于这一点。

　　根据定义，某级别的中枢都是由三个以上次级别走势类型重叠构成的，一个 30 分钟的中枢至少有三个 5 分钟走势类型，也就是说，一个反弹形成的 30 分钟级别中枢，一定涉及上下上的三个 5 分钟走势类型，这一点就是构成操作绝对性的坚实基础。换句话说，中枢的定义，其实就是操作绝对性的坚实基础。

　　显然，没有理论可以保障最后一个上的高点一定比第一个上的高点高，特别是在那种所谓奔走型的反弹中，后面一个上的高点可能只刚好触及前面一个上的低点，也就是说，如果一定要等上下上都完成才抛出，那有可能要面对如下情况：在第一个上的最低点买入，在上下上三个次级别走势后，只有一个盈利空间极小、稍纵即逝的卖点。因此，这种操作，只有相对的理论上的绝对安全性，而没有具体操作上的绝对安全性。要解决这个问题，只能分段操作。

　　因为每次上涨之后都必然有一个同级别的下跌，但这个下跌的幅度又是不可能绝对控制的，所以只能把走势分段，让分段提供绝对的具体操作安全，也就是在第一个向上的次级别走势类型结束时就卖出，而不是等到第二个向上的次级别走势类型结束时才卖出。具体来说，30 分钟级别 $a+A+b+B+c$ 下跌趋势后，操作短线反弹，要把操作放低一个级别，在 5 分钟级别走势类型上进行操作。这在熊市中非常重要，降低一个级别和跑得快，才是短线反弹的本意。把操作放低一个级别只是统一的处理方法，在实际操作中，第一个次级别上涨与第一个次级别下跌出现后，其后可能的走势形式，判断起来就能更方便与准确了。例如，如果第一次 5 分钟上涨走势的起点是 $a+A+b+B+c$ 这个 30 分钟级别下跌趋势的第一类买点，那么第一次 5 分钟级别下跌最终到达的位置，就是 $a+A+b+B+c$ 这个 30 分钟级别下跌趋势第二类买点，此时，就可以根据"第二类买卖点强弱分类"进行更准确的判断与操作，如果这个第二类买点在中枢 B 之上，那就是第二、三类买点重合，此时就可以在这个 5 分钟级别向下走势结束点，也就是 30 分钟级别的第二类买点买入，并安心地等第二个 5 分钟级别向上的走势生长和延伸，如果之后出现非背驰力度的强劲拉升，那就完全可以安心地等行情发展和走势的自然生长，等 5 分钟级别第二个中枢，甚至第三、第四个中枢出现背驰后，或向上走势中新的 30 分钟中枢形成后再说。

6.4.3　利润最大定理一和中枢震荡策略

"当下和中枢关系的完全分类"小节，已经把一个特定级别中枢可操作的情况进行了完全分类与分析，显然，站在纯粹中枢视角，对于一个中枢来说，最有价值的买点就是其第三类买点，以及中枢向下震荡力度出现背驰的买点（笔者注：平时常说的第一类买卖点和第二类买卖点，是站在走势类型角度来说的最有价值的买卖点，无论是站在走势类型角度的买卖点，还是站在纯粹中枢视角的买卖点，都很有价值）。前者，即第三类买点后最坏的情况就是出现更高级别的中枢，这可以用其后走势是否出现盘整背驰来决定是否卖出，一旦不出现盘整背驰的情况，就意味着有一个向上走势去形成新中枢的过程，这种过程是获利效率最高的。至于后面一种，即中枢向下震荡力度背驰的买点，就是围绕中枢震荡做差价的过程，是降低成本、增加筹码的好机会，而且这种中枢震荡买卖点的操作机会是较多的。

注意，不是所有机会都可以去做短差。从严格的机械化操作意义上说，只有围绕操作级别中枢震荡的差价才是最安全的，因为肯定能做出来，而且绝对不会丢失筹码。在围绕中枢做短差时，在中枢上方卖出减少持股，在中枢下方买入增加持股，同时用中枢震荡力度判断的方法，一旦向下的力度变大，或出现第三类卖点，就不能回补了，在成本为 0 后的挣筹码操作中道理是一样的。也就是说，在确定了买卖级别后，那种中枢完成后的向上移动时的差价是不能做的，中枢向上移动时，就应该满仓。如果这个中枢完成后的向上移动出现背驰，就要把所有筹码抛出，因为这个级别的走势类型完成，要等待下一个买点了。如果不背驰，就意味着有一个新中枢的形成，此时即便出现低级别转高级别的情况，一样可以看成一个新中枢，只是该中枢有可能和前面的重合（趋势中的中枢是不可能重合的）。对这个即将出现的新中枢，可以继续用中枢震荡的方法做短差，然后继续中枢完成和中枢向上移动，直到出现背驰为止。

对固定操作品种，也就是不变换股票，可以用严格的方法证明：对于任何固定交易品种，在确定的操作级别下，以上缠中说禅操作模式的利润率最大，这就是缠中说禅利润最大定理一。

该操作模式的关键是只参与确定操作级别的盘整与上涨，对盘整用中枢震荡方法处理，保证成本降低以及筹码不丢失（成本为 0 后筹码增加），在中枢第三类买点后持股直到新中枢出现继续中枢震荡操作，中途不参与短差。最后，在中枢完成的向上移动出现背驰后抛出所有筹码，完成一次该级别的买卖操作，等待下一个买点出现。

中枢震荡中出现的类似盘整背驰的走势段，与中枢完成的向上移动出现的背驰段是不同的，两者分别在第三类买点的前后，在出现第三类买点之前，中枢未被破坏，当然有所谓的中枢震荡，其后，中枢已经完成就无所谓中枢震荡了，这是有严格区分的，关键点是有没有第三类买卖点。没有第三类买卖点，就是中枢震荡，一般和之前最近的同方向线段或次级别走势类型比较力度；有第三类买卖点，就用盘整背驰的比较方法，即比较中枢前后的线段或次级别走势类型。

在中枢震荡中，一般是全仓操作的，也就是在中枢上方卖出全部筹码，在中枢下方如数回补，当然，这需要较高的技术水平，如果中枢震荡判断错误，就有可能卖错。所以对不熟练的投资者，可以不全仓操作，但这样也有一个风险，就是中枢震荡不一定以第三类买点结束，也可能以第三类卖点结束，然后下跌。这样一来，如果在中枢震荡上方没有全部卖掉，那有部分筹码就可能需要在第三类卖点处卖出，从而影响总体利润。因此，通常宁愿卖错，也要严格按方法来操作，毕竟就算技术判断能力为0，卖错的概率最大也就是50%，而且后面还有一个第三类买点可以重新买入，如果卖对了，那每次的增强的收益可能就是10%以上。别低估中枢震荡的力量，中枢震荡做好了，可操作的机会变多了，实际产生的利润可能会更多。

6.4.4 利润最大定理二和第三类买点策略

有一种更激进的操作方法，就是不断换股，也就是不参与中枢震荡，只在第三类买点买入，一旦形成新中枢就退出。例如操作级别是30分钟，那么中枢完成向上时一旦出现一个5分钟级别向下走势后，下一个向上的5分钟级别走势不能创新高或出现背驰或盘整背驰，那么一定要卖出，为什么？因为后面一定会出现一个新的30分钟中枢，用这种方法，往往会抛在该级别向上走势的最高点区间。当然，实际上能否在该区间抛出，取决于技术应用精度，技术应用精度只能通过交易实践提高。这种更激进的操作方式需要大盘或相应指数处于牛市中，否则成功率可能没有想象的高，或者收益不太理想。相关例子见图6.4-5、图6.4-6和图6.4-7。

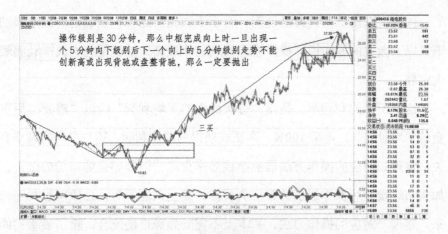

操作级别是 30 分钟，那么中枢完成向上时一旦出现一个 5 分钟向下级别后下一个向上的 5 分钟级别走势不能创新高或出现背驰或盘整背驰，那么一定要抛出

图 6.4-5 湘电股份 30 分钟 K 线图

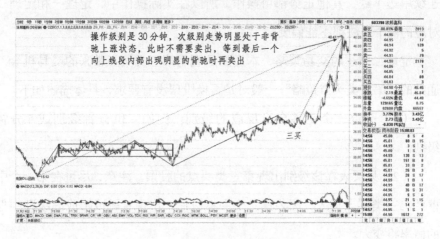

操作级别是 30 分钟，次级别走势明显处于非背驰上涨状态，此时不需要卖出，等到最后一个向上线段内部出现明显的背驰时再卖出

图 6.4-6 沐邦高科 30 分钟 K 线图

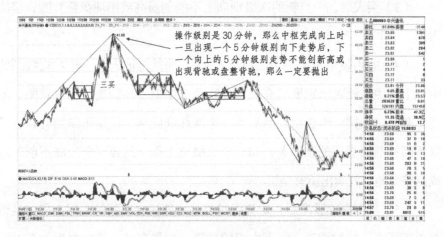

操作级别是 30 分钟，那么中枢完成向上时一旦出现一个 5 分钟级别向下走势后，下一个向上的 5 分钟级别走势不能创新高或出现背驰或盘整背驰，那么一定要抛出

图 6.4-7 中兴通讯 30 分钟 K 线图

同样可以用严格的方法证明：对于不同交易品种，在确定的操作级别下，以上激进的缠中说禅操作模式的利润率最高，这就是缠中说禅利润最大定理二。

这里所说的利润率，是指"每次操作的平均利润"除以"需要占用资金的平均时间"，再乘 100%，真正能获得的总体利润，还与操作的频率有关。定理二对应的操作方法虽然挣钱效率更高，但需要强势市场的配合，如果市场没有可操作级别的第三类买点，那也只能干等，总效率也高不起来。定理一对应的操作方法，基本上不需要强势市场配合，除了最恶劣的连续单边下跌，其他走势都可操作，所以在实际操作中，定理一和定理二对应的两个方法都不能偏废。

定理二描述的交易策略，本质上是利用第三类买点带来的交易机会。通常的"第三类买点策略"一般对是否换股票没有要求，具体描述如下。

（1）选定一个足够自己反应的级别。例如，30 分钟级别或 5 分钟级别。

（2）只买入在该级别出现第三类买点的股票。注意，尽量在第一个中枢的第三类买点买入，因为第二个中枢以后，出现背驰或形成高级别中枢的概率将变大。

（3）买入后，一旦新的次级别向上不能创新高或出现盘整背驰，坚决卖掉。

（4）如果股票没出现上述情况（3），那就是进入新一轮对应级别的中枢上移中，此时一定要持有股票，直到该中枢上移的走势出现背驰。出现背驰后，卖掉一半股票。然后等一个次级别回调（这里可以回补，也可以不回补前面卖出的股票），和一个次级别上涨，只要这个上涨不创新高或盘整背驰，就卖出所有持股。

（5）卖出全部股票后，走势经过盘整可能还会有新的中枢上移，是否要重新买入，关键看高一级别中枢的位置，如果在高一级别中枢上有可能形成第三类买点，那就可以买入，否则就不买了。

第三类买点策略，必须有大环境的配合，否则失败率比较高。换句话说：在牛市中，第三类买点成功率相对比较高；在熊市中，第三类买点成功率相对比较低。

6.4.5 区间套和第一类买点策略（中小资金高效买卖法）

根据缠中说禅走势分解定理一，市场任何品种任何周期的 K 线图，都可以分解成同级别的上涨、下跌、盘整三种基本走势类型的连接。30 分钟K 线图的上涨趋势，在日 K 线图上可能只是盘整的一段甚至是下跌中的反弹，也就是说，不以级别为前提讨论趋势与盘整，只会各说各话，无法有效交流和讨论，因此下面的分析，都是针对同级别分解来说的。

因为上涨＋上涨依然是上涨，下跌＋下跌依然是下跌，盘整＋盘整依然是盘整，所以上涨、下跌、盘整三种基本走势类型，只剩上涨＋下跌、下跌＋上涨、上涨＋盘整＋下跌、下跌＋盘整＋上涨、上涨＋盘整＋上涨、下跌＋盘整＋下跌等六种连接和组合。假定在走势类型连接的位置，例如上涨＋下跌这一连接的"＋"号的位置买入，那么这六种走势类型的连接，代表了三大类不同性质的走势。

第一类陷阱式走势：上涨＋下跌，是多头陷阱，买入之后就下跌；下跌＋上涨，是空头陷阱，卖出之后就上涨。

第二类反转式走势：上涨＋盘整＋下跌，上涨走势，通过一个盘整，反转变成下跌走势了；下跌＋盘整＋上涨，下跌走势，通过一个盘整，反转变成上涨走势了。

第三类中继式走势：上涨＋盘整＋上涨，一个上涨走势，通过一个盘整的休整，继续上涨；下跌＋盘整＋下跌，一个下跌走势，通过一个盘整的反弹，继续下跌。

站在多头买入后依靠上涨获利的角度，上面这三大类六种基本走势连接中，下跌＋上涨、下跌＋盘整＋上涨、上涨＋盘整＋上涨这三种连接有买入价值，因为后面都有上涨走势；上涨＋下跌、上涨＋盘整＋下跌、下跌＋盘整＋下跌这三种连接没有买入价值，因为买入后，没有上涨走势，甚至是下跌走势。显然，如果在上涨时买入，只有上涨＋盘整＋上涨走势有价值，同时上涨＋下跌、上涨＋盘整＋下跌这两种走势没有价值。如果一个下跌走势中买入，后面只会遇到下跌＋盘整＋下跌这一种没买入价值的走势，而有下跌＋上涨、下跌＋盘整＋上涨这两种有买入价值的走势，也就是说，在下跌时买入比在上涨时买入，要多一种有价值的情况、少一种没有价值的情况，从这个角度而言，要在下跌时买入。

如果在下跌时买入，会面临两个风险：①下跌趋势还未结束，买入后继续下跌；②下跌趋势已经结束，买入后经过一个盘整，然后出现新一轮下跌。

一般而言，针对第一个风险，也就是下跌趋势没有结束，可以借用背驰的概念找第一类买点，在第一类买点买入，这样就能有效规避下跌趋势没有结束的风险。当在背驰点，即第一类买点买入后，将面对第二个风险，也就是经过一个盘整后继续下跌的风险。为应对这个风险，在买入后一旦出现盘整走势，就先减仓卖出，注意是减仓卖出，不是全部卖出，因为盘整结束后会有上涨、下跌两种情况。如果盘整后是下跌，就意味着亏损或回吐利润，而且盘整也会耗费时间，因此必须减仓卖出。如果盘整后是上涨，即转变成下跌＋盘整＋上涨的走势，有更多的获利机会。对没有举牌意愿的大资金来说，因为在上述六种走势中只有下跌＋盘整＋上涨这一种适合大资金建仓（甚至这种走势就是大资金建仓的结果），所以下跌后出现盘整，只需要减仓卖出，而不需要全部卖出。

基于上面的分析，针对中小资金，可以设计一种高效的买入方法：在下跌趋势的第一类买点买入，后续一旦出现盘整走势，马上全部卖出。这种买卖方法的实质，就是在六种基本的走势中，只参与下跌＋上涨这一种走势，对中小资金，这甚至是最有效的一种买卖方法。为描述方便，称这种买卖方法为"下跌＋上涨"买卖方法。

因为下跌＋下跌依然是下跌，所以对于下跌＋上涨这种走势连接来说，"下跌"之前的走势只有两种：上涨和盘整。如果是上涨＋下跌＋上涨，那意味着这种走势在高一级别走势中是一个盘整，因此这种走势可以归纳在盘整的操作中。也就是说，对于只想用"下跌＋上涨"买卖方法参与一只出现第一类买点的股票，如果"下跌"走势前面的走势是"上涨"，则不考虑。注意，不考虑不意味着这种情况没有获利可能，只是因为这种情况可以归到盘整类型的操作中，而"下跌＋上涨"买卖方法是不参与盘整的。如此一来，可选择的范围进一步缩小，只剩下盘整＋下跌＋上涨这一种情况。

对于"下跌＋上涨"买卖方法来说，从上面的分析可以清楚地看到，就是在第一类买点买入那一刻的走势是盘整＋下跌，显然，其中的下跌，是要跌破前面盘整低点的，否则就不会构成"盘整＋下跌"型走势，仍是盘整。进一步，在该盘整前的走势，也只有上涨、下跌两种。对于上涨＋盘整＋下跌，也实质上构成高一级别的盘整，因此对于"下跌＋上涨"买卖方法来说也不能参与，也就是说，只剩下这样一种情况：下跌＋盘整＋下跌。

综上所述，对于"下跌＋上涨"买卖方法来说，只选择出现第一类买点且之前走势是"下跌＋盘整＋下跌"类型的股票，选择买入品种的标准程序如下：①首先选择出现"下跌＋盘整＋下跌"走势的股票；②在该走势的第二段下跌出现第一类买点时买入；③买入后，一旦出现盘整走势，坚决卖出。为什么要卖出？因为股票的走势已经不符合"下跌＋上涨"买卖方法的标准和目标，"下跌＋上涨"买卖方法不参与盘整走势。这个卖出，当利用次级别或以下级别的第一类卖点卖出时，肯定不会亏钱，而是有盈利的（笔者注：这里是根据预先设定的逻辑卖出，而不要根据盈亏卖出）。操作一定要按预先设定的标准来，这样才是最有效率的。如果买入后不出现盘整，股票走势将至少回升到"下跌＋盘整＋下跌"的盘整区域，如果股票在日线或周线上出现这种走势，发展成为大黑马的概率是比较大的。

上面的分析和买卖程序，主要基于形态学，如果把动力学的背驰概念也加上，要求下跌＋盘整＋下跌中第二个下跌比第一个下跌的力度小，那么此时高级别出现了背驰或盘整背驰，第二个下跌的次级别也处于背驰状态，实质上就是股票处于区间套的买点上，也就是说"下跌＋上涨"这种高效买卖方法，本质上是高低级别区间套买卖方法。

在图 6.4-8 中，沪深 300 指数 2021 年 12 月初高点 5143.84 点，至 2022 年 4 月 27 日的低点 3757.09 点，在 15 分钟 K 线图上是一个标准的 $a+A+b+B+c+C+d$ 三中枢的下跌趋势，该下跌趋势的最后一个中枢是 C，中枢 C 前后两个线段 c 和 d，d 的下跌力度为 552.0，小于 c 的下跌力度 1079.8，d 是背驰段，其最低点 3757.09 点是背驰点。

图 6.4-8　沪深 300 指数 2021 年 12 月初至 2022 年 4 月 27 日 15 分钟 K 线图

15 分钟级别线段 d 对应的 1 分钟 K 线图如图 6.4-9 所示，是一个 $a+A+b+B+c$ 的标准下跌趋势，显然 c 是背驰段，c 的下跌力度小于 b 的下

跌力度。也就是说，沪深 300 指数，从高点 5143.84 点到低点 3757.09 点
的下跌，在 15 分钟级别和 1 分钟级别 K 线图上，出现了完美的区间套。

图 6.4-9　沪深 300 指数 15 分钟级别线段 *d* 对应的 1 分钟 K 线图

　　按"下跌＋上涨"买卖方法，如果在这个 1 分钟下跌趋势的背驰点，
即 1 分钟级别的第一类买点附近买入，后续应该能高效获利。其结果也确
实是这样的，具体请看图 6.4-10。从这个 15 分钟 K 线图上可以明显看出，
在 1 分钟背驰点 3757.09 点买入后，有一个快速反弹，这个 1 分钟级别的
快速上涨，体现为 15 分钟 K 线图上 3757.09 点之后的第一个向上线段。如
果说这个买点是 15 分钟级别的，则在 3757.09 点背驰点买入后，后续先形
成一个中枢，然后又继续上涨，突破 15 分钟下跌趋势的最后一个中枢，并
触及下跌趋势的倒数第二个中枢。

图6.4-10　沪深300指数2021年12月初至2022年7月5日15分钟K线图

同理，如果将上述"下跌+上涨"买卖方法反过来，就可以构成"上涨+下跌"买卖方法，该买卖方法是一种高效的卖出方法，具体来说就是选择出现上涨+盘整+上涨走势的股票，一旦第二段上涨走势出现第一类卖点，就坚决卖出。